運動：批判社會學的視野

Richard Giulianotti 著

劉昌德 譯

五南圖書出版公司 印行

Sport: A Critical Sociology

Richard Giulianotti

誌謝

這本書的寫作，極大程度受益於我在英國拉芙堡大學（Loughborough University）運動、訓練與健康科學學院（School of Sport, Exercise and Health Sciences）的任教經歷。我特別要感謝本學院中與我合作研究與寫作的社會科學學群的同事們，以及對於不同運動研究議題有著敏銳觀察與熱情的博士後學生們。挪威 Telemark 大學 Bø 校區的同事，謝謝你們讓我有機會參與在運動、文化與戶外休息領域中，許多具有啟發與建設性的討論及合作。

過去許多年來，我有幸跟 Gary Armstrong 與 Roland Robertson 一起進行了多項學術合作計畫，而得以完成多本書籍及論文。這些合作成果在本書多處內容有所呈現，包括跟 Gary 在運動次文化與監控議題方面，以及與 Roland 在運動與全球化的複雜互動上的討論。關於本書中特定議題的內容，我要感謝 Ansgar Thiel 與 Jan Ove Tangen 對於盧曼（Niklas Luhmann）理論初期討論中提供了非常有幫助的建議、感謝 Tommy Langseth 提供關於滑雪板與衝浪運動的重要研究文獻，以及感謝 David Howe 在運動與身障議題上具有洞見的觀察。

最後，我要感謝 Polity 出版社專業團隊的支持與耐心協助，包括 Jonathan Skerrett 邀我修訂本書的新版、Clare Ansell 綜理編印流程，以及 Caroline Richmond 的校對。

名稱縮寫

ABC	(Australian Broadcasting Corporation) 澳洲廣播公司
AFL	(Australian Football League (elite Australian Rules football league)) 澳式足球聯盟
AGIL	(adaptation, goal attainment, integration, latency (sociological model)) 帕森斯的社會結構功能先決條件模式：適應、目標達成、整合與延續
ATP	(Association of Tennis Professionals) 職業網球聯合會
BBC	(British Broadcasting Corporation) 英國廣播公司
BIRG	(basking in reflected glory) 沾光、與有榮焉（與 CORF 相反）
BRICS	(Brazil, Russia, India, China and South Africa) 金磚四國：巴西、俄羅斯、印度、中國
CBC	(Canadian Broadcasting Corporation) 加拿大廣播公司
CCCS	(Centre for Contemporary Cultural Studies) 當代文化研究中心
CCTV	(closed-circuit television) 閉路電視、監視器
CNN	(Cable News Network) 有線電視新聞網
CORF	(cutting off reflected failure) 與失敗者切割（與 BIRG 相反）
EGLSF	(European Gay and Lesbian Sport Federation) 歐洲同性戀運動協會
EPL	(English Premier League) 英格蘭足球超級聯賽（中文簡稱「英超」足球）
EU	(European Union) 歐洲聯盟（中文簡稱「歐盟」）
FARE	(Football Against Racism in Europe) 歐洲足球反種族主義聯盟

FIFA	(Fédération Internationale de Football Association (world football governing body)) 國際足球總會
FIS	(Fédération Internationale de Ski (world skiing governing body)) 國際滑雪總會
FIVB	(Fédération Internationale de Volleyball (world volleyball governing body)) 國際排球總會
ICC	(International Cricket Council (world cricket governing body) 國際板球協會
ILO	(International Labour Organization) 國際勞工組織
IMF	(International Monetary Fund) 國際貨幣基金組織
IOC	(International Olympic Committee (Olympic sport governing body)) 國際奧林匹克委員會（中文簡稱「國際奧委會」）
IPC	(International Paralympic Committee (world governing body of paralympic sport)) 國際帕拉林匹克委員會（中文簡稱「國際帕奧委會」）
IPL	(Indian Premier League (cricket tournament)) 印度板球超級聯盟
IRB	(International Rugby Board (world rugby union governing body; rebranded as World Rugby in 2014)) 國際橄欖球總會（2014 年改名為 World Rugby「世界橄欖球總會」）
ISF	(International Snowboard Federation) 國際滑雪板協會
LGBT	(lesbian, gay, bisexual, transgender) 女同性戀、男同性戀、雙性戀、跨性別
LPGA	(Ladies' Professional Golf Association (North American)) 美國女子職業高爾夫協會
MLB	(Major League Baseball (elite North American baseball league)) 美國職業棒球大聯盟
NBA	(National Basketball Association (elite North American basketball league)) 美國職業籃球協會
NCAA	(National Collegiate Athletic Association (US college sport association)) 美國大學運動協會

NFL   (National Football League (elite US American football league)) 國家美式足球聯盟

NGO   (non-governmental organization) 非政府組織

NHL   (National Hockey League (elite North American hockey league)) 北美國家冰球聯盟

NRL   (National Rugby League (elite Australasian rugby league)) 澳洲職業橄欖球聯賽（英式橄欖球）

PCS   (Physical Cultural Studies) 身體文化研究

PED   (performance-enhancing drugs) 表現增強藥物

RFID   (radio-frequency identification) 無線射頻識別系統

SDP   (sport for development and peace) 以運動促進發展與和平

TCC   (transnational capitalist class) 跨國資產階級

TNC   (transnational corporation) 跨國企業

UEFA   (Union Associations of European Football (European football governing body)) 歐洲足球協會聯盟（中文簡稱「歐足聯」）

UN   (United Nations) 聯合國

UNESCO   (United Nations Educational, Scientific and Cultural Organization) 聯合國教育、科學及文化組織（中文簡稱「聯合國教科文組織」）

UNOSDP   (United Nations Office on Sport for Development and Peace) 聯合國運動促進發展與和平辦公室

WADA   (World Anti-Doping Agency) 世界反運動禁藥機構

WAGs   (wives and girlfriends) 大嫂團

WHO   (World Health Organization) 世界衛生組織

作者序

本書之目標，在於探索對運動的批判社會學理解，批判性地檢視運動 p.x
社會學核心理論及具體的研究主題。本書也吸收包括人類學、史學、人類
地理學、政治學與政治哲學等不同領域的知識，拓展詮釋廣度。

在全球社會、文化、經濟與政治場域中，運動已經蔚為一個不容社會
學家所忽視的現象。我們來看看一些世界級的大型運動賽事例子。2012
年的倫敦奧運，有來自 204 個國家的選手，參與 302 項比賽，匯聚約 7
萬個志工從旁協助，更吸引了 2 萬 1,000 名媒體工作者、數億觀眾收看電
視現場直播。美國的國家美式足球聯盟（NFL）總決賽超級盃，在 2012
年平均收視人數達到 1 億 1,300 萬人的高峰，創下美國電視史的單一節目
最高紀錄。在運動光譜另一端的草根型運動，數千萬人參與各種運動休閒
活動，包括各類型足球（譯註）、滑雪、籃球、體操、田徑與排球等項目。

運動在跨文化間受到廣泛歡迎，並沒有單一的原因。如同愛、真理
與藝術，運動也是人類的一種共通語言。現代運動的參與者與觀眾從
中獲得樂趣，各色各樣的技巧也不斷推陳出新。各地所盛行的不同運 p.xi
動，都能提供當地社會人們有序且有趣的互動形式。在愈講究「表演」
（performative）的當代消費文化中，必須活動筋骨的運動，非常適合四
體不勤的現代人。

所有運動都遵守一定規則，所以易於跨文化傳布；但同時這些運動規
則與技術也不是都一成不變，所以往往因地制宜。運動提供各地社會一種
文化空間，足以兼容並蓄各種社群、性別、階級、族群的認同與衝突。運

譯註　足球各種類型包括了英式足球（association football 或 soccer）、美式足球、
　　　澳式足球、橄欖球，以及蓋爾特足球（Gaelic football）等。本書所指的足球，
　　　除非特別說明，一般都指英式足球。

動具備的一些理想原則，像是「運動家精神」（sportsmanship）與「公平競爭」（fair play），反映了西方社會的自由民主與陽剛性主流意識形態。運動作為一種社會機制，往往是年輕社會菁英的訓練場，例如英國上流階級與國際企業人才等。經濟規模龐大的運動產業，如今更已經是由頂級賽事大型組織、跨國企業與全球媒體網絡所聯合宰制的場域。運動在全球各地的快速發展，也反映在學術界跨領域的「運動研究」近年不斷持續擴張的現象之上；各大學成立相關科系與學院，並設立不同名稱與取向的課程與學程。本書的另一個延伸目的，便在於全面且批判性地回應此一學術界對於運動日益增長的興趣。

　　本書於 2005 年由 Polity 出版社印行初版，此一版本經過全面修改補充，主要有三個目的：第一，更新體壇與運動社會學界在初版之後十年來的最新發展；第二，擴大本書的目標讀者，特別是希望能夠讓不同階段的學生都可以研讀；第三，透過各章最後列出的問題討論，希望能夠激發讀者的進一步思辨。

運動的社會學定義

　　在開始對運動進行社會學分析之前，必須要面對如何定義「運動」的議題。所有關鍵詞彙的意義，在不同時空與文化下，當然會有所不同，因此「運動」的意義也就難以捉摸。在英語的語境中，從現代的眼光觀之，運動一詞跟前工業時代的貴族休閒活動有著緊密關聯，像是打獵或射擊。

p.xii 實際上，根據《Chambers 二十世紀字典》（*Chambers Twentieth Century Dictionary*）的解釋，運動（to sport）作為動詞，是「嬉戲」（frolic）、「找樂子」（make merry）或者「娛樂」（amuse），同時也有「穿戴」（wear）與「展現」（exhibit）的意思；作為名詞，則可以指涉「消遣」（recreation）、「遊戲」（games）與「玩樂」（play），甚至可以是「調戲」（amorous behaviour）、「歡笑」（mirth）、「戲謔」（jest）、「嬉鬧」（dalliance）等意思。

　　對於運動的現代社會學定義，則較為特定與系統化。本書採用 McPherson, Curtis 與 Loy（1989: 15-17）的說法，認為運動具有以下五種特質：

1. 結構化（structured）：根據規則（rules）與行為準則（codes of conduct），具有空間與時間的一定架構（framework）（也就是比賽的場地與時間限制），並且有主管的機構（institutions of government）；
2. 目標取向（goal-oriented）：運動比賽設定了要達成的特定目標，例如得分、獲勝、提升平均表現，因此最後可以區分出輸贏；
3. 競爭（competitive）：包括參賽者互相比賽、與打破紀錄等；
4. 遊樂（ludic）：從中獲得刺激感（excitement）的有趣（playful）體驗；
5. 文化脈絡（culturally situated）：在社會權力關係與價值體系下，能具備前述四種特質之活動。

　　上述第一到第四點特質，可以將運動與其他活動區分開來，例如缺乏互相競爭的散步走路或活動筋骨。第五點則可以用來說明社會脈絡的演變，如何導致運動的改變。因此，要理解運動的社會學意義，就必須探討其歷史與文化脈絡，與其間的權力關係、社會結構與文化價值體系，以及其在不同社會團體中的多樣之意義、實踐方式與認同。

　　上述判準，可提供一種具有包容性的「運動」分類準則。雖然此一定義在體能與體態上的標準相對較低，但是卻可以包括一些具有競爭性的遊戲，例如飛鏢、保齡球、撞球與賽車等活動。這些活動都必須耗費相當體力、要求手眼協調能力，並且是具備結構化、目標取向、競爭與遊樂等特質。再者，這些賽事的主辦者、參賽者與觀眾都樂於強調其運動的特性，相關設備也在運動用品店等處販售，而且其賽事也都是在媒體的運動新聞類別中加以報導。

運動的歷史與國際面向　　　　　　　　　　　　p.xiii

　　對於運動的社會學定義，讓我們得以思考運動實踐的歷史與國際面向之議題。進一步細究，也許可以加以注意的首先是現代運動場域有其深厚的歷史背景。實際上，一般認為史前社會在宗教儀式中，也有許多球類競賽與血腥的運動，「以撫慰人們稱之為鬼神之末知力量」（Baker, 1988: 6）。現代奧運承繼了源自於古代希臘競賽的運動項目，包括短跑、跳

遠、標槍與摔角等。不過，真正把民間遊戲與中世紀休閒活動轉化為現代
規則運動，主要是在十九世紀後期的英國。另外，現代運動的形成，也有
部分是受到維持社會秩序、培養年輕男性「壯碩基督教精神」（muscular
Christianity）的動力所推動。英國男生的特質是「酗酒、看賽馬、喜歡
賭博、愛暴力運動、競爭奪牌與耽溺女色」（Mangan, 1998: 179）；但
是他們這些無窮精力，在學校教育中逐漸被各種運動訓練所馴化，包括
足球、橄欖球、曲棍球、拳擊、網球、壁球與田徑賽等（Mangan, 1981:
15-18）。隨後，這些現代運動透過貿易與殖民地國等管道，向全球各地
擴散。如同 Perkin（1989: 217）所描述：

> 無論帝國境內或境外，只要有公立學校大批男學生的地方，板球
> 與橄欖球就會流行；只要是有勞役苦工、或者至少有會計辦公室
> 的地方，足球就會大大盛行。

在澳洲、紐西蘭與南非等英國殖民地，都有老派的「運動迷」。澳洲
率先接受足球運動，於 1859 年開始了澳式足球，然後當地的白人社區接
著陸續成立了橄欖球協會與聯盟，也開始玩板球。板球在印度次大陸與加
勒比海地區大受歡迎，而當地民間更賦予板球運動許多殖民地的本地文化
色彩。印度於 1947 年獨立之後，卡巴迪（kabaddi）運動歷經了建立規則
的現代運動化過程，各地不同的玩法逐漸融合，規則也開始標準化。

北美的中上階級原本喜歡網球、馬球與板球等運動，但到了 1914
年，美洲開始建立新的運動傳統。發源於十九世紀中期軍隊內的棒球，在
中下階級受到廣泛歡迎；頂尖大學的年輕男大生開始玩美式足球；隨後，
基督教會推廣當時屬於另類運動的籃球與排球。在加拿大，則有冰球與袋
棍球（lacrosse）被視為國球（national sports）加以設立與推動，而後者
更是源自於北美洲原住民（First Nation）的運動遊戲。

中歐地區所盛行的身體文化為體操運動。十九世紀初期的德國，由
Friedrich Jahn 結合了體操與軍事訓練（特別是擊劍），創立了全國性
的體操運動（Turnverein）。捷克的類似項目，則為跨年齡的捷克體操
（sokol），流傳在東歐與中歐地區。十九世紀初期由 Pehr Henrik Ling
創立的「瑞典體操」（Swedish gymnastics）也在國際間風行，像是在

1830 年代受到英格蘭中產階級女性歡迎。除了體操之外，第一次世界大戰之後，德國體壇也發明了手球，作為跟足球競逐大眾運動的項目。法國在早期體壇中的角色，則主要集中在政治與行政層面。顧伯坦（Baron Pierre de Coubertin）建立了現代奧運會，於 1896 年的雅典舉辦了首次賽會。法國人也於 1904 年創建了國際足球總會（FIFA）。法國最為知名的運動賽事為環法自行車賽（Tour de France），於 1903 年首次舉辦，至今仍為最重要的自行車國際賽事。歐洲除了最強勢的足球運動之外，阿爾卑斯山區與北歐地區還流行射擊與高山滑雪（alpine sports）等運動項目。愛爾蘭民間社會為了對抗英國的文化帝國主義，也從事板棍球（hurling）與蓋爾特足球（Gaelic football）等傳統運動。拉丁美洲盛行足球，雖然沒有特別令人注意的原住民運動項目，但在中美洲還有棒球相當流行。東亞地區的日本與韓國，有柔道、劍道與跆拳道等傳統武術，逐漸成為國際性的現代運動競賽項目；中國古代的蹴鞠（cuju）與龍舟競賽已經有兩千年以上的歷史，當代更有桌球運動最為盛行，也有排球、籃球，以及稍晚近的足球等項目受到歡迎。整體而言，透過上述對於現代運動之傳布與發展的簡史來觀察，除了足球作為「全球運動」的顯著地位之外，還可以發現在不同國家與地區之間，其實存在著各色各樣的運動傳統、品味與文化。

本書結構

p.xv

　　本書希望能夠提供對於運動的批判社會學分析，並且全面地關照歷史與文化脈絡的議題。社會學或許可視為是現代性所激發學者好奇心的產物，其傳統關切焦點在於工業化與工業發展中的社會。社會學解釋的影響力，的確在二十世紀與千禧年之後獲得極大的進展，成為社會科學中的一個專業領域，其研究的主題、理論框架與研究方法，包括了歷史、人類學、經濟學、地理學、政治學與國際關係，以及社會心理學等。

　　在運動社會學研究當中，我認為歷史學與人類學觀點具有特別的價值；這兩種取徑無論是在運動實踐的範疇廣度，或者其與權力關係、共同體認同、社會行為規範及整體價值體系的深度上，都足以協助社會學者提

出重要的比較性視野。一方面，歷史與人類學途徑有助於指出權力關係的重要性；另一方面，也有助於析論現代運動型塑過程中，個體能動性與社會文化創造力的重要性。此一社會學雙元性 —— 權力關係之結構，與文化之創造力及能動性 —— 是貫穿本書的關鍵概念。

我長期致力於運動的批判社會學分析。廣義來看，批判一詞的意義，首先是希望能夠揭露關於運動的錯誤觀念，並且修正誤解；其次是投身於指出運動中的社會關係與組織結構下的權力之利益、階層與不平等；第三則是堅持民主、公平與正義的理念，探索運動中更為理想的另類實踐與組織方式。因此，我所採取的運動社會學研究取徑，源自於社會科學中的批判理論傳統，包括新馬克思主義（特別是新葛蘭西學派）與傅科式觀點（引自 Calhoun, 1995）。

p.xvi

本書分為十二章，介紹各種對運動的批判社會學分析途徑。雖然在當代學術出版的限制下無法做到百科全書式說明，但我希望能夠對這些研究著作進行多樣而簡明清晰的說明。本書嘗試呼應讀者可能關心之議題與本人的研究關懷，進行對社會學理論著作的適度探討。每一章結論的最後也會提出幾個相關議題與主題的討論問題，以供讀者進一步反思。

本書開頭的前三章，介紹社會學三大學派奠基者 —— 涂爾幹（Emile Durkheim）、韋伯（Max Weber）與馬克思（Karl Marx）之學說，以及其與運動的關聯。第一章探討以涂爾幹社會學出發的運動之功能系統理論。這些途徑強調，運動透過準宗教儀式的方式，而能發揮促進社會和諧與連帶的效能。運動對於維護社會秩序的幫助，可以從兩個層次中探討：在系統層次，如同結構功能論者所稱，是透過運動與其他機構的相互連結所致；在日常生活層次，則如同高夫曼（Goffman）所說，是透過社會行動者維護自己「面子」的特別互動儀式來達成。

第二章則是介紹韋伯社會學，如何有助於進一步理解運動的詮釋性與理性化層面。詮釋社會學主要聚焦於行動者在運動當中，所產生的複雜多變之意義與認同。韋伯、高特曼（Guttmann）與李茲（Ritzer）指明，研究運動時必須考量現代社會中高度理性化與官僚化的影響。雖然涂爾幹與韋伯學說都各擅勝場，但我認為他們都忽視了在結構與日常生活層次中，足以型塑運動面貌的政治經濟因素。

與前兩者大相逕庭，第三章所介紹的馬克思主義與新馬克思主義，特

別致力於分析政治經濟力量,並強調在現代資本主義社會的脈絡下,運動中的衝突面向。各種新馬克思流派的學說則認為,運動複製了工業資本主義中的不公不義,例如剝削勞工／運動員與操弄消費者／觀眾。不過,此類論點恐怕過度簡化了馬克思對於特定歷史條件下之複雜權力關係的理解,以及低估了運動與其他文化場域也可成為社會與符號鬥爭的場所。

上述討論可以接續第四章的「文化研究」(Cultural Studies)與廣義的新馬克思途徑之介紹。更具有解釋力的文化研究取徑,以長期的田野調查與理論框架(特別是 Gramsci 與 Williams)來檢視包括運動等文化場域,如何成為勞工、年輕女性與少數族群等被統治階級的鬥爭場所。這裡 p.xvii 所引用的主要概念,包括霸權、反抗、逾越與狂歡等。本章也特別進一步討論兩種相關取徑如何用以分析運動,包括哈伯瑪斯(Habermas)的學說,以及晚近的「身體文化研究」(Physical Cultural Studies)之倡議。

以上本書開頭較為理論取向的這四章,正足以提供重要的概念基礎,以進行關於「種族」、性別、身體與空間的接下來數章之分析。前述兩個主題,也就是「種族」與性別,是文化研究與運動社會學的主要研究範疇。本書對以上議題都透過現代運動史來加以考察,強調這些研究領域的長期社會建構與跨文化的複雜性。我將探討運動如何促成種族迷思,並且評估運動是否能夠讓非白人的種族弱勢團體獲得非正規的社會流動機會。我也會檢視在性別與性(sexuality)各種獨特或爭議的規範、認同與經驗的型塑過程中,運動所扮演的角色。

接續的兩章,則分別探討身體與運動空間的兩個主題,將之視為兩個最主要的運動實踐場所。傅科理論探討一般人所受到的身體與空間之規訓,有特別的重要性。我透過現象學經驗與冒險心理,以及身體的規訓與治理等概念,來探討運動中的身體。下一章則透過深層的情感連結、政治經濟議題、運動場館的維安控制,以及後現代化過程等概念,來探討運動空間。

第九章與第十章則介紹兩個國際知名的社會學者 —— 伊里亞斯(Norbert Elias)與布迪厄(Pierre Bourdieu)—— 在運動研究上的貢獻。伊里亞斯的「過程社會學」(process sociological)觀點,以「遊戲」來解釋社會,主張參賽者、觀眾與主事者之間在持續的遊玩過程裡,存在著「互相依賴」(interdependent)的關係。他關於文明化過程(civilizing

process）的看法，可以用來探究運動的社會史，以及解釋運動中的暴力
行為（雖然可信度要稍作保留）。布迪厄則提供更具批判力的社會學觀
點，探究運動「品味」（tastes）與社會群體間彼此區分及鬥爭的關聯性。
他晚期的著作則更為政治化，不假辭色地批判社會不公與新自由主義國家
的各種弊端。

最後兩章關於後現代與全球化的主題，是近二、三十年來引發社會學
界激烈辯論的重要議題。運動中的後現代趨勢，可以從許多不同面向來觀
察，包括媒體角色重要性的日益提升、運動規則與規訓之間的互相滲透、
運動場館的樂園式消費取向、運動中各種認同的流動，以及運動中所謂
「高雅」與「低俗」文化區分的崩解等。最後一章則關注全球化此一當代
社會學的重要主題。現代運動是文化實踐與社會關係之全球化的絕佳範
例，也可以說明深植於全球政治與經濟當中的不平等。整體來說，透過這
十二章的內容與最後的簡短書跋，希望能夠提供讀者一套關於運動的批判
社會學理解，以及促成對於運動如何改革與轉變的思考，而能夠在其中實
現民主、社會包容和參與，以及社會正義。

臺灣棒球的現代性與運動社會學的本土化 [1]

這本書是我自 2008 年於政大新聞研究所開設「運動、媒體與社會」課堂中使用最為頻繁的讀本。翻譯本書，一方面是引介歐美學術思想，另一方面更是身為球迷與學院工作者的興趣所在。從起心動念開始，醞釀十二年後才真正動筆翻譯本書的第二版。

中譯成於大疫之年。2021 年 5 月中旬臺灣爆發本土新冠肺炎疫情，一時之間，本地大小棒球場內外悄然無聲。原本在夏日東京奧運前該激起國人「同島一命」而激情吶喊的資格賽，也在國境封閉與疫情防堵考量下，黯然鳴金收兵。

才只是一年前，新冠肺炎（COVID-19）於 2020 年在全球造成大流行，但臺灣在疫情初期控制相對得宜，因此當世界各地大小球場熄燈封館之際，唯獨中華職棒賽事率先開打，吸引跨國球迷與各地媒體的注意。

瘟疫蔓延時能有球場的喧囂，曾經是舉國的驕傲、更是球迷奢侈的幸福。疫情下的球場，像是只能迴響著臺灣棒球的百年回音。

高砂開啟的百年孤寂

百年不是比喻，而是「嚴格」國族意義下的臺灣棒球紀年。1921 年，在花蓮的日本企業內打球的漢人林桂興，集合當地原住民少年，成立「高砂棒球隊」。這是臺灣第一支沒有日本人的球隊，且球員都是原住民的「純臺灣人」。兩年後，在地方政治人物的主導下，安排球員至花蓮港農

1　本譯序為譯者以刊於《新活水》2021 年 7 月號的〈國族吶喊：棒球場上百年孤寂的認同召喚〉一文所改寫而成。

業補習學校就讀，並改以臺灣「三高山」之一命名為「能高團」。[2]

　　能高團成軍次年，就從東部到西部「征戰」，與當時以日本球員為主體的北部與中部中學球隊較量。1925 年再赴日本與各地中學球隊比賽。原住民選手們不僅表現優異、勝多敗少，甚至引起日本當地中學向能高團「挖角」，日後這些「棒球小留學生」成為球隊主將，率隊參與甲子園賽事。

　　除了第一支臺灣人球隊成立之外，1921 年也留下美國棒球「登陸」臺灣的紀錄。1920 年美國職棒大聯盟（MLB）派出一支代表隊，至日本展開巡迴表演賽。隔年這支 MLB 隊伍受邀渡海訪問臺灣，先在臺北與北部聯隊打了兩場，隨後赴臺南與南部球隊比賽。

　　這是臺灣棒球與 MLB 的首次碰面。雙方實力懸殊，為此設計了互相「換將」的特殊作法——由 MLB 兩名選手擔任臺灣聯隊的投補，美國隊投補則由臺灣隊選手擔綱——以平衡戰力、增加賽事精彩度。[3]

　　開啟於原住民與北美造訪的臺灣棒球「元年」，象徵了島國在全球交流下的草根文化勃發。但樸拙多元並非臺灣棒球的主流樣貌，政治與國族召喚就像棒球上的紅色縫線，始終貫穿著本土的棒球文化。

皇民化或本島自尊，交互糾纏的縫線

　　西方運動是日本明治維新後邁向「西化」的象徵之一，更是日本帝國教化殖民地的工具。一方面，對日本殖民者來說，在韓國與臺灣引入棒球，除了是現代化的教育體制之外，更具有形塑國家認同的意義。在1919 年的體育期刊《運動と趣味》上，就刊出一篇文章呼籲以西式運動教育來同化臺灣人：

　　　我們有必要鼓勵這些學生們從事運動……在不知不覺中將作為日

2　張薇芊，無日期，〈林桂興和他的時代〉。文化部國家文化記憶庫，https://memory.culture.tw/Story/Detail?Id=483&IndexCode=member_story。

3　林丁國，2009，〈日治時期臺灣網球與棒球運動的島內外競賽表現〉。《臺灣史研究》，16（4）：37-80。

本人該有的精神灌驗給他們⋯⋯與其嚴肅地以學問式的、邏輯式
的方式進行灌輸，不如⋯⋯勸導其運動⋯⋯讓他們成立棒球團、
網球團，內地人和本島人都加入其團體，一起在太陽之下、大地
之上從事運動。[4]

　　另一方面，對臺灣等殖民地社會來說，運動也成為反抗殖民者的場
域。臺灣人與日本人高校隊伍之間的競賽，正可代表彰顯民族自尊、反抗
日本殖民主的臺灣代表。當嘉農於 1931 年赴日本甲子園出賽，以臺灣人
報紙自居的《臺灣新民報》如此期待：

甲子園⋯⋯臺灣已有好幾次派出代表隊，但此代表大概僅有居於
臺灣的內地人學生選手，並不能說〔是〕真正的臺灣島代表。而
這次的代表嘉農才是真正的代表選手團。⋯⋯三民族的嘉農選手
團才比以往〔的〕代表〔團〕還要〔更像是〕真正的臺灣代表。
因為如此，臺灣人都不同於以往的態度，期待球隊的勝利⋯⋯只
要堂堂正正發揮作為真正代表臺灣的氣概便感到滿足。[5]（引用原
作者文，〔 〕內為本書譯者所加）

自由中國民族大業的激昂口號

　　二戰後日本殖民結束，來自中國的國民黨威權政府，雖然對棒球陌
生，但卻無縫接軌地沿用了以棒球打造國族認同的手段。1965 年，當時
日本職棒當紅的「世界全壘打王」王貞治，在日本僑社的引介下訪臺。媒
體強調王貞治堅拒「共匪」的「無恥引誘」[6]，是熱愛祖國、擁戴領袖的好
青年：

4　謝仕淵，2011，《帝國的體育運動與殖民地的現代性：日治時期台灣棒球運動研
　　究》，頁 143-144，國立臺灣師範大學歷史系博士論文。

5　謝仕淵，2011，頁 154。

6　堅拒赴大陸，1965 年 12 月 5 日，《聯合報》3 版。

> 威震東瀛的「棒球之王」王貞治……飛返臺北……這是他第一次
> 回到祖國……迄今一直仍保持中華民國的國籍，也是持用中華民
> 國護照返國的……從小在日本生長的王貞治不會說國語……在書
> 面談話中，強調他回國的最主要目的，是希望能晉謁蔣總統致
> 敬。[7]

　　以「大中國意識」取代「皇民化」的召喚，隨後在 1968 年臺東紅葉少棒隊擊敗來訪的日本關西聯隊、及次年開啟的 1970 年代威廉波特少棒風潮，更達到了頂峰。「自由中國」的棒球小將在美國的世界少棒大賽（Little League World Series），打的不是球賽，而是國家命脈與民族大業。1969 年首次奪得該賽事冠軍的臺中金龍領隊、「少棒之父」謝國城說：

> 我們還得深深記憶總統幾年來提倡全民體育的剴切指示，這也證
> 明政府領導正確……此次少年棒球隊亦有成就，此即表示我國不
> 僅經濟起飛，體育亦隨之而起飛。……全民體育我想是影響我全
> 民族之關鍵，不但是對體育有直接關係者應加強努力，即僅有間
> 接關係者亦應參加此民族大業。[8]

現代性與全球化的臺灣之光

　　1970 年代冷戰的國際局勢改變，美國拉攏中國對抗蘇聯，臺灣被孤立於國際政治體系之外。棒球是臺灣能參與世界賽場的少數活動，逐漸成為本地社會集體意識投射最重要載體，「國球」之說也慢慢形成。

　　透過棒球證明臺灣、接軌國際——特別是美國與日本——可溯源自殖民地時期棒球所代表的現代化意義。日本帶來的棒球，一方面是殖民主的壓迫，因此必須在棒球場上擊敗日本隊；另一方面則是進步的西方文化象

7　棒掃東瀛三島，1965 年 12 月 5 日，《聯合報》3 版。

8　任重道遠大戰場　領隊感慨語悲壯，1969 年 8 月 25 日，《聯合報》3 版。

徵，把玩這項「進步」的遊戲，就是一種現代化驕傲。特別在棒球當中，當球員穿戴上西式運動裝備、遵循西方球賽規則，具象地在個別運動員身上展現了「個人層次的現代化」，而成為一種容易清楚指認的進步象徵。

少棒風潮下的臺灣，也以類似的「棒球（運動）＝美國（世界）＝現代（進步）」的「等式」來理解球賽的意義：

> 當今世界上用最多的文字來描述、研究和傳述的運動，就是棒球，這說明，為什麼現代文明最發達的美國，棒球最普遍，也正解答了另一個問題：為什麼中華少棒隊裡，有這麼多聰明的孩子。玩好棒球──最複雜的運動項目之一，須有很高的智慧，這已是很多體育生理學家的定論。[9]

解嚴後，臺灣棒球脫下大中國認同的不合身外衣，但仍延續了殖民時代的現代性象徵，換穿代表登上國際舞臺的全球化球衣。因此，2000 年代中期，王建民在紐約洋基隊的投手板上大放異彩，在國族認同嚴重衝突的狀況下，成為超越統獨的集體召喚。作為打入 MLB 的「臺灣之光」，王建民連續兩年單季 19 勝，代表臺灣能進入國際，也讓全球進入臺灣。

> 倘若不是這個臺灣小子，我可能終其一生對洋基這個品牌都不會有興趣……跟著王建民調整作息，開始每天上洋基官網和紐約時報網站，靠翻譯軟體讀新聞，明明坐在沙發上看電視轉播，卻幻想自己身在美國球場，也跟著全場觀眾在第七局起立高唱「God Bless America」，甚至不慎感動涕零，假設上帝連臺灣也一併保佑。[10]

---

9 聰明伶俐的小金龍，1969 年 8 月 25 日，《聯合報》3 版。

10 米果，2006 年 11 月 9 日，〈就是愛看王建民──洋基若比鄰〉，《中國時報》。

看見臺灣：棒球與學術的本土化

2020 年世紀疫情，本土職棒在社會防疫有成下，得以領先全球開打。地表「唯一」有歡呼聲的球場，把國球作為現代性象徵的集體認同，推上新一波高峰。在 5 月份首場開放現場觀眾的球賽開球典禮中，由代表抗疫國家隊的化學兵所獻唱國歌，以及軍方儀隊展示的巨幅國旗，象徵抗疫成功與職棒開打讓世界得以「看見臺灣」。殖民以來棒球所代表的文化現代性，與公衛制度所反映的現代化科學，二合一地在臺灣球場上，齊聲高歌歡呼。

不過，國族激情吶喊聲響甫落，臺灣棒球百年之際，職棒在三級警戒中停賽。風險社會下，棒球與科學在臺灣所象徵的國族認同與現代化意義，因此顯得岌岌可危。

臺灣棒球代表了本地社會百年來追求的現代性，讓臺灣球迷對於運動的體驗與感受，跟歐美球迷之間出現極大差異。雖然歐美國家也以運動凝聚國族、甚至觀眾在球場的行為還更為瘋狂；但是相較臺灣等具有殖民地經驗的社會而言，運動在西方社會有更濃厚的草根與社區文化意味，而較少背負現代性與國家驕傲的包袱。

這也是臺灣運動迷與作者之間的經驗差異。作者理查·朱利安諾提（Richard Giulianotti）為西方現代運動起源地英國的運動領域學者，目前任教於運動社會學重鎮的羅浮堡大學（Loughborough University），主要研究途徑承繼了意識形態批判的新馬克思主義、特別是葛蘭西（Antonio Gramsci）的觀點。因此，本書對於西方社會、特別是歐洲的運動文化與案例，有非常豐富的觀察，也提供了批判社會學不同途徑的周延分析，讓讀者理解當代運動的多元意義。但臺灣讀者卻不能僅以歐美觀點來看待本地運動。我們體認本地運動發展與歐美之間的差異，正可以本書提供的西方運動社會學分析為起點，透過掌握本土運動的進程與歷史、結合自身的實際經驗，發展出屬於我們自己的運動意義與分析。

最後，本書中譯本出版要特別感謝五南圖書出版公司副總編輯陳念祖先生、編輯李敏華小姐，助理 Cynthia 協助初期校對與資料蒐集，以及長期以來「運動、媒體與社會」課程中同學們的討論與分享。

譯者 劉昌德 2021 年 7 月於臺北木柵

目　錄

1
運動的功能論：
社會秩序、連帶與系統

社會理論中的功能論（functionalism），以及其衍生的結構功能論 p.1（structural functionalism）與新功能論（neo-functionalism），強調必須維持社會共識與秩序，認為衝突對社會不利。雖然在二十世紀初期到中期，此一觀點在社會學與社會科學之中極具影響力，但是從 1960 年代以後在馬克思主義等強調社會衝突觀點的理論衝擊下，其地位急遽下滑。時至今日，運動社會學中的功能論已經成為「歷史遺跡」，而鮮少能夠據以解釋當代運動的意義。

雖然功能論有其理論缺陷，不過本章將以涂爾幹（Durkheim）、莫頓（Merton）與帕森斯（Parsons）等功能論者的觀點，來說明包括社會融合、連帶、秩序、儀式與失序（anomie）等運動中的重要議題。採取功能論社會學對運動的探討，可見於運用德國社會學家盧曼（Niklas Luhmann）系統理論的中歐與北歐運動社會學者的研究。較為微觀的高夫曼（Goffman）社會學觀點，也適用於對日常社會互動中較軟性的社會秩序之分析。

涂爾幹社會學：社會秩序、連帶（solidarity）與宗教

首先提出了社會學中完整功能論觀點的涂爾幹（Emile Durkheim, 1858-1917），身處於其祖國法國的社會變動時代，經歷了工業化、都市化與世俗化（secularization）的時代，也歷經了第一次世界大戰。也許是

p.2　因為這樣，他的社會學論點相對保守，主要關懷也放在面對這些重要轉變的時刻，如何維護社會秩序的相關問題。

涂爾幹的科學方法拓展了對「社會事實」（social facts）的研究，也就是那些不受個人所控制，而能型塑人們命運的社會力量（Durkheim, [1895] 1938: 13）。例如涂爾幹研究自殺現象（Durkheim, [1897] 1970），發現能融入社區、家庭與宗教的人們（像是天主教徒相較之下就比清教徒要符合前述條件），跟那些較為個人主義的人們相比之下，較不易發生自殺問題。

理論上來說，社會事實的概念可以用來檢視運動參與的議題，像是分析哪一些社會團體較習於參與運動俱樂部或特定運動項目。不過，若更進一步深究此一概念，則可能會發現這些社會力量彼此盤根錯節，難以區分。Lüschen（1967）探究運動參與之中的深層社會事實，發現比起其他宗教團體，清教徒參與運動組織更為普遍，特別是個人型的運動項目。這樣的「社會事實」也許符合現代運動強調的清教徒價值，像是禁慾主義（asceticism）與個人主義等。但是許多非宗教的理由也有可能影響運動參與程度，例如清教徒北歐社會的運動參與程度較天主教南歐西班牙社會高，可能是因為前者的階級差距較低所致。進一步探究也可能發現，參與運動俱樂部作為一種集體行動，不見得會因為其項目是否為個人式運動而有所差別（Bottenburg, 2001: 33-34）。

涂爾幹途徑的保守傾向，特別反映在他的功能論觀點上。社會科學的功能論假定，所有的社會都是由許多不同部分所構成，各個部分的功能互相連結與合作以維持系統的運作。各種不同功能的部分，包括了家庭、宗教、政治與工作等不同的機構。因此社會系統可以比作人類的身體，各個不同器官各有功能，透過各自的運作得以維繫個體生存。功能論特別強調社會合作、共識、秩序與和諧，以及社會的各個面向等，得以維繫社會「平衡」（equilibrium）——也就是社會系統的順暢運作。所以此一途徑常被批評為過分保守，因其隱含著傾向社會系統的順暢運作與既有結構（status quo），無論這一結構是否對其多數成員來說其實是不正義、不

p.3　道德或反動的。更進一步來說，功能論途徑過於強調社會秩序，而忽略社會衝突及分工。採取功能論的運動研究，都有此一嚴重缺陷。

對涂爾幹來說，前現代社會與現代社會因為其連帶的連結與類型

不同，所以也有不同的功能。前現代社會是屬於「機械式社會連帶」（mechanical social solidarity），特徵是簡單的勞動分工、強大的社會化力量、壓制性的集體權威、低度的個人意識，以及強調社會角色與共同道德秩序（或「集體良知」（conscience collective））的再生產。相對來說，現代社會是屬於「有機式社會連帶」（organic），特徵則是較為複雜的勞動分工、各個分工角色之間較密切的互賴與分化，以及較強的個人意識。

涂爾幹認為（[1915] 1961），在前現代社會的機械式連帶與集體 p.4 良知中，宗教扮演了重要的功能性角色。宗教儀式有助於社群自身崇拜（self-worship），因此可以在社會與道德層面上凝聚氏族（clan）。氏族的宗教信仰範疇具有其整體性，自然與社會世界的各個面向，都需要具備特定意義。氏族成員尊崇與捍衛「神聖」的事物，而抗拒各種褻瀆與不潔（profane）。宗教儀式具有一定的「行為規範」，指引人們如何遵行神的旨意（Birrell, 1981: 357）。進行宗教祭典必須遵照「正面規章」辦理，氏族成員必須承諾遵行重要的社會規範（Giddens, 1971: 108-111）。另外也有「負面規章」的禁忌行為，像是褻瀆字眼、或者隨意碰觸聖潔物品等。在宗教生活的個人層次中，身體是汙穢的，而靈魂則是聖潔的。「圖騰」通常是自然界的物品（像是動物），因為代表了一定的象徵意義而成為聖物。涂爾幹認為，圖騰就是氏族的象徵，因此在宗教祭典中膜拜圖騰，其實同時也是氏族對自身的膜拜。

涂爾幹提出「集體興奮」（collective effervescence）的概念，來解釋氏族成員聚集舉辦宗教儀式時，所經歷的強烈興奮感與共同連帶感。在他之後的人類學家 Victor Turner（1974）發展出類似的「共同體」（communitas）概念，來解釋有共同經驗或「傳承儀式」（rite of passage）的社會團體成員，可能感受到的強烈連帶感、一體感與同等感。

涂爾幹認為，工業社會中的宗教影響力大幅滑落，因此社會連帶與集體良知的傳統形式影響力也跟著衰退。因此所產生的問題，便是能否產生足以維繫社會體系順暢運作的新信仰體系或機構。涂爾幹指出，社會連帶可能透過「個體信仰」（cult of the individual）而得以重建，此為他所謂的「個人同時是信徒也是上帝的一種宗教」（a religion in which man [sic] is at once the worshipper and the god）（Durkheim, [1898] 1973:

46）。不過，個人式道德體系對於維繫社會連結與一致性，顯然有所不足（Durkheim, [1893] 1964: 170-172）。因此對涂爾幹而言，工業社會面臨社會逐漸失序的挑戰，也就是人們面對規範瓦解與道德淪喪的恐慌。因為集體良知的崩壞，工業社會中也就出現愈來愈多的階級衝突與社會犯罪問題。

✿ 運動、社會連帶與宗教

涂爾幹對宗教的功能論分析，以及他的機械式與有機式社會連帶的模式，可以運用於許多不同的運動研究上（註 1）。

首先，我們可以發現許多體育遊戲與宗教儀式密切相關，甚至是萌生自其中，而這與涂爾幹的廣泛觀察若合符節（Giddens, 1971: 111n）。舉例來說，回溯到西元前 3000 年的美洲大陸，原住民所從事的球賽往往象徵了生死搏鬥，因為輸球一方的隊長可能會被獻祭。許多起源於前基督教時期，所謂「異教」宗教儀式的球賽，其目的是以自然力量來確保部落豐收與平安（Henderson, 2001: 32-33）。在中世紀，球賽是在像是「懺悔星期二」（Shrove Tuesday）的假日期間舉行，這些活動就像宗教祭典一般，其功能是產生社會連結，並抵禦外界各種鬼神或兵戎之災（Muchembled, 1985）。

涂爾幹觀點也可以用來檢視現代運動賽事與準宗教祭典之間的高度相似性。法國人類學者 Christian Bromberger（1995: 306-309）就以此一連結，來說明現代足球比賽的七個面向。第一，足球賽事是在球場此一「特定空間」中舉辦，而能夠讓球迷產生高度情感共鳴；球場具有神聖意味，一般人任意侵入時就「褻瀆」了場地。第二，如同宗教祭典一般，觀眾入場座位是根據社會權力結構所分配，像是政治人物與其他貴賓（VIPs）就能夠坐在最好的位置。第三，足球賽事有明確的時間安排與節奏，球季的例行賽、季後賽與決賽，依循既定的程序與日程。第四，比賽時的不同團體扮演的角色也與祭典非常類似，例如足球迷穿著支持隊伍球衣顏色的衣飾，也投入儀式中的行動。第五，如同教會一般，足球從地方到全球的各個層次，也有明確的組織架構。第六，足球比賽有其儀式順序，指引參與者的行動，包括賽事前的準備、暖身、球員入場、按照場次開始比賽，

以及最後比賽結束，然後觀眾離場。第七，足球儀式也產生一種「心理歸屬」的「共同體」，原本彼此陌生的球迷之間，因為共同目標與認同，而形成強有力的社會連帶。雖然 Bromberger 的涂爾幹式觀察是以足球為對象，但也可以用於解釋不同社會的許多其他運動項目的儀式。

再進一步延伸此一分析途徑，還可以探索現代運動如何協助促成社會連帶。放在涂爾幹的有機連帶的分析脈絡中，當宗教的社會影響力下滑，因此為了重新打造共同的道德秩序與集體良知，就需要其他的社會機構取而代之。

從二十世紀以降許多政治與文化的經驗來看，運動賽事還可以促進社會融合。Riordan（1987: 391）檢視前蘇聯的現代運動發展史後指出，「運動如同宗教儀式一般，提供涂爾幹強調的社會凝聚、連帶、融合、規訓與情感依歸。」在美國，Serazio（2013）遵循涂爾幹的宗教理論，研究贏得2008 年美國職棒總冠軍的費城人隊（Philadelphia Phillies）的球迷。他論稱棒球隊如同費城的「城市圖騰」，具有「神聖力量」可提升陌生市民之間的社會連帶，特別是在其他機構的融合功能衰退之際。費城人隊贏得美國職棒世界大賽（World Series），有助於形成共同體的強列感受，以及讓球隊、媒體與球迷之間得以油然生起費城歷史與認同的崇高形象。

類似的社會功能，也可以在其他球隊或賽事中發現。再進一步做這種 p.6
類比，也可以將之延伸到運動當中的球隊圖騰符號與球迷「氏族」，如何來自於自然界事物。舉例來說，冰球中的多倫多楓葉隊（Toronto Maple Leafs）、美式足球的印第安那波里斯小馬隊（Indianapolis Colts）、或者巴西職業足球佛朗明哥隊（Brazil Flamengo）的老鷹隊徽（vultures）。涂爾幹的道德規範（moral codes）也可以在球員與球迷的運動大眾文化中發現。擁有特殊「精神」、「態度」或「球魂」的球隊，球員會為了「所代表的球衣而拚戰」──這顯示出一種強有力的集體連帶感。相反地，欠缺熱情的球隊、或外來傭兵（mercenary）的球員，就難以受到球迷擁戴。球迷會以「正面規章」的崇拜儀式表達對球隊的熱愛，像是應援曲、穿著球隊代表色的衣服、或者找球員簽名。比賽日是必須大肆慶祝的黃道吉日，慶祝方式包括狂歡、飲酒作樂，以及其他各種可以表達集體興奮感的作法。「負面規章」則是禁止觀眾入侵球場、或者對球員口出惡言等。負面規章也包括各種球場迷信，例如球員避免接近受傷球員或女性，以免

「被汙染」或導致戰鬥值降低，或者球迷與球員會隨身戴著護身符之類的幸運物。這類的規章通常與「內在論宗教信仰」（immanentist religious beliefs）有強烈關聯，認為人與物之間的精神力量可以互相轉換。球迷的應援曲、戰歌與戰舞等可以視為一種內在論的祭典，透過此一儀式，球迷氏族可以將其強大的念力灌輸給球隊（Robertson, 1970: 50-51）。

　　功能論也可以運用於分析運動如何作為一種「公民宗教」或「世俗宗教」（secular religion），以加強社會連帶。這特別顯見於國家層次（Bellah, 1975）。在這樣的概念中，運動賽事可視為現代各種公民與世俗現象之一，就像國定假日、皇室婚禮、閱兵大典與各式各樣的紀念典禮，定期舉辦以凝聚社區與國家。例如有學者就以「世俗宗教」來解釋澳洲式足球如何滲透進入一般人日常生活的各個層面（Alomes, 1994）。球迷在社會快速變遷下感到失落，因而降低了社群歸屬感時，澳式足球賽成為建構特定澳洲認同的關鍵，也提供一種超越與解決的可能性。同樣地，美國的各種「國球」如美式足球、棒球與籃球，也可以視為這種國家的公民宗教，提供美國人一種共同的社會與文化歸屬感，加強其集體連帶與共同體感受（Bain-Selbo, 2009; Forney, 2007）。

　　運動的公民宗教面向，包括國歌齊唱、國旗飛揚、領袖蒞臨、軍力展示等儀式，對於促進國家團結具有特別的功能。自十九世紀到二十世紀，在建構社會一致性的國族主義方面，運動扮演了重要的角色。透過教育體系、大眾媒體與運動等文化機構提倡國家主導的國族意識形態，在這段期間內蔚為潮流。

　　整體來說，涂爾幹等學者的功能論取徑，可以運用在解釋運動如何透過引發情緒的賽事來凝聚社會。不過，這類觀點最明顯的缺陷，在於忽視社會內部不同團體、機構與信仰體系的衝突。運動中也可以看到不同宗教信仰體系的衝突，例如十七與十八世紀的美洲殖民社會中，清教徒（Puritan）與貴格會（Quaker）的宗教運動，就禁止運動賽事這類的新興都會男性娛樂消遣的文化（Gorn and Goldstein, 1993: 34-41）。當代運動中的宗教衝突仍所在多有，像是蘇格蘭格拉斯高（Glasgow）兩支足球隊的傳統「宗教」對抗，分別是反天主教的清教徒（Protestant-Unionist）格拉斯高流浪者隊（Rangers），以及由愛爾蘭天主教移民所成立，擁有許多愛爾蘭球迷的塞爾提克隊（Celtic）。另外，運動中還有許多國族

主義之間的衝突，例如冷戰時期不同國家杯葛奧運比賽，包括美國杯葛 1980 年莫斯科奧運，以及隨後蘇聯集團杯葛 1984 年洛杉磯奧運；另外還有國際足球賽事固定上演的衝突事件，如英格蘭對蘇格蘭、阿根廷對巴西、塞爾維亞對克羅埃西亞、中國對日本，以及 1969 年宏都拉斯與薩爾瓦多之間所謂的足球戰爭等。最後，功能論對於宗教或公民宗教的解釋，只能適用於那些認同於特定機構的「信徒」，而無法用於解釋沒有信仰的人們。在此脈絡下，功能論關於運動作為「公民宗教」或凝聚社區之功能的論點，無法適用於對運動缺乏熱情的城市或國家。如果這類人群規模龐大，就很難論稱運動賽事有凝聚社會的功能。

p.8

　　在二次大戰後，社會學中的功能論與社會體系途徑，有三個主要方向。第一種最主要的途徑是美國社會學家帕森斯（Talcott Parsons）學派，於 1960 年代社會衝突論崛起前，在北美與歐洲取得主流典範地位。第二種途徑是德國社會學家盧曼（Niklas Luhmann）學派，其系統理論在中歐與北歐有特別顯著的影響力。第三種途徑是高夫曼（Erving Goffman）學派，雖然通常被歸類為詮釋觀點，但其基本概念卻是直接受益於涂爾幹的社會秩序論。接下來分別說明這三種途徑。

✂ 結構功能論：帕森斯與莫頓

　　帕森斯的「結構功能」理論架構，源自於對涂爾幹學說中的社會秩序與社會系統概念。帕森斯對於社會科學當中更廣泛的系統與模控（cybernetic）理論，特別具有興趣。他希望發展出一套鉅型理論，可以適用於解釋日常行動層次到整體社會體系的所有系統。他聚焦在系統中的組成單位，以及系統如何維持功能的平衡與均衡（Parsons, 1951）。帕森斯（Parsons, 1966）主張，所有系統都必須符合四個「功能先決條件」（functional prerequisites），以有效運作；在社會系統層次，各個先決條件都連結到社會結構中的特定單位。這四個先決條件模式，可以用帕森斯學說中的縮寫 AGIL 來說明如下：

• 適應（Adaptation）：系統如何對環境的有效反應，連結到社會系統的經濟。

- 目標達成（Goal attainment）：系統如何替其成員建立目標並妥當運用資源，連結到社會系統的政治結構。
- 整合（Integration）：系統如何建立社會合作與一致性，連結到社會系統的社會化與合法性權威。

p.9
- 延續（Latency or pattern maintenance）：系統如何在跨越世代來維持與傳遞一致的價值觀，連結到社會系統中的共同性與文化。

　　AGIL 模式可以用於檢視運動系統如何發揮功能。以運動中國家治理機構為例，這些機構必須能夠進行有效的財務規劃，才能適應經濟環境；必須替其成員建立值得追求的目標；必須透過對年輕運動員的訓練發展，以及建立規範以懲罰違規者，來團結整合內部；也必須宣揚共同價值與標準，像是教導年輕運動員「公平競爭」的原則等。

　　帕森斯發展出幾種其他社會學模式與範疇，以解釋社會生活。其中一個重要的模式，提供一種「模式變項」（pattern variables）及理想型態模式，用以區分社會互動中表達型與工具型之差異。這兩者的差異如下所述：

表達型	工具型
歸屬	成就
漫談	具體
特殊性	普遍性
情感	情感中立
集體傾向	個人傾向

　　表達型互動主要出現在相對緊密與小規模的社會關係，像是家庭、地方運動俱樂部與社區團體等。相對地，工具型互動則大多出現在複雜的社會團體之間，例如公司或大型官僚組織。

　　將上述這種模式變項的概念，運用在運動的解釋之上，可以發現運動組織將其賽事建立在工具性之上，例如賽事中主辦官員的聘任，是依照其運動成就，而非依賴其人際關係；這些主辦官員與參賽者之間的角色各安其位，而依照其他廣泛的社會關係（像是親友、或歸屬於哪個派系）而

定；這些主辦官員對所有參賽者都一視同仁，根據普遍的規章與標準辦事，而非依照與個別參賽者之間的特別或特定關係；這些主辦官員的態度中立，並不會對任何參賽者或隊伍有所偏袒，以及這些主辦官員對於賽事中各自的判決與行動，必須擔負全責。這樣的模式變項是一種理想型態，指明特定社會形構的結構，而非實際上的組織方式。理想模式與實際狀況之間的落差，能夠提供了批判性反思與評論的基礎，對於相關社會團體來說，可以用於檢視該組織的缺陷與弱點。例如一些職業運動組織的主要問題，可能就出在聘任人員時，是依照其性別認同或裙帶關係（歸屬），而不是專業能力（成就）。對於許多國家的足球迷而言，懷疑賽事主辦單位偏袒特定球員（特殊性、而非普遍性）、或者偏袒特定隊伍（不中立）的傳言始終不斷。因此，此一模式變項的潛在優點，在於可以指出社會關係或社會組織應該遵循的原則，並要求相關個人或團體必須要依照標準行事。 p.10

　　帕森斯的主張，長期以來招致諸多批評。一些較強烈的批評，指責他的理論大而無當，無法適用於所有的社會互動、組織、機構與系統，特別無法適用於複雜的現代社會；或者指責他的理論過於強調適者生存，因此就採取了偏頗的意識形態立場，認為二次大戰後的美國社會是最為先進的社會體制；或者認為他的理論，是建立在理想化的資產階級美國社會形象之上；或者認為他的理論，忽視了社會系統內的深層衝突、區隔與敵對利益（也就是說，他過於強調社會系統中的「共識」功能）。

　　在運動研究中，帕森斯途徑傾向忽視社會衝突，像是對女性的性別歧視、對少數族群的種族歧視、或者職業運動的勞資衝突等。此一途徑也會導致研究者傾向於接受（而非批判性地檢驗）美國運動的有效運作，認為此一體制符合現代的模式變項，因此是最為先進與細緻的運動系統，值得其他社會仿效。

　　帕森斯學派的學者莫頓（Robert Merton, 1968），面對這些批評，對功能系統論進行了修正。莫頓提出了「中型」（middle-range）理論，以探索社會系統中不同的面向，如何發揮或無法發揮「功能」。 p.11

　　莫頓（Merton, 1968: 105）對於社會行動之功能的不同類型，做了有效的區分。明顯功能（manifest）是社會行動者所規劃，在社會系統中想要製造的正面適應效果；而潛在功能（latent）則是行動者規劃之

外，也不認可的效果。另外，莫頓主張，「負功能」行動（dysfunctional actions）雖然對於特定社會團體的生存與發展有其正面效應，但也可能對社會系統造成損害：而所謂的「正功能」行動（eufunctional actions）則是對於系統來說造成中性效果，而沒有正面或負面的衝擊。

　　按照此一途徑的看法，可以檢視運動如何用在反菸宣傳中：反菸宣傳的明顯功能是想要讓公眾察覺抽菸的危害，而潛在效果則包括讓公眾更關切健康、或更廣泛的社區營造議題；正功能面向像是許多反菸廣告對外國遊客來說可能不具意義，而可能的負功能面向則可能導致癮君子因而不再參與運動。

　　莫頓（Merton, 1938）指出，在複雜的社會系統中，負功能活動可能相當明顯，特別是那些與社會中的文化目標及社會結構〔或者所謂的「制度化手段」（institutional means）〕有著緊張關係的群體。負功能的主要表現之一就是都市中的犯罪行為，包括組織型犯罪（例如二十世紀中期美國的現象）。以莫頓的概念來解釋犯罪，可以說，都市貧民雖然信仰富人的文化目標，但卻欠缺足以達成此一目標的社會結構（制度化手段）。此一論點是莫頓用來解釋在二十世紀初期美國的義大利移民，一方面認同美國的文化目標（創造財富），另一方面又缺乏足夠的制度化手段（教育機會、好的工作機會與前景），以致於無法以傳統方式達成目標。因此，一些義大利裔移民以犯罪行為來達成文化目標，這些非法行為對於廣大的社會系統來說具有負功能，但是對這些個人或家庭來說，則具有獲致財富與成功的正功能。

　　莫頓（Merton, 1968）稍後指出，個人面對文化目標與制度化手段存在落差時，有五種不同類型的反應。這五種反應，可以藉由美國男大學生參與美式足球的狀況來說明。大學美式足球可視為一種經由一套特定機構（高中與大學），以宣揚特定文化價值的運動（陽剛性的一種粗野與剽悍形式）。因此，個人可能以下列五種方式來參與美式足球：

1. **順應型**（conformism）：順應是由既有權力機構所認可的特定文化目標，像是年輕男大生以粗野、剽悍的方式參與美式足球運動。
2. **創新型**（innovation）：接受文化目標，但是採取自己的方式來達成。例如年輕男大生採取粗野、剽悍的方式，在學校以外從事美式足球與

其他運動。

3. **儀式型**（ritualism）：雖然無法實現文化目標，但仍然盲目遵從制度化的手段。例如年輕男大生固定參與大學足球隊，對於其規則與程序就是例行公事般地盲目遵從，沒有任何反思。

4. **退縮型**（retreatism）：拒絕社會文化目標與制度化手段。例如年輕男大生不參與美式足球。

5. **叛逆型**（rebellion）：拒絕社會文化目標與制度化手段，並且代之以基進的替代方案。例如為了反對大學美式足球，年輕男大生在美國校園內宣揚具有不同文化價值的另類運動。

對於美式足球系統維繫其在整體教育體系中的既有地位來說，順應型當然是最為明確可行的功能性策略。另外四種策略，則對於不同團體來說有其不同功能，而對於此一運動系統而言則會帶來不同的負功能效果。

莫頓理論適合解釋現代社會中結構愈形分化的情況，以及功能角色的各種偏差（即使對於社會系統來說可能造成潛在的負效果）。不過在最後的分析中，我認為莫頓與帕森斯都只是「描述」，而非「解釋」社會系統，也就是他們忽略了在社會運作中的深層複雜權力關係，以及稍早前曾述及的，忽略了社會系統中的衝突與深植其中的區隔。

🙴 盧曼與社會系統

p.13

接著檢視也與社會秩序與社會系統有關的德國社會科學家 Niklas Luhmann（1995, 2000）的觀點，他的著作在 1980 年代後期以降的德國、丹麥與挪威之運動社會學中，具有相當大的影響力（可參見 Bette, 1999; Cachay and Thiel, 2000; Schimank, 2005; Stichweh, 1990; Tangen, 2004, 2010; Wagner, Storm and Hoberman, 2010）。帕森斯是盧曼在哈佛大學時的老師（註 2），因此關於他對系統自我生成與自我規範的模控觀點，受到結構功能論極大的影響。盧曼與其著作並未對運動有所探索，不過他的主要觀點還是可以用來解釋此一領域。

盧曼的主要目標，是希望理解現代社會複雜的系統與次系統，提供一個全面且嚴謹的理論。系統面臨功能分化與適應的各種形式，因此次系統

相應而生，不但本身不斷地成長與「進步」，也將整個系統連結成一個整體（Tangen, 2010: 138-139）。盧曼（Luhmann, 1986）借用了自我生成（autopoiesis）的概念，來解釋系統與次系統如何透過自身的元素與運作，創造與再創造自身的邏輯、結構與組成。自我生成系統可視為自動運作，從環境中獲取能量，但是其組織與傳播卻是封閉的。

社會系統可以分為互動、社會組織與社會等多個層次。重要的是，社會系統是經由溝通，而非個人所組成，並建立在期望之上。人的行動，是基於一種特定的溝通形式。所有的系統與次系統，都立基在兩者之上：一是能夠作為區分，也建立正面及負面認同的溝通之基本二元符碼（basic binary code），二是讓溝通得以進行的系統之「象徵生成媒介」（symbolic generalized medium）。舉例來說，在經濟次系統當中，二元符碼就是「盈餘／虧損」，而象徵生成媒介就是貨幣。

要運用這些理論來解釋運動，或許可以從將運動視為社會系統（社會整體）中的一種次系統來開始進行，而同時社會中還有教育、法律、政治與科學等次系統。在過去幾個世紀中，運動次系統在其外在環境中、與自我生成的過程中，經歷了各種分化。例如運動中，出現愈來愈多可以使之與其他次系統進行區分的治理機構、規則手冊與行為規範。同時，運動次系統對於環境變遷的自我生成之反應，可以在運動以增加反種族歧視與反性別歧視的規則與訊息，來回應民權運動的事例中看到。至於傳播方面，運動的基本二元符碼就是「輸／贏」，而其象徵生成媒介就是勝利，以及對於勝者為王的認同（Schimank, 2005）。運動中的行動，要相對於其他次系統而能夠彰顯其意義：例如若一個人在騎單車，他有可能是在比賽、或者在進行賽事訓練（也就是在運動此一次系統的意義），但也有其他的可能性──像是他可能是在健身（在健康此一次系統的意義）、或者去工作（經濟次系統）、或者在去拜訪友人的路上（休閒）。

討論社會系統或次系統之間的複雜性與張力，是系統理論最吸引人之處。例如 Tangen（2004, 2010）論稱，運動次系統除了輸／贏的二元性之外，還有次級的二元性，也就是「增強／衰退」或「進步／退步」，也在探討運動員或球隊的表現是否變強或進步。Tangen 指出，運動的次級二元性符碼，向其他次系統（如教育、工業、法律與政治等）說明了關於檢視個體之進步，抑或退步此一議題的重要性，因而可以發揮更廣泛的社會

功能。

另外，因為次系統之間的互動與交集，而出現「結構接合」（structural coupling）的各種形式。像是運動次系統跟政治與法律次系統之間的互動，就出現了運動仲裁或反禁藥政策等作法；而運動次系統與教育及經濟次系統的互動，則出現了業餘運動及頂級職業賽事；至於跟健康或社會整合的互動，則出現了國家運動的現象。

在組織層次，運動治理機構於運動自我規範，以及建立一套溝通過程與結構（包括教練課程與公開宣傳等）等次系統中，扮演了關鍵角色。盧曼的理論把組織視為社會系統，而組織決策則是進行分析的基本單位（Luhmann, 2000）。組織透過溝通決策，得以進行發展與再生產（引自 Thiel and Meier, 2004）。Wagner（2009）進一步探究這些形式的複雜性，特別檢視能夠依照不同溝通符碼來運作的混合型組織，當中包括可以同時兼顧政治、法律、教育與商業等溝通形式的各種現代運動協會。

如同社會科學中的其他鉅型理論，系統理論有其優點，也有其缺陷。 p.15
第一，許多研究者在解讀盧曼的著作上，遭遇相當大的困難。跟帕森斯的著作一樣，盧曼的散漫寫作與理論迷宮，對大部分的讀者非常難以參透。不過從正面而言，系統理論基本上是企圖提供一套具有一致性的複雜模式，用以檢視與分析人類社會。所以，此類理論能讓社會學者進行批判性的驗證、運用與闡述。特別是在中型理論層次，研究者能夠據以探討像是運動次系統在其外部環境中之功能的種種問題。系統理論也可以藉由詮釋性的研究架構，探索運動次系統在日常生活層次中，是否與如何符合功能理論模式的假設。

第二，在二十世紀後期的德國社會學界中，盧曼與哈伯瑪斯（Jürgen Habermas）兩人的學說針鋒相對。跟哈伯瑪斯熱衷於探究不同社會之另類政治方案有所不同，盧曼對於這類的批判性與規範性議題缺乏興趣。即使如此，研究者還是可以修正系統理論，從中提煉出可能的批判態度。舉例來說，研究者或許可以探討某個次系統如何因為跟其他次系統之間的特定互動方式，而遭到改變或威脅。透過前述說明，研究者可以論稱，菁英運動在資本主義社會系統中，受到經濟次系統的影響與改變。對於一些論者而言，此一現象可以說是運動等次系統的自主性（或本質），受到經濟之「盈餘／虧損」二元符碼的入侵而遭到威脅或改變（引自 Walsh and

Giulianotti, 2007）。更為積極的作法，可能是探討如何讓運動次系統跟政治次系統之間有更多互動，以促進運動的民主化。此類對盧曼理論的批判性運用，讓社會學者既能夠發展與採用社會系統與次系統的理論，又能夠適當地介入廣泛的規範性與政治性議題。

𝕐 高夫曼與微觀社會秩序（microsocial order）

p.16

關切社會秩序與社會系統之涂爾幹社會學中，本小節接著探討第三個途徑，也就是高夫曼（Erving Goffman）的研究。乍看之下，把高夫曼理論放在這脈絡中討論是有些奇特，因為他的研究主要聚焦在日常的社會互動之微觀社會過程，而前述的其他理論取徑的研究則主要分析規模較大的鉅觀社會層次。不過，高夫曼社會學也與涂爾幹理論有著相似的核心關切主題，像是社會秩序與社會生活儀式等（可參見 Burns, 1992: 361-362; Goffman, 1967: 47）。高夫曼主張，現代社會的秩序之建立與維繫，並非透過社會系統層次進行，而是發生在日常生活層次中複雜與彈性的社會互動。高夫曼（Goffman, 1967: 73）認為，現代社會中的「聖物」（sacred thing）就是個人自身，而為了論證，他還引用了涂爾幹（Durkheim, [1924] 1974: 37）所說，「人們對此不敢違抗，更不敢越雷池一步」（one dare not violate it nor infringe its bounds）。

高夫曼強調個人的「面子」（face）的神聖不可侵犯。「面子」就是個人在社會交換當中所受到的正面評價。社會互動的儀式，通常能夠讓個人維持面子。高夫曼（Goffman, 1971: 62-65）引用涂爾幹的正面儀式概念，探討個人如何支持彼此的自我呈現，以及運用恭維與讚美等「接近儀式」（access rituals），來建立與維持他們想要的社會交往（前引書：73-91）。負面儀式則包括像是跟陌生人保持社交距離的各種禁忌，以及像是不小心撞到別人時要道歉的「補救交換」（remedial interchanges）等。

高夫曼最有名的概念，或許是他為了解釋日常社會秩序，所發展出的戲劇理論（dramaturgical theory）（Goffman, 1959）。每個人都是社會「演員」（actors），運用不同的「印象管理」（impression management）技術，來說服不同的「觀眾」（audiences）接受或相信這些表演。高夫曼認為，社會秩序得以維持，有賴於相關表演是否成功；為

了達成此一目的，社會演員們往往進行團隊合作，並且扮演特定角色、遵照腳本演出、使用各式道具與布景。如果社會演員搞砸了場子、或者觀眾聽信了那些關於演員們的蜚短流長，那麼這些演出就不再可信，而整場表演與社會秩序就會搖搖欲墜。

高夫曼的理論可以運用於運動領域。在英國的足球社會學研究中，他的「印象管理」論點，可用於解釋不同球迷團體之間的社會交換，以及維持球迷治安的相關現象（Giulianotti, 1991; O'Neill, 2003）。Ingham（1975）也認為高夫曼的理論，可用於解釋運動中各種職業的次文化現象。

高夫曼的理論也可用於對運動名人之間社交動態的進一步分析。運動明星的「面子」至關重要，因此這些名人之間的互動存在著許多正面與負面儀式。例如正面儀式就是運動記者要以許多溢美之辭來介紹菁英運動員；而負面儀式就是當記者或觀眾（非常少數情況會是運動員）打擾賽事之互動而造成誤解或混亂時，必須表達歉意。同時，運動名人也小心翼翼地進行印象管理，包括使用適當的道具（獎盃或背景照片）、服裝（特定的流行風與運動服品牌），以及風度翩翩的態度（有禮貌地回應提問），以免造成大眾的負面觀感。p.17

Susan Birrell（1978, 1981）的研究，直接引用了高夫曼理論來解釋運動。Birrell 認為，運動賽事是儀式性的競賽，參賽者希望透過勇氣、野性、正直與冷靜等態度展現，來表現其「個人特質」，藉以成為英雄（Birrell, 1981: 365-372）。個人特質就是一種高夫曼式的能力，可以「保持個人十足有紀律的競爭力，並且能夠隨時控制全局」（前引書：372）。

美國社會學者 Arlie Russell Hochschild（1983）遵循了高夫曼的理論典範，分析了情緒管理與日俱增的重要性，特別是在情感商業化趨勢下的服務業工作中尤為顯著。此一觀察也可見於運動領域，例如菁英運動員在面對不同的群眾時，愈來愈需要管理與控制情感。情緒管理牽涉自我控制的能力，例如在激烈賽事之後馬上就進行的記者會與媒體聯訪。運用前述觀點，運動中的情緒管理也包括了各種「高難度表演」，特別是職業運動員為了其商業利益而演出各種情緒，例如在尋求一份「肥約」時，要表現出對於某個球團與其球迷的熱愛。

不過，高夫曼式取徑雖然可運用在運動等社會各領域的分析上，但仍有其明顯的理論限制。作為一種微觀社會學理論，通常難以關照不同的社會行動者之間權力關係的結構條件。另外，高夫曼戲劇理論認為社會表演中的每個人都是自私自利、相互勾結，以及言不由衷等的基本假設，也有待商榷。

✿ 結論

p.18

本章檢視了由功能論傳統衍生、或者與其有緊密關係的諸多社會學理論，以探討涂爾幹式途徑所關切的社會秩序、連帶、儀式與系統等主題。這些觀點有著共同的理論限制，有些缺陷已經在前述小節中說明，在此進行歸納。第一，功能系統理論對於社會生活的分析過於傾向「決定論」，使得社會行動看起來是受到某種內在動機對於社會環境的反應，而非取決於個別社會行動者的批判性創造力。即使是聚焦微觀層面的高夫曼理論，社會演員也似乎必須扮演特定角色並遵照劇本演出，而不是能在各種社會行動領域中自由遊走。例如分析運動協會時，這類理論主要是檢視不同部門、職位與球隊如何根據其角色進行互動，但無法理解各種部門的不同文化、或者在相同位置的某些人卻會做出不同決策等議題。

第二，如同前述，功能論觀點具有保守傾向的本質，特別反映在其強調社會系統如何維持平衡，而非探討如何改變或終結。即便還是會討論到社會衝突與變遷，但是這些觀點仍然假設這些挑戰會逐漸融入社會主流，而既有的社會系統仍會長長久久。此一假設無視於不同社會團體之間的長期且持續的鬥爭，例如女性或少數族群所受的壓迫，以致於無法全面且公平地理解這些受壓迫團體參與運動的現象。與此相關的問題，就是功能系統論者在其研究中，鮮少對社會系統進行批判分析。因此，如果分析長期專制腐化的運動組織，功能論途徑會傾向檢視此一組織如何有效運作，而非探討如何進行根本的改革。

第三，功能系統論中某些學派，傾向於討論系統的理想面，而非其黑暗面，例如帕森斯對於戰後美國社會過度一廂情願的正面與美化觀點。

p.19
Jeffrey Alexander（1992: 294-295）等新功能論者也有此一毛病，他們特別偏愛當代西方社會的「文化符碼」（cultural codes），而對於西方國家

在「公平」、「包容」與民主層面的缺陷視而不見。在運動研究中，這樣的理論限制導致對西方社會運動組織之民主與包容性的美化，而忽略其對於特定社會團體的歧視現象。

第四，功能系統論忽略對於權力關係的批判思考。這些途徑往往無視於宰制團體施行權力的微妙方式，能夠使得受宰制團體也同意那些有利於既得利益者的不公平政策。因此，這些觀點往往忽略了許多社會系統的不公平現象，像是在美國大都市中，運動產業財團老闆與地方政治人物之間官商勾結，以公共資金承擔建造大型場館的巨大花費，因而擠壓到教育、公共衛生與治安之必要經費的問題等。

第五，美國社會學家米爾斯（C. Wright Mills）在其著作（Mills, 1959）中，以簡短的語彙重新「翻譯」帕森斯著作中那些落落長的句子，來嘲弄結構功能論者的語言過度艱澀的毛病。這裡不贅述米爾斯的機智幽默，但是帕森斯與盧曼那些令人不敢恭維的散漫寫作，導致許多學者對其理論架構望而卻步。

不過，這些途徑仍有其明顯優點，可供運動社會學者加以運用。首先，運動社會學可以透過涂爾幹關於社會事實的理論與方法，探討社會深層結構如何在廣大群眾之間，塑造特定型態的社會行動模式。這些研究發現可以為擬定有效之運動政策提供堅實的基礎，像是找出國家介入以提升運動參與的方式。第二，更重要的是，可以透過功能系統論途徑，檢視運動賽事與機構如何符合特定社群所需，建立強有力的社會連帶與共同感，並且促成社會整合。這樣的研究可以衍生與運用涂爾幹和高夫曼學派的理論觀點，探討運動賽事如何扮演當代宗教儀式或社會劇場的角色。第三，我們也必須同時認知兩個重點，一是運動機構可能對於廣泛的整體社會而言，具有複雜的功能，甚至是負功能；二是運動系統可能排擠許多社會團體、或者彼此之間互相衝突。在此認知下，我們可以藉由莫頓較為開放的中型理論，來探究運動與社會整體之間的複雜互動關係。第四，高夫曼理論所聚焦的社會互動儀式，以及脆弱的微觀社會秩序，也可以用於分析運動中的特定社會團體。在接下來的第二章，就將討論較為微觀的社會學議題。

p.20

討論問題

1. 球隊與運動賽事如何促進社會連結與共同感？有哪些社會團體被排擠、或者無法參與？

2. 運動如何作為一種社會系統或次系統？運動與其他社會系統（如經濟、政治與媒體）之間有什麼樣的關係？

3. 運動名人、球團或球迷團體，採取哪些「印象管理」的策略？這些印象管理策略是否奏效？

4. 功能系統論的運動研究，如何忽視了運動中的社會區隔與衝突？

5. 如何透過功能系統論，探討運動組織與賽事可能的另類方式？

2

運動研究中的韋伯與微觀社會學取徑：意義、認同與理性化

p.21

　　許多人感嘆現代運動不再保有純真魅力，因為運動員「過度訓練」、球隊「忘記初衷」、球場「沒有靈魂」，而比賽則是「公式化」、「喬好的」。這類質疑主要是針對運動愈來愈理性化，因此認為運動失去了本質，也不再有趣。姑且不論這樣的批判是否美化過去，這些論點的確反映出一種對於運動受到現代化（modernization）影響的普遍憂慮。

　　本章主要透過韋伯（Max Weber，註 3）著作中的兩種主要社會學觀點，來檢視有關運動的意義與現代化的重要議題。第一種觀點是關切社會成員之日常活動的意義、動機、認同與詮釋，可稱之為社會學的微觀、人文與詮釋取徑（microsociological, humanist, interpretivist approaches）。第二種觀點是關切現代運動的理性制度與官僚體制，因而導致社會中各個層面都愈發無趣，可稱之為韋伯的理性化理論。

　　本章分成三個小節。第一小節介紹詮釋性的微觀取徑，以及其與運動研究相關之分析。第二小節討論運動的理性化（rationalization）與官僚化（bureaucratization），特別是學者 Allen Guttmann 的社會歷史觀點。第三小節檢視學者 Ritzer 的麥當勞化論點（McDonalization），以及其如何適用於運動研究。透過這樣的分析，可以從「表層」轉而「深度分析」理性化現象。

p.22

❦ 詮釋性社會理論與運動的意義

　　詮釋性社會理論相當廣泛，包含了許多不同的微觀社會學取逕，像是韋伯社會學、社會現象學（social phenomenology）、詮釋學（hermeneutics）、人類學方法、符號互動論（symbolic interactionism）與社會建構論（social constructionism）。詮釋性社會學探討社會行動與不同層面的相互關係，包括社會地位、主體、意義、動機、符號、脈絡、自我、角色、認同、過程與社會變遷等。此一途徑反對實證式思維（positivist thinking），主張對人類行為的分析，無法像自然科學那樣能找出一種普遍的因果關係。韋伯（Weber, [1922] 1978: 12-13）引用「理解」（德文 verstehen）此一有點模稜兩可的概念，主張社會學家必須採用「同情性的理解」（empathetic understanding），來解釋個體行為之意義。因此，詮釋性社會學適合採用質化研究方法，包括相對開放式的訪談及人類學式的參與觀察。

　　詮釋性的微觀社會學取徑主張，每個人對於自身的動機、對他人的行動，以及對更廣的社會脈絡，都會發展出屬於自己的意義與理解。屬於此類途徑的符號互動論，為人們透過語言及姿勢和服裝等與非語言符號，來進行溝通。社會互動是由呼應個體之社會地位的一套角色與認同所構成。自我將角色與認同跟個人連結，而演變出不同的角色詮釋與表現。因此，社會認同、行動與互動具有動態、流動與過程的特徵，也受到個人如何想像他人眼中的自己，也就是所謂的「自我形象認知」（looking-glass self）之影響。個體的社會行動，也進一步受到「顯著他者」（significant others）（例如室友）、或「普遍他者」（generalized others）（例如同事或朋友），對於社會行動之實際或想像的反應所型塑。

　　這些詮釋性途徑的社會學研究，適合採取包括田野調查與訪談的質化研究方法，以蒐集到能理解社會互動的豐富資料。另外，還有聚焦在解釋「文本」（texts）的「詮釋學」途徑。雖然傳統的詮釋學主要是分析書寫的文本，但是之後的文本研究（textual studies）擴張到對其他各種傳播或符號體系的解釋與「解碼」（decoding），包括流行時尚、廣告，以及電視與電影。此外，稍後在第七章中會再深入探討的現象學途徑，則可適

p.23

用於探討運動與休息的主體及相互主體的議題，像是不同社會行動者在運動中的感官體驗。

詮釋性的微觀社會學理論的分析，聚焦在檢視與理解運動中紛雜多樣的社會意義、符號、認同與角色。例如在團隊運動中，可以檢視個別球員如何分配到不同的角色，而在各場比賽中又有怎樣不同的詮釋與再詮釋。個別球員在球賽中的分工表現，受到教練與隊長等「顯著他者」之期待的影響，也受到多數隊友等「普遍他者」的影響。創立符號互動論的學者米德（George Herbert Mead）認為，遊戲情境與團隊思考說明了兒童如何型塑人格，並成為「社會的有機成員」（organic members of society）；在團隊的遊戲當中，孩子們必須「配合共同目標」（with reference to a common end）而行動，因此學習到如何站在他人角度思考（Mead, 1934: 159）。另外，此一途徑也可分析球員與觀眾如何習得運動的特定意義、符號、角色與認同。舉例來說，在棒球比賽中，所有的參與者必須瞭解不同位置選手的地位與角色、各種符號的意義（像是裁判的手勢），甚至是不同球隊如何跟球迷與當地社區產生社會及歷史的認同。再者，詮釋學途徑也能夠分析與「解碼」運動賽事在大眾媒體中的再現，像是特定事件在報紙上的報導、廣播的評論、或者電視的取鏡等。

有許多運動社會學與人類學研究採用了詮釋學途徑。Adler 與 Adler（1991）透過田野調查，檢視了大學男子籃球員的社會化過程。他們使用角色理論與符號互動論觀點，指出許多年輕的學生運動員在大學體制中，「貪婪」的運動員角色成為主宰角色，取代了包括學生角色的地位，因此經歷了「角色淹沒」（role-engulfment）。不過，大學選手同時也擁抱了「光榮角色」（gloried role），以運動員地位圈粉無數，享受了公眾崇拜目光。對於一些運動員來說，即使運動員角色強調自我否定，「光榮角色」仍然至高無上。當大學運動生涯結束後，運動員可以轉而追求不同的社會成就，也有一些運動繼續在運動領域持續追求光榮角色。大學運動員「退役」之後，很多選手對於曾經「享有多數人無法經歷的名聲」，抱持正面態度（前引書：230-231）。不過，曾經身為大學運動員的選手，p.24也因為他們的特殊身分，而犧牲許多不同的角色。相反地，從人文角度來看，現代社會中個體所可以享有的多樣豐富的興趣、角色與認同，也因而被剝奪（前引書：228）。

Donnelly 與 Young（1998）採取了社會互動論觀點，來研究運動次文化認同的社會建構。他們分析了攀岩者與橄欖球選手，指出這些運動次文化選手的生涯發展可分為四個階段：

- 第一階段是「前社會化」階段，潛在的成員從不同的來源（例如媒體、家人與朋友）獲得這些次文化的資訊；
- 第二階段是「篩選與招募」，原本潛在的成員開始被邀請加入運動；
- 第三階段開始發生「社會化」的過程，這些成員學習與接受次文化的價值與觀念，也開始發展新的自我認同；
- 第四階段則是「接受或排斥」（acceptance/ostracism），也就是次文化團體依據其主要價值與行為準則，決定是否接受這些成員。

此一模式可以應用在各種型態的運動次文化中。

聚焦在運動次文化的運動社會學微觀取徑，反映了更廣泛的詮釋社會學家的關懷，關注於底層、偏差與外來的群體與社群。舉例來說，從 1920 年代開始的社會學芝加哥學派，透過對人類學方法，研究大都會中的遊民、舞廳、黑幫、「欠錢走路」（delinquent）的破產者、貧民窟（slum），以及各種類似的底層階級。因此，詮釋學途徑在犯罪與偏差社會學當中有極大的影響力，也因而是運動次文化偏差行為的重要取徑，像是 Polsky（1969）對撞球郎中（pool hustlers），以及 Atkinson（2000）對球場黃牛（ticket scalpers）的研究。

社會人類學者採用了微觀社會學的方法及核心主張，特別是採取了深度質化研究來分析與理解運動中不同的次文化與社群。例如 Armstrong（1998）採取都市人類學方法，對於英格蘭足球流氓進行了長期的人類學研究，在此一群體的意義、價值與認同議題上，提供了最為翔實可信的分析。同樣在詮釋學派傳統下豐富的運動人類學分析，包括了 Klein（1991, 1993）對於拉丁美洲棒球文化、Dyck（2012）對北美兒童運動、Kelly（2004）對日本棒球迷、Carter（2008）對古巴棒球與認同，以及 Howe（2001）對威爾斯橄欖球中的痛苦與受傷等研究。

美國人類學者 Clifford Geertz 對峇里島鬥雞的分析，也許是對運動文化最知名的詮釋性研究。透過深度的詮釋觀點，Geertz（1973: 434）指

出「賦予生活的意義，是人類存在的主要目的與先決條件」。對 Geertz 來說，所有人類行為都可以視為一種符號行動，而可以指涉（signifies）或解釋成一個文本（a text）。他將峇里島鬥雞看做一種「嚴肅的遊戲」（deep play），參與鬥雞或賭博的峇里島男性，在當中輸贏的不只是錢，更是社會地位。「攸關生死」（as 'matters of life and death'）的鬥雞，「最能說明」峇里島社會地位的關係，也能讓峇里島男性「看到個人主體的特定面向……在鬥雞過程中，峇里島也同時型塑與發現其社會的氣質與特性」（前引書：451-452）。為了理解鬥雞，Geertz 認為研究者必須對於相關研究對象進行「厚描」（thick description），並且將鬥雞賽事視為峇里島的文化文本來「閱讀」；即使這樣的閱讀，其實只能由社會行動者的自行肩負才能達成。

雖然最嚴謹的詮釋途徑在運動社會學當中並未被忽視，但是因為以下幾個原因，其影響力依然有限。耗費時間與資源的田野調查，是在不同類型社會團體中從事詮釋性研究的必要條件。在理論取向上，多數運動社會學研究者傾向於採取其他取徑，像是新馬克思主義與後結構主義等，而非像是符號互動論的詮釋取徑。這些其他的途徑，能夠讓研究者對於當代運動的權力關係與結構條件，進行廣泛的探索。再者，許多運動社會學的重要學者有著跨領域的學術訓練，例如運動科學與人體運動學（kinesiology）等，而此類領域對於詮釋性理論與方法，相對較少著墨。在運動社會學當中，詮釋學途徑往往是與其他理論結合之後，而能發揮較大影響力。

以此觀之，新韋伯學派或新詮釋途徑有其重要性。文化研究取徑就會 p.26 採用成本較低的詮釋學方法，例如探討大眾媒體如何再現運動中的女性、少數族群與非異性戀團體（LGBT）（可參見 Douglas, 2005; Messner, Dunbar and Hunt, 2000; Sartore-Baldwin, 2013）。在分析運動次文化時，詮釋學派的田野調查方法，同樣能與文化研究中對於權力關係的重要結構理論觀點結合（可見 Sugden, 1987; Foley, 1990）。另外，後現代或後結構理論，也能夠結合社會互動論與其他對於社會實踐、論述與身體文化更為批判性的分析。舉例來說，本書作者就透過廣泛的田野調查，結合傅科理論與社會互動論觀點，檢視在 1990 年義大利世界盃足球賽時，蘇格蘭足球迷在全球球迷眼前，如何尋求與建構特定的國族認同（Giulianotti,

1991）。整體來說，詮釋性微觀社會學取徑若能持續與其他理論途徑進行創新與正面的結合，對社會現象提供原創性的解釋，就可以在運動社會學中持續占有一席之地。

✿ 理性化與運動

韋伯社會學的解釋性途徑強調對社會互動關係的研究，也開展對於社會層級與理性化的分析。韋伯（Weber, [1922] 1978: 48-56）探討權力關係與社會階層化，如何受到經濟、文化與規範因素的交互影響。韋伯研究權力與階級、社會地位及黨派之間的關聯。在社會階級的研究上，韋伯與馬克思有兩點最大的不同：首先，他認為當代社會的階級，並不像馬克思所說的只有資產與無產兩種階級，而是有各種不同位置的階級，例如大資本家、商業與小資產階級等。第二，他對階級的分類標準也不只一種，而是包括了生活機會、勞動市場中的收入機會，以及對財產或物品的所有權等。韋伯將社會地位理解為一種「無形的社群」（amorphous communities），包括了族群、宗教與世代等不同團體，而榮譽、尊嚴與共同的生活風格，則是形成團體的主要因素。黨派則是更為正式與現代的組織，其影響力並不限於政治層面，也包括社會、文化與經濟層面，而各自以有計畫與理性的方式追求特定目標。

p.27

韋伯的理論有助於理解運動中的權力關係與階層化現象。舉例來說，像是階級議題中可以分析擁有龐大資產的「大資產」（ownership）階級與商業經理人（professional commericial）如何互動，以宰制歐洲與北美的頂級職業運動。另外，許多職業球團老闆也透過跟社會與文化領域中享有聲譽的組織合作，甚至進一步控制這些組織，以求在地方上、全國，甚至國際上獲取各種榮銜。根據社會心理學家的說法，支持球隊通常與追求地位的動機有關；公開支持一支常勝軍的球迷，像是跟勝利者站在一起，而能夠獲得較多的自尊、地位與光榮感，也就是「沾光」（basking in reflected glory, BIRG-ing），也因此可以免於喪失社會地位（Wann and Branscombe, 1990）。最後，關於黨派方面的分析，我們也可以探討各種不同的運動組織如何共同合作，以追求特定目標；例如球隊一起組成職業聯盟，透過舉辦賽事來獲利，或者各項運動協會一起向政府遊說，要求建

立各種運動場館與設施。

接著檢視韋伯對於理性化與官僚化的分析，以及其對於運動社會學的影響。對韋伯來說，理性化促成了現代性。現代社會生活的各個層面愈來愈趨向理性規劃，同時強調工具與技術的指導作法（know-how），而非政治反思或倫理思辨。對韋伯來說，官僚體制逐漸宰制了當代社會，因為其「精確、調度能力、清晰度、對記錄的熟悉程度、連貫性、自由裁量能力、一致性、嚴格的上下關係、減少組織內部摩擦，以及節省人力、物力等」的特徵，相對於其他社會組織型態來說，具有「純粹技術性的優勢」（purely technical superiority）（Weber, [1922] 1978: 350）。不過，如同韋伯廣為人知的觀察，官僚體制的「除魅」（disenchanting）過程，也去除了個性與人味，建造了過度理性的牢籠（iron cages）。因此，受到韋伯影響的社會學家，也探討社會各層面的理性化組織，以及其非人性化的作法對於社會各階層的影響。

韋伯的理性化論點，被下述幾項運動研究加以延伸應用。Frisby（1982）透過韋伯取徑來檢視加拿大業餘運動組織，依照九個原則來分析其行政效率：明文化的規則與程序、決策的去中心化、不因人而異的工作關係、決策的專業化、專門化、職涯的穩定、組織的規模成長、行政人員的比例升高，以及對於科學與科技的重視。 p.28

Guttmann（1978）對當代身體文化「運動化」（sportification）的研究，是採取理性化概念最為具體的分析案例。他指出理性化的七個主要面向，每一個面向都以現代理性化的西方運動來跟早期的休閒體育活動進行對比。

1. 世俗化（secularization）：現代運動已經從宗教信仰中脫離。相反地，文明化早期或前現代社會中，體育活動與宗教慶典往往合而為一。
2. 用人唯才（meritocracy）：運動提倡公平競爭，而不以既有的社會地位來限制參與者。相反地，前現代社會的體育活動則非常封閉，以希臘來說，女性與奴隸都因為不是公民而無法參與。
3. 專門化（specialization）：如同在製造業一般，現代運動出現愈來愈複雜的勞動分工，每一個部門的勞工都必須專精於個別的特定角色與技能。以美式足球等團隊運動來說，每個球員都負責特定的位置。但是

在前現代的體育活動，比較少出現特定專門角色，而是各自以其方式共同努力。

4. 理性化（rationalization）：以工具理性來指引達成目的的最佳手段。現代運動的特徵之一，就是理性地規劃、組織與競爭，特別是引入運動科學，讓運動員得以有最佳表現並盡可能提升獲勝的機率。在前現代的體育遊戲中，類似的規劃周延度與科學性的程度都非常低。

5. 官僚化（bureaucratization）：對韋伯來說，「日常生活的所有層面，都依照官僚體制來進行修正」（引自 Giddens, 1971: 160）。在地方、全國、區域與全球等不同層級的主管機關與組織的各種作法下，出現愈來愈多的部門、單位、大小委員會等，導致運動受到愈來愈複雜的治理機制所控制。運動賽事本身的進行過程，則受到裁判的控制，且這些裁判是以能力，而非人際關係才得以擔任此一工作。相反地，前現代體育遊戲並沒有所謂的主管機關，同時賽事的進行與組織，都沒有正式的作法。

6. 計量化（quantification）：現代運動透過使用統計數據來策略與比較運動員的表現，變得愈來愈實證取向。舉例來說，在北美的棒球界，賽伯計量學（sabermetrics）已經成為衡量球員表現的標準，這些資料也成為球團招募球員的考量基準（註 4）。前現代體育活動很難看到這樣的統計數據——古代羅馬戰車競技比賽，就根本沒有人會去管連敗紀錄這回事。

7. 追求紀錄：現代奧運口號的「更快、更高、更壯」，可以反映出運動中強調獲勝與打破紀錄的傾向。前現代體育活動缺乏現代的計時工具，所以運動員只會專注於贏得眼前的比賽。

p.29

上述 Guttmann 的各項分析，可以簡明與周詳地說明韋伯理論途徑在運動研究上的詮釋，並可以據以評析不同運動項目中的理性化程度。

接著對於 Guttmann 的分析，進行三點的批判性檢視。第一，在理論層面來說，這一模式並未全面地採用韋伯理論，因為其中運動的理性化大多被正面評價，因此忽略了韋伯對於現代性牢籠的悲觀看法。因此，此一模式應該再加強對於理性化導致的運動出現異化或除魅現象的分析。舉例來說，強調運動中可以測量的表現與紀錄，可能降低了享受比賽過程，

以及實驗創意技巧的動機。再者，運動員為了提升表現而廣泛使用禁藥的現象，則反映了運動領域中工具理性的抬頭，以及運動參與的去人性化（Hoberman, 2001）。

第二，Guttmann 也指出應用理性化論點來分析運動的限制所在。舉例來說，理性化論點相對忽視了運動中的美學、道德教育與凝聚社群等公共利益層面的效應（Loland, 2000; Lasch, 1979; Walsh and Giulianotti, 2001）。事實上，就如同表演藝術一般，運動中的即興與創意「抵抗了理性化與官僚化的趨勢」（Blake, 1995: 201）。

第三，因為欠缺足夠的經驗證據，Guttmann 的論點可能誇大了理性化在運動中的影響。舉例來說，他關於「世俗化」的論點，就與運動中目 p.30 前仍盛行的一些宗教相關現象，包括賽前的祈禱集氣、各種儀式與迷信等，顯然有所抵觸。另外，運動也不是絕對用人唯才，而仍然可以發現許多外在的結構因素，還是運動中能否加入及勝敗關鍵的決定因素。畢竟，以奪牌數來看，奧運還是被具有經濟實力並據此投資運動設備與訓練的富有國家所宰制；而「昂貴的」運動項目，像是遊艇比賽，就是由高社經地位者所主宰。

另外，當代的運動面貌也受到反文化運動（counter-cultural movements）的拒斥或重塑。例如「極限運動」就把運動中的刺激娛樂放在優先地位，而與現代運動追求紀錄與專門化的趨勢有所不同。一些教育學理念則是提倡運動開放給所有人（sport-for-all）的作法，而跟現代運動理性化趨勢中，較為強調菁英運動員表現的趨勢相背。

最後，一些批評者反思理性化的負面影響之後，提倡運動必須「復魅」（re-enchant）的呼聲。Numerato（2009）指出，捷克帆船俱樂部反對因為除魅而讓業餘愛好者卻步的趨勢，並推動運動恢復人味，也就是復魅的作法，例如舉辦業餘帆船賽、強調帆船社群的集體記憶，以及更重視在社群媒體上的分享活動。因此，整體來說，官僚化、理性化與除魅並非絕對不可逆的過程，有不少運動組織與行動者，正在嘗試開拓另類的可能性。

✄ 當代的理性化：Ritzer 的麥當勞化論點 （McDonaldization）

　　美國社會學者 George Ritzer（1993）的「麥當勞化」理論，是韋伯理性化論點的當代更新版本。對 Ritzer 來說，現代社會的理性化基礎，體現在美國連鎖速食店麥當勞的組織邏輯當中。麥當勞化有四個組織性的原則：

1. 效率：不斷「尋找達成目的的最佳手段」，以提高服務的速度與效能（Ritzer, 1996: 443）。例如高度理性化的勞動分工，以及「得來速」窗口的設計，以更快速地販售給路過的汽車駕駛。

p.31
2. 可預測性（predictability）：降低風險，尋求「一個沒有驚喜的世界」。麥當勞的消費者，在世界各地不同的分店中，都假設他們可以安全地獲得相同的產品、服務與感官經驗。

3. 量高於質：強調所生產食物的數量規模，而非食物的美味、複雜度或獨特性。

4. 自動化：為了組織生產更有效率與可靠，只要技術許可，就以機器取代人類的生產。在麥當勞的廚房，料理食物已經高度自動化，並將員工所需要的訓練程度降到最低。

　　結果非常明顯：速食的理性化生產與銷售極為成功，更建立了可以複製的成功典範。麥當勞化的組織原則，也滲透到現代生活的其他層面，包括金融服務到高等教育等。Ritzer（1993: 121）採取了韋伯式觀點，指出麥當勞的理性系統，導致了除魅化、異化與不理性的結果：「這些特質否定了在其中工作的員工與顧客的基本人性與理智」。麥當勞將美食烹飪「去文化」，同時也將餐飲給「去人性化」。

　　Ritzer 指出有些組織嘗試「去麥當勞化」，也就是採取了「復魅化」的手段，以避免去魅現象。不過，去麥當勞化通常也帶著「去理性化」（derationalization）的特徵，而其代表的也是想爭取特定消費族群的一種高度理性化企圖。麥當勞化的特色，還包括了光鮮亮麗的餐廳裝潢，以

及隨餐附贈的廉價玩具等。這與 Cohen 與 Taylor（1976）的論點類似，他們指出現代人也尋求生活的「復魅」，以逃避個人的固定角色與日常瑣事的除魅化「現實」（paramount reality）。無論運動、賭博、性愛、暴力、毒品、旅遊與幻想等，都無法讓人們完全逃離現實；因為提供給消費者的制式化休閒娛樂，只是讓他們逐漸融入，成為精密計算的現代社會中的一小部分（前引文：222）。

Ritzer 的麥當勞化論點，對於解釋現代運動的組織結構相當有幫助。以美式足球為例，在「效率」層面上，每個球員都有特定的位置與角色；在「可預測性」層面上，每個球員也都被預期要能完成他們的角色功能；在「量高於質」層面上，對球員的評價是根據統計數據，特別是在於是否能夠有穩定的表現；而在「自動化」層面上，則可顯見於球員訓練時的科學設備，也可見於較幽微的作法，例如強調比賽中必須像是發條般準確進行的球隊隊形與移動方式等。「去麥當勞化」、或者所謂的復魅，則可見於為了球隊行銷與媒體報導，而強調某些明星球員具有不可預測的特質。但是即使是這些「獨特」的天才，也必須融入運動的複雜勞動分工；他們的價值，也必須放在能否有效生產出可預期結果的標準上，來加以測量。p.32

Ritzer 的論點雖然對於理性化過程有極為深刻的描述，但還是有其限制。首先，Ritzer 對於「麥當勞化」與「去麥當勞化」的運用，使得他的論點無法驗證與否證，也就是既無法證明有錯，也無法證明正確。

再者，Ritzer 過分強調麥當勞化的文化面向，而忽視了政治經濟面向。更重要的是，生產速食的理性化組織，依靠的不是文化的理性化，而是經濟層面的利潤極大化之追求。在運動領域中，有些具有經濟資源的機構，比起其他單位更能做到麥當勞化。如同前述討論 Guttmann 與理性化時的說明：因為富有的球團、國家與階層能夠負擔較先進的訓練設備與教練，所以得以有較佳的運動表現。Ritzer 或許也可以對麥當勞化的負面效果再多加著墨，像是破壞環境、拉低食物品質，以及對所有消費者造成的嚴重飲食與健康問題。對大型財團來說，這些「非理性」的代價，被擺在利潤、增長與股東報酬的目標之下。在運動領域，麥當勞化也帶來類似的後果，像是運動傷害、環境破壞，以及對中下階層的社會不公，而這些代價都被擺在所謂正面效果，以及特定運動組織的市場銷售與利潤的成長之下。

　　承上述，Ritzer 的論點還有另一個缺陷，在於他建議要挑戰麥當勞化，可以透過個人的閃躲與逃避來進行。在運動領域，這樣的作法像是不要去自動售票機購買門票，看比賽前先到小餐館用餐，而不要去速食店買外帶，以及鼓勵球員那些非制式化的創意球技展現等。這些作法或許容易實踐，但是這種個人式的精明消費行為缺乏足夠的力道，而無法如集體行動與抗議那樣直接挑戰運動的理性化。

p.33　　最後，我們可以比較 Ritzer 與 Guttmann 所採取韋伯式途徑之間的差異。簡單來說，Ritzer 的論點能提供分析運動中「深度理性化」的狀況，而 Guttmann 則可以用來分析「淺層理性化」的現象。對 Ritzer 來說，理性化所導致的當代文化同質化問題，只能透過去麥當勞化，進行表象的抵抗。相對來說，Guttmann 的觀點則較為保留，他認為不同社會對於同一種運動的詮釋、組織與實踐方式，仍然各有所不同（1994: 186）。例如在巴西，理性化與現代化的概念，跟傳統價值及既有權力結構之間，存在著複雜及辯證的關係，使得其運動文化顯得獨特且混雜。一方面，巴西的運動也強調現代理性化的原則，包括遵守規則、尊重運動精神、強調表現與量化標準。但另一方面，「傳統」價值還是具有極大影響力，包括特權、侍從與人際關係等。巴西足球與社會都受到這兩種文化價值的交互影響（DaMatta, 1991: 154-155; Gaffney, 2013）。因此，比起單一的深度理性化，多元的淺層理性化現象更為顯著。

❤ 結論

　　雖然韋伯理論有一些明顯的限制，但仍然不減其對運動社會學分析的貢獻。詮釋途徑可以解釋運動次文化的參與中，運動員的社會化與認同建構的過程。此一觀點也能以人類學取徑，進行運動社會學議題的分析。聚焦於理性化過程的研究，可以澄清運動的除魅面向。Guttmann 是採取韋伯理論的運動研究範例，但是也還存有不少缺陷。Ritzer 的麥當勞化論點，指出現代生產與消費模式中的深度理性化現象，可用於運動分析當中。不過在運動社會學領域當中，淺層理性化的解釋，要比深度理性化觀點更有說服力。

　　理性化與魅惑（enchantment）或除魅過程之間的關係，可能比這些

理論所描述的狀況更為複雜。實際上，當代菁英運動的神祕性質正是源自
於理性化。舉例來說，量化一方面作為運動理性化的重要面向，卻也同時
是讓運動更具意義與情感投射的重要因素。全球運動迷都會關注頂尖運動
員能否打破紀錄，像是 Usain Bolt 是不是能再把男子一百公尺與兩百公尺
短跑速度顛峰往前推進。球迷藉由統計賦予運動賽事意義，也藉以體驗比
賽的潛在張力──例如板球比賽中如何透過搶分或讓對方出局以求勝，或
者棒球比賽中強投與強打的對決。因此，理性化的不同層面，也可能增加
運動的神祕性質。

p.34

　　韋伯理論能夠解釋運動中的社會文化意義與現代化的理性形式，但卻
疏於檢視社會認同實踐過程的權力關係運作。因此，韋伯途徑或許可以讓
我們理解「普遍他者」（generalized others）是如何行動與型塑認同，但
無法系統性地檢視這些「他者」是哪些人、哪些比較有影響力、又為何
有影響力等問題。同樣地，韋伯途徑指出理性化的去人性與「非理性」代
價，但卻沒有探討哪些團體從這樣的異化過程中獲利。再者，如同前述對
於 Ritzer 論點的批評，韋伯途徑並不思考對理性化負面影響的集體反抗
可能性。這些對於韋伯途徑的批評，源自於對運動中的宰制與控制關係的
認知，而這些議題將在下一章當中有更詳盡的考察。

討論問題

1. 運動如何對運動員與觀眾產生意義？人們如何在運動中社會化？運動
   如何產生與型塑社會認同？
2. 運動如何理性化？運動中的理性化，具有哪些優點與缺點？
3. 運動員與觀眾如何挑戰理性化過程？

③
馬克思主義與新馬克思主義理論下的運動：資本主義、異化與階級衝突

　　運動的商業化發展與經濟規模擴展，是近數十年來愈來愈明顯的趨勢。一項研究估計，「全球運動市場」在 2000 年代後期的產值已經來到 4500 億英鎊（註 5）。以足球而言，歐洲 20 個最大的職業足球協會，在 2012-2013 年球季間的年營收合計超過 50 億英鎊。運動產業龐大營收中的來源，有一大部分主要來自電視轉播權利金的相關收入。舉例來說，美國國家美式足球聯盟（NFL）在 2011 年與美國電視網簽下九年 270 億美元的驚人合約，而美國大學運動協會（NCAA）男子籃球也與 CBS/Turner 簽下十四年 110 億美元的轉播合約。

　　當我們檢驗運動的商業面向時，馬克思與新馬克思主義的理論，是相當重要的分析視角。馬克思主義取向直接且全面地繼承思想家馬克思所提出的理論系統，特別是針對階級衝突的概念。新馬克思主義取向則同時也取經其他思想家的概念與理論框架，包括佛洛伊德心理學與韋伯社會學。本章分成五個部分，來討論此一理論體系對於運動社會學的貢獻。首先，簡介馬克思的社會理論與他對資本主義的分析。第二，簡要地檢視馬克思主義與新馬克思主義對於運動與大眾文化的觀點。第三，探索新馬克思主義對於運動社會學的貢獻。第四，聚焦在新馬克思主義中的法蘭克福學派對於運動的分析。第五，檢視新馬克思主義對於我們理解運動商品化的貢獻所在。整體來說，我認為馬克思主義與新馬克思主義的立場，說明了運動的商品化現象，但需要對於運動場域行動者的創造力及批判的反身性，投以更多關注。

❧ 馬克思對資本主義的批判

p.36

　　馬克思的大部分著作是於十九世紀在英格蘭所完成，當時他第一手見證了工業資本主義的深化與傳布。馬克思將資本主義視為一種以市場為基礎的進步體系，資本於其中挹注了商品的生產。資本主義社會中的生產關係，主要由彼此利益衝突的兩個階級所構成：其一是統治的資產階級，或者稱為布爾喬亞階級，擁有與控制生產工具（例如土地或工業機器）；其二是勞工階級，或者稱為普羅階級，只擁有本身的勞動力待價而沽。資產階級購買勞工階級的勞動力，並擁有勞動成果的所有權；從產品售價與資本投注生產之成本（像是給員工的薪資）的差價中，資本家剝削了「剩餘價值」。因此，作為一種社會制度，資本主義奠基在資產階級對勞動階級的剝削；這特別彰顯在資本家的利益明顯地在於壓低工人薪資，並提高生產力，以增加其利潤。資本主義也促使社會中的人們，特別是勞工階級的「異化」。勞工朋友兄弟姊妹們，在這當中體驗到他們的生產勞動與人們潛能，如何與自身異化。

　　根據馬克思的歷史唯物論，控制生產工具的階級，會宰制社會的其他領域。在資本主義社會中，資產階級就是統治階級。因此，國家的角色變成僅僅是「布爾喬亞的共同事務管理委員會」——實際上，就是資產階級統治無產階級的工具（Marx and Engels, [1848] 1998: 44）。統治階級同時也型塑社會中的一套主流觀念（或意識形態）（註6）。順著這樣的作法，資產階級在普羅大眾中宣揚一種維護資本家利益的「虛假意識」，導致無產階級無法瞭解被剝削的真實處境，也無法看到革命與改變的願景及可能性。資本主義進一步製造虛假的「商品拜物教」，使得人類被視為物品，其意識形態效果就是隱藏了市場商品製造過程中，真正的壓迫性社會關係。對此，Lukács（[1923] 1967）以「物化」的概念加以補充，說明在資本主義下剝削性的社會關係，如何被扭曲為一種物品存在。

　　馬克思理論途徑立基於改變世界，而非僅僅解釋世界的一種革命情操

p.37

（McDonald, 2009: 33-34）。他預言資本主義體系因為內在的缺陷與矛盾，將會邁向終極的崩潰。其內在矛盾在於資本家之間的競爭，將使得資產階級人數愈來愈少，而人數規模愈來愈龐大的無產階級，處於低薪、

失業威脅，以及愈來愈艱困的處境，勞工將無力負擔生活必須的開銷；因此，經濟衰退期時間將拉長、跌幅也加深，最終導致無產階級開始質疑資產階級所宣揚的意識形態，「自為階級」（for itself）的意識逐漸抬頭，展開推翻資本主義的革命。馬克思（[1875] 1938）預示，當資本主義被推翻之後，「無產階級革命專政」（revolutionary dictatorship of the proletariat）將接管國家；然後，在共產主義之下，國家與資產階級意識形態都將消亡，「各盡所能、各取所需」的美麗新世界隨之誕生。

　　如同我們在本章與下一章中所述，馬克思理論有許多不同流派的多元詮釋。其最有力的政治實踐，就是列寧所領導建立的蘇維埃社會主義聯邦（蘇聯），並因此形成了馬列主義。列寧（[1902] 1998, [1916] 1997）主張資本主義是「帝國主義」，所以革命最可能發生的地區是在貧窮落後的國家，並應該由勞動階級代理人的共產黨，來領導這些地方的階級鬥爭。列寧的繼承者史達林更進一步重新型塑馬列主義，以便合法化他在蘇聯的極權統治權力，作為遂行其大規模暴政的藉口。

　　馬克思最常遭人批評的部分，包括從未實現的預言（事實上，全世界的共產主義革命並未發生）、過於簡化的階級觀（事實上，資本主義社會並非只有他所說的兩種階級），以及主張經濟基礎決定所有上層結構（superstructures）的「唯經濟論」（economism）（事實上，像是文化活動就不是完全受到經濟利益或壓力所決定）。

　　雖然馬克思所預示與鼓吹的共產主義體制並未真正實現，但是上述的批評也過於簡化了他的思想與著作。在馬克思其他的歷史研究中，他進一步正確分析了複雜的社會階層與多樣化的權力鬥爭。舉例來說，在他對路易‧波拿巴（Louis Bonaparte）於 1848 年當選法國總統的分析當中（《路易‧波拿巴的霧月十八日》），馬克思（[1852] 1934）就精確地探索了不同社會階層的關係，包括大地主、工業資本家、金融資本家、無產階級，以及農民等。透過理論概念分析，他也避開了「唯經濟論」的窠臼，將社會結構與行動者同時放到他的哲學概念核心當中，像是他廣為人知的名言「人們自己創造自己的歷史，但是他們並不是隨心所欲地創造，並不是在他們自己選定的條件下創造，而是在直接遭遇的、既定的、從過去承繼下來的條件下創造」（前引書：10）。此一說法，其實捕捉到了眾多社會學家所不斷指明的結構脈絡與社會行動之間的平衡和張力。對馬克思來

p.38

說，這也說明了政治、法律與文化等社會上層結構，其實不是完全受到經濟或物質基礎所決定（Hall, 1977: 60）。但晚期馬克思著作當中，丟棄了不同上層結構中的行動者與其「相對自主性」的概念，才出現上述的缺陷。

✿ 馬克思與新馬克思主義對運動與大眾文化的分析

馬克思與列寧如何看待運動？以馬克思的資本論（[1867] 1999）的觀點來看，必須將運動放在經濟脈絡中討論，因此只有共產革命可以改變資本對運動的商品化與異化。馬克思指出，如果勞工獲得休息與娛樂而恢復精力，資本主義的生產將更有效能；同時，勞工在休閒活動中，可以有「回家般」（at home）的放鬆感受（Marx, [1844] 1973）。不過對馬克思主義來說，階級社會阻礙了人類發展與進步，因此被資產階級控制的運動是反動與意識形態的工具；只有在共產主義下，人民才能自由地選擇與從事運動等娛樂活動。

但與馬克思不同，列寧是極佳的運動員，喜歡滑雪、自行車、登山等，也鼓吹體操的好處。在俄國革命之後，列寧推動國家支持運動的作法，以提升軍事與工業的力量（Riordan, 1976）。在共產黨控制下與融入馬列意識形態的蘇維埃運動，是協助世界無產階級鬥爭的一種力量，能對抗資產階級規範，並符合共產主義對於健康照護、軍隊訓練、女性解放，以及政治教育等各層面的目標（Rigauer, 2001: 37）。蘇聯在隨後的史達林政權下，「大眾運動」成為國家建設項目之一，觀賞式運動（spectator sports）則較不受到國家重視，只是一般的（或較低的）層次（Edelman, 1993: 124）。實際上，在蘇維埃動員人民對國家與黨的支持上，觀賞式運動是較弱的工具（前引文：245）。在第二次世界大戰之後，頂尖的國際運動賽事，成為冷戰體制下蘇聯及東歐共產陣營對抗西方自由民主國家的競技場。蘇聯陣營在奧運與足球上的成績斐然，主要可以歸功於國家對於運動發展項目的支持，不過當中也包含了運動員系統性地使用禁藥。

在共產陣營之外，運動也是勞工階級的組織與政治動員的場域。在第二次世界大戰之前，歐洲的「勞工階級運動賽事」倡議行動與法西斯政權對抗。1932 年的洛杉磯奧運期間，美國共產黨資助了在芝加哥舉辦

p.39

的「反奧運」（Counter-Olympics），雖然沒有引起極大關注、賽事表現也平平，但是賽會的反種族主義政策卻很值得讚賞。原訂於 1936 年在巴塞隆納舉辦的「人民奧運」（the People's Olympics），是以和平盛會、解放與反法西斯作為號召，但在西班牙內戰爆發後被取消（Baker, 1992）。在第二次世界大戰之後，在不同的歐洲國家當中左翼政治與工會運動（industrial movement），促發了更具體的工人體育運動，例如義大利的 Unione Italiana Sport per Tutti（UISP）（譯註），成為許多歐洲政府在 1970 年代採行大眾運動（sport-for-all）政策之先驅。但是這些社會參與模式的運動，卻在菁英職業與商業化運動興起後被邊緣化；而這樣的狀況，也就是新馬克思主義批判的主要議題。

🦋 新馬克思主義的運動社會學派（sociologies of sport）

採取新馬克思主義觀點來分析運動，特別是菁英運動，其實包括了很多各種不同理論思潮的文化評論者與學者。最直接明瞭的說法，就是運動不過是資本宰制與階級控制的另一個場域。職業運動是資本主義下以「運動員作為勞工、觀眾作為消費者」的一種工業（Rigauer, 1981: 68-69）。因此運動員與其他出賣勞動力的異化勞工沒有兩樣：即使是頂尖的運動員，「也完全被教練所控制，而教練不過就是一個以增加他手下運動員的生產力作為唯一目標的工頭（veritable foreman）」（Brohm, 1978: 105）。作為資本主義生產模式的一環，菁英運動真正關心的，並不是運動中的創意與揮灑（expressive），而是能夠產出的結果。作為一種勞動分工與固定生產系統，運動工作者被迫重複進行被指定的動作，而非充滿創意地與實驗地「玩」（play）（Vinnai, 1973: 38）。同時，當商品化將運動員的身體轉化為大公司的廣告看板（sandwich-boards），他們也就被異化與「降級」（degradation）。職業運動員或許會因為商品化讓他們能夠脫貧感到欣慰，但其實運動場域中無法有勞動的自主性，「如果

p.40

譯註　成立於 1948 年，總部設在羅馬，最初目的是在大眾階層（特別是工人）中促進體育文化和實踐。

運動員誤以為這樣是自由的，但其實正是把靈魂給禁錮住」（Guttmann, 1988: 183）。

Aronowitz（1973: 410-411）指出，資本主義社會中的觀賞式運動，具有轉移焦點的意識形態效果，因為「這些運動將保有異化勞動的特徵，但卻帶給旁觀者能夠參與的錯覺。」當大批勞工階級球迷沉迷簽賭、或者跟敵營球迷衝突時，「此一體系也就維持不了多久了」。Aronowitz 認為，在這之後將會興起所謂的 bar-room，也就是一種勞工階級休閒的早期形式，在這種休閒方式中，可以讓人們重拾工作中所不容許、透過融合政治討論與八卦閒聊所促成的兄弟相挺情誼。

法國社會科學家布洛姆（Jean-Marie Brohm）進一步延伸馬克思的說法，表示奧運是大眾的「鴉片」，用幸福幻覺麻醉人們，以確保「社會各階層的和諧」（1978: 108）。運動賽事透過電視「洗腦」，讓「人民變成盲從的群眾」（前引書：114）。所謂運動中的中立裁判、公平競爭，以及競爭者間的運動家精神，純粹是提倡資本主義中「勞資夥伴關係」迷思的一種意識形態，以維繫資本體系的運作。布洛姆堅稱，奧運是用來宣傳親資本主義的國族觀念，即使此一國族概念也受到法國共產黨的支持。同時，民眾支持奧運比賽中的菁英運動員，也帶有法西斯的色彩，因為在這些超人選手背後的黑暗體制，是以藥物養成這些受到體制「監禁、教化、控制與壓迫」的「怪獸」與「生化人」（前引書：112）。這些論點被另一個法國知識分子 Marc Perelman（2012）所直接引用，他認為運動不過是一群歇斯底里、被政治鼓惑的大眾在進行的無腦消費活動。

那該怎麼辦？美國馬克思主義者 Paul Hoch 斷定，我們正在面對嚴峻的選擇，「要選擇社會主義、或者法西斯主義，要全球人類的解放、或者重回蠻荒」（1972: 212）。Beamish（1993: 205-207）透過更嚴謹理論探討的著作，則指明運動中階級關係的複雜性。舉例來說，加拿大的運動中並非由勞雇關係主宰，而仍然受到傳統業餘精神的強烈影響。運動員缺乏基本勞動權益的保護，而必須透過法律訴訟才能取得集體協商、最低工資保護、超時與假日加班費等基本權利。Rigauer（1981: 103-105）則從新馬克思主義角度，提出一套考慮周詳的建議：

1. 打破運動中既有的勞動結構，反抗過去執著於理性化與勝負的壓迫；
2. 以合作與民主作為出路；
3. 對運動「再政治化」，已揭穿過去「體育歸體育、政治歸政治」的虛假說法；
4. 翻轉運動的意識形態，提倡運動中的自由與教育面向。

　　在之後的著作中，Rigauer（2001: 45）更進一步聚焦在馬克思主義運動社會學觀點，如何「開啟與拓展」其與其他社會學派連結的可能性。

🦋 法蘭克福學派

　　布洛姆、Rigauer 與 Vinnai 等人對運動的尖銳批判論點，為 1920 年代發軔於德國的法蘭克福學派所繼承，該學派的重要成員包括霍克海默、阿多諾、馬庫色，以及 Fromm 等多人。創建「批判理論」的法蘭克福學派，主要融合了馬克思主義與其他學術理論，包括精神分析與韋伯的理性化與現代性除魅等論點，並且廣義地承繼了啟蒙主義中的批判理性、進步、知性、美學、科學、解放等原則。法蘭克福學派認為資本主義工業社會阻礙了這些原則，像是將科學理性異化為「工具理性」（這裡可以看到韋伯社會學的影響），以及將藝術文化拉低為商業產品（Adorno and Horkheimer, [1944] 1979; Poster, 1990: 34-35）。廣義來說，二十世紀中期以後，法蘭克福學派將新馬克思主義的分析焦點，由經濟基礎轉移到資本主義工業社會的文化、社會與政治領域。「文化工業」（包括電影、電視、音樂、大眾媒體與運動）被視為極具影響力的意識形態工具，將大眾對於政治異見與解放的關切，轉移到可以維繫當代資本主義的那些多采多姿、各色各樣的消費行為。p.42

　　阿多諾（1982, 2001）將現代運動視為一種同時包含異化勞動與意識形態工具的分析，很可以代表許多法蘭克福學派的論點。他認為，「運動試圖恢復身體被機器所剝奪的部分功能。但是其目的只是為了訓練人體，以讓機器可以更無情地驅使。」將人類的體力勞動視為一種物理作用，在運動中被複製，並且要讓這些被異化的實踐者「學習如何樂在其中」（Adorno, 2001: 194-195）。運動是虛假的實踐，必須順從包裝著資本主

義市場殘酷競爭的比賽規則。運動賽事是一種大眾極權主義的模式，無法解放「無力的」（powerless）觀眾，讓他們只能是「鼓譟的球賽流氓（applauding hooligans）」、「競技場中喧囂的球迷」（前引書：91；Morgan, 1988: 818）。許多球星就跟好萊塢藝人一樣，用各種酷炫髮型與各色緋聞來誤導球迷，以為他們都具有無可取代的個人特質，但其實只是順從地扮演既定的角色。

更廣泛地來看，法蘭克福學派認為運動是文化工業中的一環，「阻礙了獨立自主個人的慎思明辨」（Adorno, 2001: 106）。電影、流行音樂與大眾運動的流行文化商品，欠缺古典文學或古典音樂等高級文化的批判與超驗內涵；相反地，只是提供被奴役的大眾，一種充斥著虛假個人主義的標準化套裝商品。對馬庫色（1964）來說，先進工業主義製造了「單面向的人」，透過消費文化中的「虛假需求」，轉移大眾對於批判思考與解放的關注，在悲慘世界中創造虛假的幸福感（註7）。

這些批判觀點為後來的大眾消費文化分析所繼承。新馬克思主義文學理論學者詹明信（Jameson, 1979, 1981）認為，大眾文化在本質上是意識形態的，其所引發的真實情緒與慾望，無法在資本主義的壓迫關係下被滿足（註8）。在全球層次上，Sklair（2001: 149-150）觀察指出，西方跨國企業對發展中地區強加了一種「消費主義的文化意識形態」，誘發各種欲求（而不是製造虛假意識），促使個人與社會團體追求各種消費商品。當代商業性的職業運動，作為大眾文化的一個環節（帶著大量情感需求，以及讓人們從批判政治中抽離），並且與資本利益互相滲透（例如贊助商與運動周邊商品業者），也許可以因此視為在跨國層次上，發揮了創造與傳布那些虛假需求與誘發慾望的功能。

法蘭克福學派在某些觀點上，與英國文化理論的 Arnold、Eliot 與 Leavis 等菁英取向學者有所呼應。他們敵視草根勞動階級的大眾文化、不滿戰後的文化美國化、哀嘆英國傳統文化的消逝。從道德觀點出發，運動的模糊認同與狀態，也許大部分是受到其階級屬性所影響：像是庶民休閒（plebian pastimes）的摔角就因為本質上的反知識特質，而不受到青睞；而像是菁英運動的板球，就因為知識與美學上的細緻內涵，而大受推崇（註9）。

法蘭克福學派在許多觀點上對大眾文化嗤之以鼻，就像 Hoberman

（1984: 244）說的，這些人「很難想像運動在身體的感受與直覺之外還有什麼」，而這必須對他們此一立場的重要歷史與理論脈絡有所理解。與後來的布洛姆與 Rigauer 等新馬克思主義者不同，阿多諾與霍克海默在當時，還沒有來自詮釋學或符號學等較為細緻的社會學方法與觀點的交流，否則他們應該會對大眾文化有更多的理解（Poster, 1990: 34-35）。再者，阿多諾（2001: 195-196）對於消費主義的批判力道也有稍稍軟化，指出大眾在消費商品與論述時，其實「多少帶著保留態度」，並非「全盤接受」（註 10）。大眾對於運動也似乎有「雙重理解」，同時結合了「理性化趣味」的享樂與明顯的猶疑。根據 Morgan（1988）具有同理心與洞察力的解釋，阿多諾其實是將運動視為一種「退化」的活動：在個人層次，運動是一種反射性、回歸赤子之心的遊戲；在社會層次，則體現了人類的自然天性。小孩子的遊戲看來似乎是幼稚愚蠢的，但是對阿多諾來說，這種從工具理性觀之的「無用之用」與自由，是必須要珍惜的。根據此種解讀，運動是自身的目的，是以「我們的自我理解與自我控制」作為終極目標（Morgan, 1988: 831-832）。如同藝術，運動中「工作的用處」與「玩樂的無用之用」，必須共融一爐（前引書：833）。此一對阿多諾的解讀，給予運動的可能性較為正面的觀點，超越了他對於現代工業資本主義下的運動的批評。對於運動的心理面與社會面的正向看法，能夠更為呼應許多運動迷的經驗；他們為了那些像小孩一樣專心於遊戲、專注於表達自我，並樂在其中的「英雄」們而歡呼。比起訓練有素且極有效率，但缺乏感情的功利取向的運動員與球隊，前者在一般人的日常運動論述中，受到更多的讚賞。

p.44

新馬克思主義與運動的商品化

商品化分析是新馬克思主義學派在運動社會學上，極具影響力與價值的一個領域。運動的商業化發展，的確是先於當代資本主義的一項長期趨勢。事實上，運動員（athlete）這個詞在古希臘文當中，意思就是「為了獎金而競爭」的人；而古羅馬競技場的座位，也會把視野較佳的位置賣給富有的貴族（Miller, 2006: 11）。十九世紀晚期到二十世紀初期，當現代資本主義於大多數工業化社會發軔時，職業化與商業化也開始在菁英男子

運動中生根。為了增加收益，許多球隊老闆把各球隊聯合組成聯盟，同時也興建運動館好容納更多的付費觀眾。職業運動員開始代言商品，也出現在許多大眾媒體報導上。在某些運動項目中，運動員與運動商跟所謂的業餘精神及規則纏鬥多年，包括奧運（最後是在 1988 年開始職業化）與網球（職業化的「公開賽」時期，於 1968 年開始）。不過，一旦職業化獲得成功，這些職業運動員與運動都能夠與文化工業相當全面地融合。

p.45

廣義來說，菁英運動從 1960 年代初期開始，特別是 1980 年代後期之後受到付費電視網的影響，開展了劇烈的商品化。例如從 1960 年代初期以降，英國頂級職業足球的娛樂價值及明星球員在運動場下的活動（例如他們在流行時尚圈、電影圈，以及流行音樂圈的消息），愈發受到重視（Taylor, 1971）。1980 年代晚期以後，高度商品化的趨勢席捲了英國與大多數西歐國家的足球，包括周邊商品與廣告的大量收入，球團股票上市，以及特別是付費電視收入的急速攀高（Walsh and Giulianotti, 2001, 2007）。因此，英國頂級足球的電視轉播權利金年收入從 1984 年的 260 萬英鎊，到 2016 年大幅增加到 17 億英鎊。在北美，電視也是運動高度商品化的主要動力。在「業餘」的大學運動，NCAA 籃球的電視轉播權利金從 1985 年的 4,000 萬美元，暴增到 2011 年的 7.7 億美元（Sperber, 2000: 36, 216; *USA Today*, 22 Arpil 2010）。從馬克思主義的經濟基礎觀點來看，高度商品化過程代表了財團利益（特別是商業電視臺）將會宰制了運動的政治與文化。如果運動中某些既有結構不合財團的心意，這些大公司就會運用影響力來施壓，改變傳統規則以擴大他們的獲利。例如英國與澳洲的橄欖球聯盟就被媒體集團所掌控，聯盟內部在 1990 年代晚期到 2000 年代初期之間經歷了大規模的重組，一些既有的小市場球隊被關閉、或者被迫合併，而在許多大城市創建新球隊，以滿足商業電視臺追求新興「目標市場」的消費者／觀眾的經營目標。在包括美國與澳洲主要職業運動等的團隊運動中，也可以發現聯盟發展出高度利潤取向的壟斷型商業模式，只歡迎位於大市場的新進球隊。同時，運動中最為商業化的頂級聯盟或巡迴賽，吸引到愈來愈多的品牌贊助；NBA、NFL 與一級方程式賽車 Formula 1 等賽事，從原來的運動競賽，轉化為全球「商品符號」，而與其他大財團像是迪士尼、微軟與耐吉等品牌，連結在一起（Andrews, 1997）。

　　高度商品化的過程，意味著許多頂級球隊不再是「單一產品線、單一地點」的「在地業者」（Hardy, 1986: 22-23）。相反地，許多球隊像是紐約洋基、達拉斯牛仔、皇家馬德里、曼聯等，紛紛成為跨國公司，僱用來自全球各地的頂尖員工（運動員），針對國際市場來行銷與銷售各種產品，包括運動服、保險、生鮮食品，以及觀光旅遊等（Giulianotti p.46 and Robertson, 2004, 2009）。頂級聯盟球團的老闆們，逐漸成為億萬富翁俱樂部——以北美職業運動來說，2013 年就有 47 位球團老闆身價超過 10 億美元——而這些富豪占據聯盟，享有保證賺錢的會員資格（*Forbes*, 3 June 2013）。雖然有些富豪是喜歡擁有知名球團的名氣與樂趣，但更有許多財團則是擁有跨運動項目的球隊經營權，像是 John Henry 的芬威運動集團（Fenway Sport Group）（擁有大聯盟波士頓紅襪與英超利物浦）、由已故的 Malcolm Glazer 起家的 Glazer 家族（擁有英超曼聯與 NFL 坦帕灣海盜）與 Dietrich Mateschitz 創立的紅牛集團（the Red Bull Group）（擁有足球、冰球與賽車等職業運動）。

　　許多球隊老闆是基於投資眼光而經營頂級職業運動，像是大聯盟在 2000 年代後期，即便是佛羅里達馬林魚（Florida Marlins）與匹茲堡海盜（Pittsburgh Pirates）等二級球隊，也能以緊縮成本的方式確保獲利（*New York Times*, 23 August 2010）。2000 年代中期，美國大財團透過金融手段的「槓桿收購」（leveraged buyout），取得利物浦與曼聯的球團所有權，讓英國職業足球透過所有權轉讓的獲利模式，來到一個新的高峰。這些新老闆其實是從金融機構大量融資來買球隊，這些貸款跟著成為球團的負債，再以球隊的電視轉播權利金、門票收入與球員轉會費等現金流來償還（*The Guardian*, 22 February 2012; *The Telegraph*, 9 October 2010）。

　　從新馬克思主義的規範性觀點來說，商品化過程可能會破壞了運動的本質，將之轉化為純粹的電視娛樂（見 Lasch, 1979: 106-107）。例如美國職業運動賽事就常常被不必要的「電視暫停」所打斷。歐洲盃賽事（European Cup）則是因應豪門球隊在歐洲最大規模與最有利潤的電視市場獲利需求，在 1990 年代初期改以「歐冠聯盟」（Champions League）來重新包裝。板球則是因為電視臺與贊助商的壓力下，從過去一場比賽需要好幾天的傳統模式，逐漸發展出短期比賽日的作法。1960 年代早期，板球開始引入「單日」的賽制；2003 年以降，一場比賽大約 3-4 小時的「20

p.47

二十」（20Twenty）賽制的賽事更是激增。因此，從法蘭克福學派觀點來看，板球過往複雜的美學、策略與技巧，特別是擊球手與投球手之間長期發展出來的鬥智手段，都逐漸流失。

金錢壓力對於運動本質更大的威脅，是簽賭與放水（the corrupt fixing of sport events）。放水類型有操縱比賽輸贏、操縱比賽過程，以及操縱比分差距等。其實，比賽放水長久以來就是運動的一部分，不管是在古代的運動競技，或者十九世紀現代運動初期的板球、賽馬、拳擊，還是當代職業運動的醜聞，如美國職棒 1919 年世界大賽的「黑襪事件」，以及在義大利足球與世界板球界的諸多放水事件等。近年來，運動界更轉而關注各國與國際職業聯盟在放水事件中所扮演的角色，像是歐洲足球、板球與美國大學的美式足球與籃球等（Hill, 2010; Sport Accord, 2011）。放水的背後操盤手，是合法與非法球賽簽賭中的鉅額賭資。這地下經濟的規模超乎想像，研究報告指出，全球運動賭盤規模每年高達 2,000 億到 5,000 億英鎊，非法簽賭超過 80%，亞洲市場更是其中之最（ICSS/Sorbonne, 2014）。

更廣泛地說，許多頂級運動的管理階層與組織，長期陷入貪腐的麻煩中。足球最大的世界組織 FIFA，遭到一份報導歷歷地指控，在卡達爭取 2022 年世界盃主辦權過程中收賄，金額高達 1 億美元（*The Guardian*, 30 April 2013; *The Sunday Times*, 1 June 2014）。俄羅斯的反對黨則指控該國的寡頭政府與其附隨組織，在主辦 2014 年 Sochi 冬季奧運時，從 500 億美元的總經費中，汙走了 250 億到 300 億美元（*The Telegraph*, 30 May 2013）。印度主辦 2010 年於德里的大英國協運動會之後，包括主任委員等 10 名高級官員被控貪汙（*Wall Street Journal*, 4 February 2013）。以新馬克思主義立場來看，這些跨國運動的弊案與其他金融犯罪案件的增加，可以說明運動如何從過去的文化活動，改變為交換價值愈來愈大的商品。

p.48

最後，與馬克思主義的預期相同，我們可以看到運動中的階級衝突增加，以及更廣義地說對於運動愈趨商品化的反對聲浪愈來愈大。這些衝突大概可以分成以下三種：

第一，當職業運動的球員勞工為了提高工資與勞動條件時，就與球隊老闆產生直接的勞資糾紛，雖然這樣的情況很少蔓延到整個運動產業。

舉例來說，美國職業棒球大聯盟（MLB）在 1972 年到 1995 年之間就發生了 8 次的罷工或封館，其中 1994 年球季更因為這樣而提前腰斬。北美國家冰球聯盟（NHL）在 1992 年到 2013 年之間，則發生了 4 次的封館風波，更因此而取消了 2004 年到 2005 年的球季。職業網球運動則是因為許多球星組織起來爭取對賽程的自主權，而在 1990 年成立了男子職業網球聯合會（ATP）巡迴賽。雖然號稱「業餘」，但實際上年產值高達數十億美元的美國大學運動中，西北大學（Northwestern University）的美式足球員取得組織工會的法律權利，而在實質上能被視為職業運動員（*New York Times*, 26 March 2014）。

第二，耐吉（NIKE）與愛迪達（Adidas）等跨國運動用品業者，在東南亞等地設立血汗工廠剝削勞工的爭議，於 1990 年代初期開始受到關注。反對剝削的倡議團體包括「乾淨服飾運動」（Clean Clothes Campaign）、「學生反血汗工廠聯盟」（the United Students against Sweatshops），以及「對抗物欲」（War on Want）（引自 Giulianotti et al., 2014b）。

第三，在地球迷與社區反對運動商品化的趨勢，包括球團行銷人員把「支持者」（supporters）視為「消費者」、一些球團老闆想方設法從各種運動參與活動中榨取利潤，以及許多北美職業運動聯盟球隊施壓公部門撥款興建新球場及給予減稅優惠（Giulianotti, 2005; DeMause and Cagan, 2008）。

形形色色的衝突，反映了運動商品化底下的主要社會矛盾。再者，在第二與第三種衝突中，經濟利益的矛盾不只出現在生產關係中（也就是運動員與其他運動產業工作者），同時也出現在消費行為中（包括運動觀眾與在地社區）。整體來說，馬克思主義與新馬克思主義對運動社會學的分析當中，或許就是以運動的商品化與高度商品化（hypercommodification）議題，最具說服力。

❧ 結論

　　受馬克思重大影響的社會學家認為，在當代資本主義中，運動受到商業利益宰制，而變得充斥著異化、統治階級意識形態與商品化。對於新馬克思主義的一些學派來說，當代資本主義運動也受到工具理性的型塑，扮演統治階級以意識形態控制大眾的角色，以及因此需要將運動塑造為一個自由玩樂與休閒的領域。進一步發展這樣的論點，我們也許會同意，從1980年代中期以降，頂級職業運動邁入高度商品化的階段，而與過去的商業化階段有所區別。階級衝突不只發生在產製過程（例如球員罷工），也發生在消費過程（例如觀眾與在地社區的抗議行動）。整體來說，馬克思主義與新馬克思主義的各個流派，提升了運動批判社會學在理論層次與經驗研究的高度與深度，為運動的發展指出一條更符合社會正義的不同道路。

　　馬克思主義與新馬克思主義的分析途徑，也有一些明顯的缺陷。對馬克思主義的主要批評，是關於馬克思預言資本主義將會因為其內在矛盾而崩潰。不過，面對此一批評，許多馬克思主義或新馬克思主義學者，已經透過對於資本主義在十九世紀晚期之後如何調整策略而得以繼續運作的分析，而有效地回應。在此一過程中，有許多歷史性關鍵事件扮演了重要角色。舉例來說，十九世紀晚期到二十世紀的歐洲資本主義，透過帝國擴張、掠奪財富，解決當時面臨的經濟危機。而運動的全球擴張也是此一過程中的一環，歐洲與北美洲的運動體制也透過後來吸納發展中國家頂級運動員的新帝國主義作法，而得以維繫獲利。社會主義革命未能在西方發生，有很多原因，包括消費主義與大眾媒體的意識形態控制、勞工運動改善了工作條件與推動福利措施的影響，以及在政治危機時國家有效的鎮壓與維穩手段。在運動中也有類似的情形，像是頂級運動中無處不見的商業廣告，最賺錢的運動項目中頂級球星透過工會組織或法律訴訟提高薪資，

北歐等社會主義或中間偏左政治力量較強的國家提供人民公用運動設施，使用警察力量與先進保全科技來維持球場秩序等。另外，各國政府與國際組織（如歐盟、聯合國、世界銀行與國際貨幣基金組織）在保護與促進資本利益上也發揮了關鍵影響力，特別是在經濟危機時刻。例如2007年之後的世界經濟衰退時，這些國家與國際組織投注了數千億美元來振興全球

經濟，也接管許多瀕臨破產的私人金融機構。在運動層面，這些措施也維護了職業運動聯盟商業環境的安定。更廣泛來看，公部門更提供了私人職業運動各種有力協助，包括興建球場、各種周邊硬體建設（像是新的公共運輸系統）、提供警力維護治安，以及對球團員工的教育等。這些各色各樣的因素，都是工業資本主義在馬克思身後還能夠繼續運作的原因，也支持了當代商業運動的傳布與發展。

　　第二種較為具體的批評來自一些新馬克思主義的「左翼功能主義」運動社會學者（Hargreaves, 1994: 17; Gruneau, 1999: 140n），這種批評恰好跟第一種批判論點相左，這些新馬克思主義者認為，資本主義體制總能有效地自我維繫。例如 Hoch 與 Brohm 提出所有社會結構（包括與運動體制相關的部分）都有維持資本主義的「功能」。這邊的一個主要問題是，此類論點宣稱具備認識論上的絕對優勢：也就是說，他們自認比起社會上其他人的智識要高出許多。舉例來說，法蘭克福學派的成員往往自認為只有自己能夠看透意識形態的迷霧，洞察資本主義剝削的真實本質。這類的知識二元論並不容易辯護，特別是低估了被視為「腦殘」消費者的那些個人與團體，其實他們具有相當的批判力。當然，我們也同意在包括運動領域的各個當代資本主義社會中，的確普遍存在著強而有力的宰制性意識形態。但是，如同本章與下一章所提到的，受壓迫團體面對那些強而有力的宰制力量時，運動與其他文化領域也常常是發生衝突、反抗與反對的場域。如同馬克思政治歷史學者 Ralph Miliband（1977: 52-53）所指出，p.51我們不應該假設球迷對球隊的支持無法與階級意識的發展相提並論。更廣泛地來看，如同 Oriard（1993）所說，新馬克思主義對於運動的「箝制角色」認定，無法解釋為何運動有時能夠激發（而不是驅散）積極情緒，雖然可能是透過無從預測與破壞秩序的行為，而這些情緒與行為其實對當代資本主義的順利運行來說，往往具有負面影響，而非正面功能。例如全球各地足球迷「衝組」（militant）或「足球流氓」（hooligan）的球場觀眾暴力，或者像是在北美洲的職棒（底特律 1984 年）、職籃（洛杉磯 2000 年、2009 年與 2010 年）、美式足球（丹佛 1998 年）與冰球（蒙特婁 1993 年、溫哥華 2011 年）等總冠軍賽後的都會區暴動等。

　　第三種批評是某些馬克思主義學派的「經濟決定論」立場，認為經濟因素可以決定其他社會結構，像是文化與政治等。相反地，我們也可以從

新馬克思主義、新韋伯學派與新帕森斯學派的論點中，看到當代社會愈趨分化的社會結構。因此，文化結構（包括運動）並非依賴於經濟基礎，而至少必須被視為部分地分離或有所區別。如此論稱並非要否認高度商品化帶來的影響，而是要正視運動結構、文化與實踐中其他的非商業層面。例如運動員與運動迷之間有許多不同的次文化，可以產生獨特的認同與實踐，而這些並非只是依賴著運動的商業層面而出現。運動的特定美學，是運動過程中被視為充滿技巧、優雅與美麗的形式，當然不能被貶抑為僅僅是工業資本主義的宰制意識形態。再者，運動中有許多純真的特性、形式與獨特邏輯，其實外在於工業資本主義的生活——例如在日常生活中已經移除了許多不必要障礙的時候，運動中卻仍舊充斥著人為的阻礙，像是一些禁止持球、拉扯、或向前傳球的規則，而去除這些規則可能讓運動更為刺激好看（Morgan, 1993: 44-45）。

因此，整體來說，新馬克思主義對運動最有說服力的分析觀點，應該在於商業化運動領域中，關於社會行動者的批判與解釋。從此觀點出發，或許可以重新發揮馬克思的著作與思想中更為政治性的論點，像是法國波拿巴主義（French Bonapartism）的一種複合思想。以此作為目標，下一章所討論的文化研究途徑就獲得相當大程度的成功。

p.52

討論問題

1. 頂級運動中如何讓運動員產生異化？
2. 我們該如何論稱運動幫助了那些支持當代資本主義的意識形態？
3. 運動中如何出現高度商品化的情況？
4. 從新馬克思主義的觀點來看，運動中出現的主要社會矛盾為何？
5. 從馬克思或新馬克思主義的觀點來看，我們可以如何基進地重新組織或改革當代運動？

4

運動的文化研究取徑：
宰制、反抗及逾越

　　跨領域的文化研究取徑，是運動研究中最有影響力的理論與研究典範。文化研究發軔於二次世界大戰後社會科學界對文化領域中抗爭活動的解釋，像是北美民權運動（civil rights movements）、國際女性主義運動、青少年反文化與次文化、環境保護運動，以及法國 1968 年五月風暴等。文化研究途徑重新復甦了馬克思主義與新馬克思主義理論，以理解當時在階級、青年、性別、族群／種族中處於社會邊緣與受宰制團體內，日益成長的「文化政治」。

　　文化研究傳統開始於下列幾項重要研究成果：Richard Hoggart（1958）與 E. P. Thompson（1963）關於英國工人階級文化的分析、Raymond Williams（1961, 1975, 1977, 1981）對於當代文化史的研究，以及伯明罕大學的當代文化研究中心（CCCS）在 Stuart Hall 帶領下進行的諸多研究。歐陸理論諸如法國阿圖塞的結構馬克思主義、羅蘭巴特的符號學理論，以及重新挖掘的義大利葛蘭西學說等，都有重大的影響。

　　文化研究在廣泛與多元的學術範疇中迅速成長，擴及社會學、政治學、歷史學、地理學、文學批評、語言學與符號學、媒體與傳播學等。其巨大影響力足以在學術界創造與發展出性別、性向（sexuality）、種族與族群等研究領域，特別在 1970 年代的北美學界中蓬勃發展。對於運動社會學及廣義的運動研究，跨領域的文化研究也有極深的影響力。

　　在這一章中，我將說明文化研究與運動相關的核心主題與議題；在之後的幾個章節中，我則會再進一步以具體的研究領域如性別、族群與身體等，來說明其廣泛的影響。本章的討論包括五個部分：首先是文化研

究的緣起與一些關鍵研究主題。其次檢視葛蘭西霸權理論的重要貢獻，以及與其相關的運動研究。第三，分析文化研究的重要主題如「反抗」（resistance）、「逾越」（transgression），以及與之相關的「狂歡」（carnivalesque）。最後的兩個部分，則討論文化研究分析運動的兩種不同途徑。在第四小節中，介紹遵循德國批判理論傳統，特別是由哈伯瑪斯所提倡的規範性途徑；在第五小節中，則轉而簡介近年來文化研究途徑如何被運動社會科學的一群學者所承襲，發展出他們所謂的「身體文化研究」（physical cultural studies, PCS）。最後在結論中，我將提供文化研究對於運動研究與分析領域的貢獻。

✍ 文化研究：緣起與重要主題

　　文化研究聚焦在社會的文化鬥爭，也就是產製主流文化的宰制團體、與那些創造大眾運動等流行文化的被宰制團體之間的矛盾。從新馬克思主義觀點出發，流行文化本質的特徵就是自我矛盾又互相衝突：一方面，這是宰制團體動用物質與符號的資源所建構，以維護其宰制地位；另一方面，流行文化又常常用來挑戰及反對宰制團體與既有社會秩序。例如運動觀眾的流行文化實踐中，包括付費購買門票與周邊商品，但是在球場內，球迷又可能挑戰與破壞那些運動中的有力團體與秩序，像是對運動組織的不滿與叫囂，發展球迷獨有的支持方式（例如吵鬧的加油歌、喧鬧或過激的行為）、或者透過部落格與其他社群媒體來抗議球團老闆或運動組織。相較於法蘭克福學派等一些新馬克思主義者，認為流行文化中社會行動者只是與一群相對被動消費者的主張有所不同，文化研究分析更著重於馬克思主義當中，重視被統治階級在特定的歷史脈絡或「意義接合」（conjunctures）時，如何塑造或重塑其認同與實踐的主體能動性。Grossberg（1988: 22）仿效馬克思的話說明，對文化研究分析者而言，「如果人們並非隨心所欲地，而是在既定的條件下創造歷史，文化研究就是在探索這些條件如何在文化實踐中展現的方式，以及這些實踐在特定歷

p.55

史形構中的位置」（譯註[1]）。

　　文學理論家 Raymond Williams（1958, 1977）對於文化研究的早期發展，發揮了關鍵性的貢獻。Williams 主張文化並不是只屬於菁英階層（所謂「高級文化」〔high culture〕，像是現代文學或表演藝術），而是「一般人」，也就是由人們在每天的生活中所創造。對早期的文化研究學者而言，特別是屬於勞工階級社群的「一般文化」（common culture），最具有研究價值。對 Williams（1977: 132-133）來說，所謂的一般文化是從凝聚勞工階級成員的「互動緊密的社群關係」（deep community）與強烈的共感結構（structure of feeling）當中誕生。共感結構與意識形態不同，既不正式也不系統化；相反地，是由社區成員的共享信仰、共同看法、表達方式、言談舉止及歸屬感所構成（Williams, 1961: 62-67）。

　　勞工階級社區中的運動方式與實踐，往往根基於其明顯的共感結構。例如 Hoggart（1958: 85）指出，橄欖球隊是勞工階級「團體生活的一個重要環節」。Robson（2000）檢視倫敦東南區勞工階級的米爾沃足球會（Millwall football club）的緊密共感結構，如何在賽事中發展出強有力的歸屬感與團結情感。草根社區與共感結構的概念，也許可以適用於許多其他也有著強烈的社區認同形式的球隊與俱樂部，特別是勞工階級球迷。

　　Williams（1977）提出檢驗文化政治的研究方式，指出在各個歷史轉折（juncture），都會出現宰制（dominant）、殘餘（residual）與新興（emergent）的三種力量。宰制力量建立了社會中最為主要的社會關係與實踐之形式，殘餘與新興力量則分別代表了「過去」與「未來」。「殘餘」與所謂的「傳統」（archaic）不同，傳統指的是源自過去的作法，而殘餘雖然同樣源自過去，卻同時強調與當代文化的關聯（前引書：122-123）。相同地，新興力量是對宰制力量的「實質上的另類或反對形式」，而所謂的「新」文化（novel）則純粹是宰制文化的新延伸而已。階級結構的變遷，則不斷重塑上述這些政治關係。

p.56

譯註 1　馬克思在《路易・波拿巴的霧月十八日》關於歷史唯物論的解釋：「人們自己創造自己的歷史，但是他們並不是隨心所欲地創造，並不是在他們自己選定的條件下創造，而是在直接碰到的、既定的、從過去承繼下來的條件下創造。」

現代奧運可以作為 Williams 分析模式的一種說明。現代奧林匹克運動會是在十九世紀晚期開始，以復興古代希臘運動競賽的「傳統」作為號召。時至今日，現代奧運的宰制力量是男性、資產階級與西方社會，宣揚國族主義與國際主義、專業主義與可測量的競爭勝利，以及資本主義與消費主義（主要是透過商業贊助）等意識形態。「殘餘」的奧林匹克文化則反映了某些古老的價值與政治概念，特別是圍繞著業餘主義（amateurism）（主要是受到上層與中上層階級的支持），以及古老的奧林匹克官僚主義與法西斯運動。「新」的奧林匹克精神，建立在像是運動員禁藥測試等的技術創新、或國際奧委會（IOC）等管理組織對包括極限運動等新項目的支持之上。而建立在新社會力量的「新興」奧運文化，例如 1994 年提倡以「環境」成為奧林匹克精神之支柱的改革，以及非政府組織長期推動奧運接納以「人權」為標準的社會運動等（註 11）。

Williams（1961）也批判性地檢視商品化過程，如何改變我們的社會認同與關係。他認為，個人與社會團體及文化機構（institution）之間有三種關係。第一種是「成員」（members），在個人與機構之間是非經濟的互惠與互賴關係。第二種是「顧客」（customers），較為功利取向，希望能藉此滿足一定的需求，但仍保持對於機構的忠誠。第三種則是「消費者」（consumers），與文化機構及其產品之間，是純粹的工具與市場取向關係；因此，消費者只是在文化市場中購買他們所要的商品。

Critcher（1979: 170-171）將上述分類方式應用在解釋英國足球中觀眾與球員的認同改變，指出「顧客」與「消費者」的認同明顯上升，因此弱化了基於勞工階級共感結構的「成員」認同之「殘餘」文化。類似的過程在歐洲與北美的頂級職業運動中都在成長，特別是因為愈來愈多球員在其職涯中頻繁地轉隊，愈來愈多電視機球迷見風轉舵支持戰績好的球隊，而非堅持對在地球隊的認同，以及愈來愈多球隊行銷人員藉由球場觀賽與球隊認同而進行的促銷活動（引自 Alt, 1983: 100）。

p.57

伯明罕大學的 CCCS 在應用文化研究理論於大眾文化的研究分析上，或許是最具廣泛影響力的學派。CCCS 主要分析勞工或弱勢族群等被統治階級中的青少年，如何使用與重新發揮日常生活中隨處可見的當代物質文化元素，創造驚人的青年次文化（Hall and Jefferson, 1976）。同時，這些青少年還得面對來自於宰制的結構關係，以及他們所屬之被統治階層的

「家長文化」（parent culture），所衍生的各種個人與集體問題。因此，文化研究學者認為，青少年次文化是這些被統治階級青少年團體關於生活經驗的「真實」述說，同時也是這些青少年面對結構困境的暫時性「魔幻」解方。Hebdige（1979, 1988）認為，青少年次文化是與宰制團體設下的規範與社會傳統之間的符號衝突與象徵鬥爭。舉例來說，龐克流行配飾（例如用垃圾袋跟安全別針製成服飾或配件）與喧鬧的龐克樂，是他們的世代象徵，藉以短暫逃離現代教育、日常工廠勞動、與被包裝好的休閒方式，以及挑戰主流社會服裝、音樂與合宜行為舉止等宰制文化符碼。

但很顯然，那些反叛的次文化及其他反抗文化運動，並沒能推翻既有的社會秩序。法國馬克思主義學者 Guy Debord（1984）論稱，在 1960 年代發生的「收編」（recuperation）過程中，基進或顛覆行動被大眾媒體「招安」（made safe）或消費，然後退卻到文化圈內。與此類似，文化研究學者也指出，青少年次文化同樣歷經去除掉其中基進或「攻擊性」內涵的「脫勾」（defusion），以及販售給大眾消費者的「傳布」（diffusion）等過程（Clarke, 1976: 185-189）。龐克先是以一種虛無主義的地下次文化面貌問世，但隨後流行音樂與時尚產業不斷消費與剝削當中的主要龐克樂團與穿搭風格，將之販售給大眾市場。不過與此同時，許多有意識的龐克文化鼓吹者捍衛「自己的」次文化，長期反對與抵抗商業力量的消費。

這種解釋青少年次文化的分析模式，也可以應用在運動次文化的詮釋上。舉例來說，衝浪與滑雪板一開始是年輕人抵抗主流運動文化的一種次文化。隨後，包括這些青少年的反叛姿態等次文化的各種重要元素，都被大型企業與運動組織加以商品化與收編（註 12）。舉例來說，早期的滑雪板選手吸納龐克次文化，提倡「自由與自我」，並反抗商業化。許多滑雪場因為他們的負面形象，而禁止這些反文化邊緣人（misfits）與反社會浪人（subversive nomads）的滑雪板選手入場（Humphreys, 2003: 407-408）。不過，即便有許多滑雪板選手持續抗爭，但隨後滑雪板運動的個人主義與基進主義都逐漸軟化鬆動，並且被雪地運動業者與運動服裝廠商重新包裝成商品，販售給大眾市場，而這些市場與雪地還往往距離甚遠。類似的衝突也發生在對於滑雪板運動的政治控制。代表早期滑雪板選手的「國際滑雪板協會」（International Snowboarding Federation, ISF），

p.58

因為主流的國際滑雪總會（Fédération Internationale de Ski, FIS）決定在2002 年冬季奧運中納入滑雪板運動，導致影響力與財源都大受影響，結果在 2002 年解散。對於 FIS 來說，此一政策讓滑雪板運動能夠接觸到新的觀眾及運動員，而攀上更高檔次。但對於許多滑雪板選手來說，這作法代表 FIS 透過政治與經濟的黑手，控制與出賣滑雪板運動。世界知名的挪威滑雪板選手 Terje Haakonsen 就拒絕參加冬季奧運，表示滑雪板運動「跟國族主義、政治與金錢無關」。他更發起名為「極地挑戰」（Arctic Challenge）的賽事，強調尊重選手權益、環境保護，以及戶外休閒本質（Humphreys, 2003: 421; Thorpe, 2012: 88-89）。Haakonsen 等人所發起反對滑雪板運動被「販售」或被「接手」的反抗行動，也代表著次文化運動能夠持續抵抗運動中強勢的政治與經濟利益。

　　類似的商品化過程與抵抗力量，也可以在衝浪運動中看到。像是Quiksilver、Rip Curl、Billabong、Nike 與 Hollister 等大公司，將衝浪改變成產值不菲的產業。業者的主要獲利來源不是海灘，而是把衝浪的流行商品，在距離海灘甚遠的購物中心裡賣給不會衝浪的消費者。這種商業模式能夠成功，立基於把商品形象跟正統的衝浪次文化連結在一起，像是找世界頂級衝浪選手來代言產品，把產品置入衝浪次文化的認同〔特別是連結了東方文化及情境，極強調悠閒的「靈魂衝浪」（soul surfer）〕，或者像是 Hollister 甚至捏造公司歷史，硬是謊稱自己的起源跟早期衝浪文化有關。而諷刺的是，這些自稱開放進步的衝浪商品業者，卻同時依靠著剝削南亞與東南亞那些缺乏工會組織、低薪與低技術的勞工，銷售大眾商品，從中賺取了豐厚利潤。可以說這些衝浪業者將反叛精神包裝成大眾商品銷售，但是許多真正的衝浪者根本從來不考慮穿戴那些業者生產的服飾（Laderman, 2014: 150）。

　　滑雪板與衝浪運動的例子，說明了運動次文化中所含有的宰制與反抗的文化政治關係。透過下一小節廣泛為文化研究學者所採用的霸權理論，能夠對這類主題進行更全面的探討。

p.59

✿ 霸權理論（hegemony theory）

　　由 Antonio Gramsci 所提出的霸權概念，是文化研究的關鍵字。霸權（或爭霸）描述了動態的權力關係、方法與技術，透過此一過程，宰制團體確保統治地位的方式，主要不是依靠武力強制，而是經由意識形態塑造社會共識。被統治階級如果將充滿剝削的社會秩序，看做是「自然而然」或「一般常識」（natural or common sense），從而接受被統治的狀況、甘心作為「下等人」的日常生活，那麼霸權就能夠順利推展。統治階級組成了「霸權集團」（hegemonic bloc），他們策略性地尋求被統治階級中一些團體的合作，以弭平反抗。不過，爭霸過程隨時面臨鬥爭，因此反霸權的抗爭行動也隨時萌生。霸權關係發生在各種領域當中，包括政治、商業與產業及運動等文化領域，都可以見到不同階級或團體的鬥爭。若靈活地運用霸權理論，來聚焦檢視各種脈絡多元性與經驗細節，就可以特別有效地解釋日常生活中的權力關係。此一觀點也便於社會科學分析者，去捕捉各種休閒、藝術與娛樂等文化活動當中的傳統、實踐，以及各類社會關係的實際面貌（Williams, 1977: 110-111）。

p.60

　　國家與公民社會之間的關係，可用來協助霸權的型塑與建立（註13）。在發達國家中，公民社會發展為包含許多社會組織與機構的複雜「上層結構」，而並非被經濟因素所決定（Gramsci, 1971: 235）。國家透過公民社會推展其維持既定秩序的社會共識，但是霸權總是受到不斷的挑戰與重塑。「國家百姓」（national-popular，或有翻譯為「民族─人民的」）是建立霸權的最主要戰場，各個階級都希望在這戰場中，將自身的意識形態塑造為該國的公共利益（前引書：421）。Gramsci 認為所有的人民都能成為知識分子，但是只有特別的「有機知識分子」（organic intellectuals）能夠為被統治階級的革命性權利（revolutionary interests）發聲。Stuart Hall 就希望文化研究，能成為獻身於社會解放的有機知識分子的學術實踐（Bennett, 1998: 31）。

　　霸權理論與其他傾向於經濟決定論的馬克思主義學者有極大差別，並且發展出各種流派。舉例來說，Laclau 與 Mouffe（1985）延伸 Gramsci 的理論，鼓吹建立「基進民主」（radical democracy），宣揚能夠肯定與賦權各種政治與文化認同的「差異性」（difference）概念。

　　Gramsci 的看法，與稍晚於他、同樣對文化研究也有極大影響的法國結構馬克思主義學者 Althusser 的理論之間，也若合符節。Althusser 認為，壓迫式國家機器與意識形態國家機器同時作為社會宰制的工具（引自 Gramsci, 1971: 12），包括了教育體制與大眾媒體等的意識形態國家機器，在二十世紀中期的先進資本主義社會中，扮演的角色更為關鍵。Althusser（1971: 174）分析意識形態的運作，提出「召喚」（interpellation）概念，也就是意識形態「呼喚」（hailed）人們成為特定的主體，進而打造特定意識形態的主體性與個人認同。舉例來說，電視上的運動節目充斥著廣告的訊息與影像，「呼喚」觀眾成為「消費者」，宣揚以消費為核心的主體認同。更廣義地來說，媒體上的運動評論也召喚資本主義社會中其他各種主體與社會認同，因此呼喚與複製了包括性別、國族與種族認同的特定形式。

　　Althusser 理論的第二個主要面向，是他對於馬克思「唯經濟論」的修正解釋。Althusser 借用了 Gramsci 學派的概念，主張政治與意識形態（或「文化」）等社會的上層結構，跟經濟基礎之間具有「相對自主性」。所以，經濟力量並不會決定運動或其他社會領域中的霸權鬥爭結果。不過有點弔詭的是，Althusser（1971: 136）仍然認為，經濟結構還是具有「最後關頭」的決定力量。

p.61

　　霸權理論可以廣泛地應用在解釋運動中的宰制、反抗與鬥爭。從歷史上來看，十九世紀末到二十世紀初的英國運動文化發軔，可以說是由不同的霸權集團所催生，特別是受到上層階級（較為強調業餘主義，分布在英格蘭南部）與企業家中產階級（較為支持運動競爭中的商業化與職業化，分布在英格蘭北部）之間的動態權力平衡的影響（引自 Hargreaves, 1986: 206）。霸權的「領導權」由這些階級所掌握，他們透過掌控新的運動俱樂部與機構組織，以及透過具有知識分子角色的學校校長，鼓吹運動作為大英帝國的文明化生活美德的一種「自然」與「常識」（Mangan, 1986: 22）。運動是英國統治殖民地的一項重要霸權工具。透過運動，與殖民地原本的在地文化價值及信仰體系互相衝突的「健壯的基督徒」（muscular Christian）意識形態，得以直接強制灌輸給被殖民者。例如印度婆羅門制度下的僧侶貴族，原本會避免耗費體能的活動，也不愛接觸皮革，但卻被殖民主強迫投入「男性的」球類運動（前引書：182-186）。

將運動塑造為「國家百姓」熱愛的活動，也有助於宰制階級擴張其霸權的利益。在國際運動賽事中，宰制團體利用受歡迎的成功運動員為己宣傳，媒體、政客與運動官員也透過運動來型塑與宣揚某種「國家價值」。奧運開幕典禮總能夠作為分析霸權如何塑造「國家百姓」的最佳研究個案。在2012年的倫敦奧運開幕典禮中，負責籌劃的導演 Danny Boyle 放入英國健保的宣傳，可說是大張旗鼓地反對新自由主義或「市場化政策」對健保制度的攻擊。

在個別運動項目中，霸權理論也可以用來解釋像是板球的歷史發展。從十九世紀末到二十世紀初期，這項經典英式運動在帝國內傳散，作為一種「宣洩大眾不滿的無害管道」，同時也有助於達成以下目標：

> 傳遞特定價值觀，像是服從權威，特別是白人的權威，犧牲個　p.62
> 人，以及推崇團隊精神。灌輸特定規範，像是無條件地接受上級
> 命令，特別當上級是白人時（貫徹在「這樣就不是板球了」的說
> 法中）。建構特定迷思，像是殖民主生來優越、被殖民者天生次
> 等。而因為板球棒是權威的一種象徵，所以白人通常也被期待成
> 為擊球員（St Pierre, [1995] 2008: 79）。

在地社會的菁英團體，像是高等種性階級的印度人，往往透過進入板球俱樂部而加入了這樣的文化霸權；而在同樣受到殖民的西印度群島，板球俱樂部則嚴守種族界線，黑人運動員因此被排除在國家代表隊之外。

不過就像 Gramsci 的觀點所指出更重要的是，反霸權力量會逐漸滋生，而且有機知識分子也會崛起。以西印度群島的板球來說，被宰制與壓迫的非白種人民，在有機知識分子如西印度群島的馬克思主義歷史學家，同時也是板球愛好者的 C. L. R. James（1963）的支持下，挑戰他們在運動領域與更廣泛公民社會所受到的壓迫。占人口大多數的黑人族群，擁抱板球運動，並且創造出一種另類且更為賦權的「國家百姓之集體需求」，透過在板球場上與場下所展現的次文化來表達。這種次文化，不只與板球中的白人英格蘭傳統霸權文化有所抵觸，甚至應該說是有意識地反抗。例如跟溫和有禮的白人資產階級觀眾不同，西印度群島的板球迷是出了名的歡樂喧鬧，看球賽時聽音樂、飲酒作樂、大開低級玩笑，而且對白人與權

威人士都極盡戲謔。當 1984 年與 1985-1986 年的兩個球季對戰中，西印度群島的「純黑人」球隊兩度以 5：0「完勝」英格蘭，球迷們將之稱為對原殖民主的「抹黑」（blackwashes）（Beckles and Stoddart, 1995）。

　　但是霸權與反霸權力量之間的關係是流動的，而且兩個陣營之間還往往有所重疊。英格蘭的板球協會與媒體經常對西印度板球文化抱以輕蔑態度，像是禁止英格蘭本地球迷模仿加勒比海球迷的作法，或者認為西印度球隊在一場球賽中使用四個快速球投手是違反了板球的美德等（Williams, 2001: 131-134）。但所謂禮失而求諸野，在一些西印度群島的國家中（特別是巴貝多）於脫離殖民之後，當地板球協會卻有意識地保存了當中大英帝國原有的政治符號與文化價值，因此許多傳統板球的英式運動道德，反而得以在當地有所延續（Sandiford and Stoddart, 1995: 56-58）。

p.63

　　從霸權理論來分析運動，印度板球也是一個相當有趣的近期例子。Appadurai 指出，板球運動在印度經歷了全面的「印度化」（Indianization）過程，可以說在地的印度文化「劫持（hijacked）了殖民主英國的這項運動傳統」，改造了當中的打球風格、球迷文化，以及大眾意義（Appadurai, 1995: 46）。在世界板球的政治〔國際板球協會（ICC）〕與經濟〔印度板球超級聯盟（IPL）的龐大市場〕層面上，印度板球逐漸崛起成為新興霸權。一方面，這些後殖民國家在全球運動中的崛起，代表「後西方化」時代的新政治霸權。另一方面，高度商品化的 IPL 為了吸引印度中產階級球迷，大部分球員都來自種性制度中的較高階級，也反應了傳統霸權力量仍舊具有宰制力（引自 Rumford, 2007）。

　　整體來說，霸權理論可以幫助我們理解運動中宰制與被統治階級間的文化政治。下一小節中，將接著解釋此一理論中的重要概念：抵抗、逾越與狂歡。

❦ 抵抗、逾越與狂歡

抵抗（resistance）

　　「抵抗」是文化研究中的重要概念，意指被統治階級透過特定的文化實踐方式，反抗霸權階級的宰制。文化研究學者認為抵抗不僅存在於明顯與有意圖的反對或抗議，也存在於一些幽微或無意識的行為，但卻違抗

了主宰階級所設定的規範與傳統（Hall and Jefferson, 1976; Fiske, 1993; Grossberg, 1992; McRobbie, 2005）。

在運動領域中，可以看到許多受到宰制的運動員，有意識地反抗與抗議的例子。在「種族」議題上，最明顯的例子或許就是非裔美國運動員在 1968 年墨西哥市奧運中對「黑色力量」（民權運動）的致敬行為；另外也有許多黑人運動員公開對抗來自其他運動員或球迷的種族歧視（像是板球中的 Viv Richards、澳式橄欖球的 Nicky Winmar，以及足球中的 Marco Zoro 與許多球員）。運動中文化政治在日常生活層次的反抗，則採取較為一般的形式（引自 Wren-Lewis and Clarke, 1983），例如社區群眾反對新球場的興建、或者球迷認為球隊管理階層有所失誤而抗議。

p.64

不過，當某些遭邊緣化或宰制的個人與社會團體，採取較不明顯、或無意識的抵抗行為時，新馬克思主義或文化研究學者的解釋，會出現一個問題。文化研究學者分析這些行為時，往往會宣稱這種在大眾文化中的抵抗行為「隨處可見」，但是這些分析常常缺乏真正有說服力的資料，像是連那些行動者的發言中足以支持這類論證的說法都難找到（Greuneau, 引自 Donnelly, 1993: 141）。相反地，如果對不同的次文化進行經驗研究，就可以發現那些成員的動機與行動的意義各有不同，且通常並不是為了「反抗」，而是跟次文化當中不同面向的認同有關，例如在團體中的地位競爭、或者是次文化活動中的美感與愉悅（見 Rojek, 1995: 23-24）。

為了解釋此一現象，我們可以參考對於英格蘭足球流氓的社會學研究。一項初期研究將足球流氓行為，解釋為年輕球迷是因為無處宣洩其熱愛的運動遭到商業化汙染的不滿，而做的反抗（Taylor, 1970, 1971）。隨後的研究則顯示，足球流氓並不是出於那樣的動機，而是在他們參與暴力行動的過程中，得以在球迷次文化團體中取得一定的地位（見 Armstrong, 1998; Giulianotti and Armstrong, 2002）。

逾越與狂歡（transgression and the carnivalesque）

在解釋那些明顯破壞社會秩序，但缺乏明確目的與意識的行為時，人類學當中的「逾越」概念，可以提供一種與「反抗」不同的分析途徑（Bale, 2000: 154）。逾越意指跨越界線，特別是違反道德規範或權威命令。反抗指的是蓄意的（intentional）反對，而逾越則較為關注行動帶來的結果

（consequences）。舉例來說，雖然足球流氓的暴力並非為了反對運動商
業化，但他們當然逾越了那些被當代商業化職業足球所設下的社會規範與
各項規則。

　　逾越在庶民或一般人的「狂歡」行為與活動中，像是嘉年華或街區派
對中，都非常普遍。廣義來說，跟日常生活的規律有所不同，狂歡節慶活
動主要是充滿感官、遊樂、情緒，甚至是奇風異俗的「下半身」（lower
body）思考，遠多於知識或理性的「上半身」（upper body）。因此，從
狂歡節的歷史發展來看，常常逾越了資產階級的優雅行為規範與準則，像
是在派對中毫無節制地遊玩打鬧、飲酒作樂，以及淫邪與聚賭等。更有甚
者，狂歡節還往往標舉各種象徵性破壞社會秩序的逾越行為。中世紀狂歡
節有時候會選個童男作為一日教士、或者在民謠與遊行中嘲弄在地仕紳
（引自 Brophy, 1997）（註 14）。

　　當代運動中的狂歡元素並不難辨認。從歷史上來看，包括賽馬、板
球、摔角、拳擊與足球等現代運動，最早有一大部分都是從民間節慶中
遊樂活動所脫胎而成的民俗遊戲。這些運動仍然保有明顯的民俗文化色
彩，例如現場觀眾熱愛飲酒、賭博、喧鬧歌唱、嘲笑運動中的有力人士，
再更廣泛地觀察，他們也支持那些熱情參與大眾運動、甚至有脫序行為
（excessive behaviour）的狂熱分子（Giulianotti, 1991, 1995; Pearson,
2013）。

　　在運動當中，逾越與狂歡的文化政治往往可以看到宰制社會力量的鬥
爭，一方面是宰制力量企圖將庶民活動商品化，並節制其中的脫軌行為，
另一方面則是被宰制階級，總是希望能夠更自由地歡慶。在頂級運動賽事
中，球場與球團企圖在賽事活動中重塑狂歡節氣氛，像是透過啦啦隊歌，
在觀眾之間製造一些「假」（pseduo）狂歡娛樂；但同時，球場觀眾還是
在主辦單位嚴密的保全監視下，以避免出現攻擊性的脫序行為。主要職業
球團企圖「消費」與商業化這些狂歡的活力與運動次文化的認同，好把他
們的產品與運動本質加以連結。例如在運動廣告中總是充滿了多采多姿的
影像與歡樂的球迷，同時加上他們公司如何熱情地認同運動文化。相對來
說，歐洲足球的球迷次文化，主要由男性球迷組成，在點綴著某些女性球
迷的球迷場景中，可以看到他們在球場內外獨有的狂歡活動，像是那些喧
鬧的非正式球迷團體，各種五花八門的加油展演、對運動政治大開玩笑的

嘲諷，以及對於那些想規訓或消費球迷文化的反抗等。由球隊或公司從上而下的作法，因此會與那些球迷由下而上的狂歡活動出現緊張關係，特別是在球團或運動主辦單位想要禁止特定的球迷活動時。

整體來說，反抗的概念意指有意的抗議與反對，而在那之外的逾越與狂歡概念，則讓文化研究得以透過更為人類學與歷史學的角度，來檢視與解釋那些並非刻意標舉反對，但事實上破壞或抵觸了宰制團體所設規範的各種行動與實踐。在最後的兩小節當中，本章將探討文化研究學者在運動批判研究中，所採取的兩種分析途徑。

文化研究的規範性分析途徑

在廣義的文化研究領域中，建立在新馬克思主義與批判理論之上的規範性運動分析，是一個相對少數，但非常重要的學派。當中最顯著的研究是由國際知名的運動哲學學者 Morgan（1993, 2002, 2004），基於德國批判理論學者 Habermas 所發展出的著作。在解釋這個途徑之前，必須要對 Habermas 的論點有所說明。

Habermas 是 Adorno 與 Hokheimer 的學生，他隨後成為法蘭克福學派自 1970 年代之後最具代表性的學者。他的社會理論致力於實現尚未完成的現代性，鼓吹理性、進步、科學、啟蒙與人類解放，同時大力批判後現代與後結構主義（Habermas, 1987a）。Habermas（1989）指出，一個真正民主的「公共領域」，必須是開放、包容、沒有差別待遇的場域，在其中公民得以自由的討論與辯論各種社會議題與決定政治決策。連帶地，他也希望能夠保護與加強日常生活世界中（everyday "lifeworld"），一般人可以探索與發展其認同、實踐、規範與互相理解的可能。 p.67

Habermas 批判有礙於實現真正民主與倫理的現代社會的各種困境，特別是缺乏規範性思考的工具理性（Habermas, 1970）。他關切公共領域中的民主傳播與辯論受到扭曲或腐化的問題，特別是諸如媒體對於公共議題的誤導，或者官僚體系、大型企業、政治力量等由上而下的工具理性制度以金錢、權力、民粹等方式，貶抑與「殖民」了公民的日常生活世界（Habermas, 1987b）。不過，他也相信「現代性理想」（project of modernity）仍然能夠突破困境，建立一個不被個別私立或意識形態所扭

曲的真正公共領域，在其中公民得以自由溝通，不同觀點進行理性辯論，而不受到發言者的政經地位所影響。

　　Morgan 引用了批判理論的規範性論點，探討現代運動在當前與未來的發展。運動長期以來受到工具理性凌駕規範反思與行動（normative reflection and action）的宰制，像是球員與球迷的暴力行為、運動協會官員的貪汙腐化，以及一些運動項目中系統性使用禁藥的作法等（Morgan, 2004）。鉅觀來看，運動受到商業媒體、各種團體角力，以及公關手法操弄等作法的宰制，因此在運動政治當中，嚴重缺乏民主溝通、公眾參與、批判辯論與倫理反思。運動社群的生活世界，受到理性化與商業力量更進一步的威脅。舉例來說，球迷在社群中的日常集體認同之塑造與再造，受到那些以吸引消費者與創造最大銷量為目標的運動廣告與行銷的嚴重影響。在運動中的社群媒體發展，也驗證了此一趨勢。臉書與推特也許有助於球迷與運動社群中蓬勃社交「生活世界」之形成，但是當中大多數空間卻受到運動相關廠商的公關與行銷部門的操控與殖民（McLean and Wainwright, 2009）。

p.68　　　為了解決上述運動中的各種問題，Morgan（1993: 234-237）沿用了 Habermas 啟蒙主義式的民主「實踐社群」（practice-community）模式。Morgan 跟 Raymond Williams 及美國哲學家 Michael Walzer 觀點類似，主張運動社群作為運動的良善本質（internal good），就必須要由該實踐社群的成員所共享。雖然若採取 Habermas 公共領域概念中的包容原則，運動實踐社群應該廣及球迷與運動組織工作者，但 Morgan 卻傾向認定成員資格僅限運動員（Walsh and Giulianotti, 2001, 2007）。實踐社群必須是高度成熟的公共領域，當中不同論點的辯論者「來到運動論壇中，都只是帶著他們的論點，而拋下他們在其他領域中所擁有的頭銜、財物及各種優勢」（Morgan, 1993: 242）。不過，Morgan 倒是認為，在運動「師徒制」中的教練、或者說是「運動賽事的理性權威者」（rational authorities on the game），應該要在運動實踐社群中有比較大的話語權與政治影響力。另外，這樣的批判對話與反思，也許可以激發出新的可能性，像是能夠超越既有陽剛規範與傳統的另類運動之興起（Morgan, 2015）。

　　整體來說，Morgan 引用了 Habermas 模式，在運動的民主改革中，創立了一個重要且有價值的規範原則。在日常生活層次上，也指向了一種

社群共享的民主式運動組織。在鼓吹運動的球迷互助或社群共享模式，而非由少數有錢人控制頂級球團的社群與社會運動中，都可以看到一些類似 Habermas 政治觀點的影子，像是西班牙與德國的足球球會、NFL 的綠灣包裝人隊（Green Bay Packers），以及澳洲 AFL 與 NRL 的一些橄欖球團等。這類的所有權形式，並非在本質上避免了球團政治中的腐化與扭曲溝通——例如一些會員擁有的南美球隊仍然有著惡名昭彰的貪汙腐敗——但是此一作法，也許可視為在運動組織中建立真正民主辯論與治理之實質基礎的第一步。

🏃 身體文化研究（physical cultural studies）

在運動的文化研究途徑中，另一個顯著的發展是「身體文化研究」（PCS）的興起。Ingham（1997）與 Hargreaves 及 Vertinsky（2007）等 p.69 運動學者，都曾經提出朝向身體文化研究途徑的呼籲，但真正開始於較晚近的北美學術圈，主要由 David Andrews（2008; Andrews and Silk, 2011, 2015）作為領頭羊。Andrews（2008: 55）提出此一途徑的定義為：

> 身體文化研究延續了身體論述與主體的脈絡性理解，而這些是身體活動受到社會權力關係所組織、再現，以及體現的過程。因此，身體文化研究分析對象，包括身體文化如何再生產或挑戰階級、族群、性別、能力、世代、國族、種族，以及性傾向等的規範與差異。透過發展與宣揚這些具有賦權潛力的知識與分析，身體文化研究希冀能夠指出與介入身體文化中的各種不正義與不公平的問題。

身體文化研究的提倡者認為，此一途徑有幾點重要的優勢，包括能夠將分析對象從組織化的運動項目，擴大到舞蹈、體能訓練、休閒、娛樂與復健活動等；能夠超越傳統社會學的限制，進行跨領域與跨理論典範的研究；並且能夠充分回應運動社會學中所謂的「向身體轉」（physical turn），以及文化、性別、族群研究等其他學術領域對於身體文化日益提高的興趣。這些學者進一步指出，身體文化研究促成了一個集體、民主

與多元的學術社群，與運動社會學之間所形成的關係並非敵視，而是對話、學習與互補（Andrews & Silk, 2015）。他們希望身體文化研究能夠具有實質的社會影響力，「足以介入社會，**改變世界**」（Andrews, 2008: 56，粗體字為原引文所強調）。

身體文化研究的發展主要是以北美為中心，這部分反映了此途徑所需的詮釋技能與論述能力。身體文化研究的一些提倡者，堅信也策略性地拓展此一途徑在學術圈的未來影響力；因此促成其學術社群的集體認同感，也創立了許多同名的研究中心與團體，以作為與運動社會學的區隔。

p.70　　作為尚在發軔期、極具企圖心的研究途徑，身體文化研究還需要更多的時間與更多的研究及著作，來證明其重要性與價值。同時，此研究途徑也得面對四個主要的問題。

第一，身體文化研究如何，以及是否必須與運動社會學等其他領域之間，有足夠的區隔，其實有很大疑問。身體文化研究中最為主要的研究議題、分析技術，以及寫作格式，其實在這途徑正式開展或命名前（例如Andrews 早期的傑出著作），就已經被廣泛採用。截至目前為止，以運動社會學而言，身體文化研究尚無法與各種研究典範並駕齊驅，構成一個自足的研究領域，而比較像是文化研究這一個更廣泛、更具影響力之研究途徑下的一個晚近支派。另外，身體文化研究所進行的許多重要研究主題，像是檢視社會階層之間的權力關係、促成不同學術社群的建設性對話、倡導「社會學想像」（sociological imagination）、採取「反相對主義」的學術立場，以及尋求被統治階級的賦權與社會改革進步等，都是運動社會學，甚至是社會學的中心思想。當代社會學的發展，與一些身體文化研究學者所宣稱的有所不同，其實包容了愈來愈多不同的理論領域、研究方法，加入了其他領域的不同合作與相互對話；而對這些不同理論典範，運動社會學的研究都還尚未充分吸收。更鉅觀來看，運動社會學者的挑戰並非離開主流社會學，而其實是在於如何有效地參與主流社會學的討論。

第二，身體文化研究名稱中的「身體」，並不是那麼有說服力。這裡的一個主要問題是，身體文化研究或運動社會學的許多研究議題中，「身體」並不是最顯著的主題──舉例來說，像是運動的媒體論述研究、大型運動賽事的表演、運動商品化、或者運動全球化等。另外，在社會科學與人文學科中「向身體轉」的程度，也值得商榷，至少不像學術界的後現

代、全球化、風險、流動性等其他「轉向」那麼明顯。同時，身體文化研究也沒有含括所有身體研究的範疇，因為許多運動身體的社會學與人類學分析，並非採取此一途徑。最後，也是反映了社會學與身體研究的長期緊密關係，許多國際上最為人熟知的身體社會科學研究學者，像是 Bryan Turner、Mike Featherstone、Chris Shilling 與 Mike Hepworth，並非自我認同為身體文化研究學者；相反地，這些學者在涉入許多不同領域研究時，仍是以社會學者自居。

p.71

第三，我建議身體文化研究學者，要有真正的社會與政治影響力，就必須「弄髒手」，真正地對各種社會團體進行具體的實證研究。為了達到這些目標，我們期待未來的身體文化研究能夠以人類學、參與觀察、訪談、使用影像紀錄等質化方法，進行周延的資料蒐集功夫。即便一些量化的科學實證主義者對此途徑抱持著敵意，也沒有理由一定要避開量化方法；而且實際上，有許多運用量化方法的批判社會科學家，也與身體文化研究一般地強調權力關係與社會進步改革。另外，如果身體文化研究是認真地想追求顯著的社會與政治影響力，就應該大量減少在學術象牙塔內傳遞思想，而要花更多力氣在參與行動研究（像是社區層次的介入，以及在被統治階級中的宣導），以及更廣泛地在公共領域中進行政策與理念溝通。

第四，身體文化研究學者所倡導的知識多元性，必須更為落實。方法與分析工具的多元性，是理論典範健全發展的前提。對身體文化研究而言，多元性有三點好處。首先是確保不同學者，特別是青年學者得以發展其獨特的觀點、寫作風格、方法、理論架構，以及更普遍的研究貢獻。第二是擴大身體文化研究在全球的多樣範疇，因此作為一主要跨國的研究途徑，身體文化研究可以由不同國家與地區的學者所採用與轉化。第三是發展身體文化研究的嶄新或混雜形式，得以跟其他理論典範全面地交流、激發新的研究問題、概念、分析架構與研究方法。建立採納不同聲音，全球在地且混雜的身體文化研究，一定可以提高此一研究途徑的影響力，也可以提供批判運動社會研究更多不同觀點。

🦋 結論

運動社會學領域內諸多研究典範當中，文化研究是最具影響力的分析途徑。源自馬克思主義與新馬克思主義的文化研究，強調運動等流行文化的重要性，以及宰制階級與被統治階級之間細緻的權利關係與衝突。文化研究途徑配備了許多極為有用的概念作為分析工具，包括社群、共感結構、霸權、國家百姓、反抗、逾越與狂歡等。本節也介紹了文化研究在運動領域中的兩個衍生學派——身體文化研究與哈伯瑪斯批判理論。兩者（特別是後者）對運動進行了規範性分析，也指明了文化研究的基進轉向道路。

對於文化研究途徑的批判性反思，我認為有四點值得在此指出。

第一，文化研究對於社群概念的理論化，可以捕捉被宰制團體之間長期發展出來的集體性與共同體（communitas）感受。一開始，許多社群並非如同文化研究通常指出的那樣具有社會包容、緊密與高度同質。在社群的「黑暗面」，為了求取一致性，而騷擾、犧牲與壓制當中的少數或異端團體。從 1980 年代以來的新自由主義政策與重工業的沒落，導致許多傳統產業中的勞工階級社群更為窮困，並且進一步遭到分化。再者，當代許多「社群」的成員流動與分化加劇，特別是在族群身分上。

在運動方面的類似例子中，有同性戀運動員或球迷遭到球團的邊緣化、小市場球隊的觀眾與球員流失或無力負擔各種設施費用，以及在倫敦或紐約等全球大都會中因為地區人口結構不斷改變，而使得一些球團無法延續等。再者，如同 Dyck（2012）對於兒童運動的人類學研究發現，多數社區層級的運動發展極為不平等。正面來看，這也許是運動訓練、社會

化與技術發展，但是從負面來看，則是來自長輩的壓力、過度競爭，以及因為財務成本而導致的排除效果。

第二，承上述，傳統的文化研究途徑必須再更全面地考量全球化過程的長期影響，特別是文化認同、實踐與社群的去疆域化（deterritorialization）或抽離（disembedding）現象（引自 Giddens, 1990; Tomlinson, 1999）。「想像共同體」（imagined community）此一極具影響力的概念，指明了全世界各地的人們，可以不需要是真正同一社區的成員，就可以共享某種強烈的集體認同與凝聚感（Anderson,

1983）。與此類似，我們也可以更新 Gramsci 的「國家百姓之集體意志」（collective national-popular will）的概念，來分析運動與其他流行文化中的「跨國群眾之集體意志」（collective transnational-popular will）。舉例來說，頂級職業球團的「想像共同體」愈來愈朝跨國化發展，吸引到各國球迷。同時，運動組織如 IOC 與 FIFA 也愈來愈趨向發展特定的「跨國群眾之集體意志」，將跨國資本主義與運動中的包容、發展與和平等概念緊密連結。

　　第三，在前面段落中也曾經批評文化研究在使用「反抗」概念時，往往過於粗率，將個人、團體、或次文化中各種不同的作法都混為一談。逾越與狂歡的概念，可以更清楚地區分各種逾矩行為，而不必然假設都是有意識的抵抗或反對。另外，也有一些對反抗的研究，將次文化誇大地解釋為一種純粹的反對，而其實當中有些次文化是樂於被商品化、或者被主流吸納。舉例來說，英格蘭板球迷在 1990 年代興起的 Barmy Army 次文化（譯註 2）形式，在賽事當中帶來了一種喧鬧歡樂的狂歡氣氛，而跟傳統英格蘭板球賽場中那種安靜、祥和與優雅的觀眾文化有極大的不同。Barmy Army 的創立者，以此為品牌設立了旅行社與周邊產品販售，並且接受企業贊助，將這種次文化發展為一種專業的商營組織。因此，把這種運動次文化視為反抗，毋寧是過於天真的說法。

　　第四，從廣泛的理論與方法角度來說，文化研究途徑或許能透過延伸哈伯瑪斯等學者的批判理論，進行堅實的規範性探討，而能有長足的發展。再者，過去文化研究的一個主要缺點，就是對於社會行動的過度詮釋；更糟的說法是，在解讀（decode）媒體報導等文化「文本」（texts）時，往往缺乏足夠的實證資料、或者在蒐集與分析資料時不夠嚴謹。為求提高對當代運動分析的解釋力，文化研究學者應該從傳統 CCCS 的一些方法中重新汲取養分，也就是對於各種被宰制團體進行更實質且細緻的質化研究。

p.74

譯註 2　Barmy Army 最初是一群英格蘭板球迷的非正式團體，為了讓看板球變得更有趣，利用旗幟、歌曲等方式，以鼓勵其他球迷加入狂歡。他們後來發展為英國的一家公司，專門販售英格蘭板球隊在英國與海外的球賽門票及套裝行程服務。

這些修正，有助於提升文化研究在批判運動社會學當中的典範地位。文化研究在運動社會學中持續扮演重要角色，是毋庸置疑的。而此一重要角色，可以在本書接著幾個章節的議題，包括「文化政治」核心的「種族」／族群與性別／性傾向等議題中，顯現出來。

討論問題

1. 運動如何反映勞工階級社群的生活方式（way of life）？
2. 運動中有哪些次文化？這些次文化又如何反抗運動中商業與政治力量的影響及控制？
3. 「霸權」的概念，是否適合用來分析運動中的不同社會團體，尋求控制或反抗控制的情形？
4. 在現代運動中，有哪些逾越與狂歡的現象？
5. 從「實踐社群」（practice -community）的想法來看，運動的治理模式應該如何改革，才能更為民主化？

5

運動中的種族與族群：
對抗種族歧視與排擠

p.75

　　如同其他社會生活領域一般，運動中也充斥著種族關係。「種族」這個詞彙，在不同時代會有不同的意義（Banton, 1988: 16-23）。當代社會中，種族主義主要指稱或假設不同膚色的族群，在生理上會有所不同。「種族思維」（race logic）的看法，至少可以追溯自歐洲殖民時期，當時世界上大多數地區都被帝國入侵、各地原住民則遭到大規模征服與滅族。直到現在的「後殖民」社會，仍持續受到殖民關係的型塑，不同種族之間在生存機會與生活品質等層面，存在著極大的不平等。同時，受宰制的族群為了平等與尊嚴而展開的鬥爭，也構成了當代史的樣貌。整體來說，殖民主義與後殖民主義、種族的階層化，以及種族間的鬥爭與反抗，是學院內「種族與族群研究」的核心議題，而運動則是展現這些議題的重要領域。

　　本章將以本書開頭前四章的重要理論為基礎，特別是文化研究的概念，來探討運動中五個有關種族與族群問題的主題。首先，以社會學批判來討論那些把「種族」與運動表現連結起來的歷史與生理假設。第二，透過美國、非洲（特別是南非）、澳洲與英國等四個地區的歷史脈絡，說明運動與種族主義之間的關係。這個小節的討論，可以與第四章中有關加勒比海地區的板球發展，加以連結討論。第三，將檢視種族與運動的關係，如何導致社會階層化。第四，考察圍繞著種族所衍生的文化、意識形態與美學等議題。最後，進一步深入探討在「膚色決定論」（colour-coding）p.76之外的廣義種族主義，如何導致運動中各個弱勢族群所面對的不平等處境。

✂「種族」、運動與競賽表現

從十九世紀到二十世紀的大多數時間，「科學種族主義」（scientific racism）的論調在西方世界極具影響力。這些論調往往引用現在已經被證明為錯誤的偽科學「證據」，來對不同族群進行「種族」類別與階層的分類。在 1850 年代，法國 Arthur de Gobineau 伯爵宣稱，白種人在生理與智力層面，比美洲土人（American savage）、黑人（Negroes）與其他種族都來得優越，因為這些次等種族的人缺乏耐力（infinitely less able to bear fatigue）（引自 Miller, 1998: 126; Carrington, 2010），而此一論調還曾經大行其道。之後不久，達爾文（Charles Darwin）創發了「物競天擇」與「適者生存」的理論，以解釋物種的演化。一些「社會達爾文主義者」誤用了此一自然科學的理論來解釋人類社會的現象，宣稱西方國家與民族在技術、道德與文化層面，都比其他大陸的人還來得進步，因此是最優越的種族。西方世界廣為宣揚這類種族意識形態，以合法化對非白人世界「低等民族」的帝國擴張與軍事侵略，並大力反對種族雜交，認為不純淨的血統會威脅西方文明的存續（Hawkins, 1997）。「科學種族主義」還往往延伸為對白人中弱勢族群的仇視，像是將愛爾蘭人與猶太人視為在盎格魯薩克遜（Anglo-Saxons）或盎格魯條頓（Anglo-Teutonics）之下的劣等民族。

對西方歐洲殖民帝國而言，運動在建立與複製他們的「種族」權力上，扮演了重要的角色（Carrington, 2010）。特別是在大英帝國，運動被視為一項促進他們的「種族」發展，並展現他們在身心優越性的工具。非白人的各種族人民，因為被認定欠缺足夠的修養與智力，因此被排除在運動場之外。後來非白人的族群克服障礙得以參與運動，甚至二十世紀初在田徑場與拳擊場上贏過白人之後，原先白人至上的「種族思維」相應調整，轉而創造出一種「生理」與「智力」此消彼長，兩者為「負相關」的偽科學。舉例來說，盎格魯薩克遜自認為比較起生理上的體力，他們在心靈與道德上更為優越；而相反地，非洲黑人則是體力高於智力。換句話說，非白人的運動員或許可以跑得更快、跳得更高、力量更強，但他們卻無法理解運動的細緻技巧與道德內涵。這種「種族思維」的迷思一直延伸

到許多現代運動的組織與文化當中，也滲透到更廣泛的社會層面。

　　對於非白人在運動中的優異表現，種族主義也以簡化版的達爾文理論，建構各種荒謬解釋。一位美國籃球教練就聲稱，黑人之所以跑得比白人快，是因為過去在非洲草原上，「獅子與老虎把跑得慢的人都吃掉了」（Roberts and Olsen, 1989: 45）。殖民時期，西方殖民者運送非洲奴隸到新大陸的殘酷「中段航程」（Middle Passage）中（譯註 1），也流傳一種迷思，宣稱只有最強壯的黑人，能夠熬過白人大規模的搜捕、運送與奴役，因而之後得以孕育出一群「超級奴隸」與「超級運動員」的新族群（Hoberman, 1997: 78, 194-195; Miller, 1998: 135）。這些迷思當然並沒有任何證據，也忽視許多優秀黑人運動員的社會成因（例如事實上是有計畫地挑選具天分的青少年，並提供專業化的菁英訓練）；更難解釋白人其實也遭遇類似的物競天擇過程，包括數個世紀的殘酷戰火、大規模傳染病與天災等，但卻沒有在盎格魯薩克遜民族中孕育出類似的超級運動員族群。

　　針對認為非裔美國人運動神經就是特別發達的種族主義觀點，Sailes（1998: 190-196）列舉出其他的謬誤：

- 母系家庭迷思（matriarchal theory）：黑人家庭中常見的「父親缺席」，導致黑人男孩把從事運動當作恨意與挫敗感的宣洩出口，運動教練則成為父親的替身。不過研究指出，許多年輕運動員並不信任教練，而且優秀運動員常常出自有雙親的家庭。
- 黑人陽具迷思（mandingo theory，譯註 2）：根據某位體育記者的說法，因為奴隸主的細心照顧與配對，所以黑奴的下一代得以更為健壯（Wiggins, 1989: 179）。但許多證據顯示，當時的奴隸大多自己選擇伴侶，而奴隸主也常常性侵害或猥褻女性黑奴，因此即便奴隸主真的有打算對黑奴實施優生學，這作法在二十世紀初也早就已經失效。
- 心理學迷思（psychological theory）：非裔美國人缺乏領導人所必須具備的聰明才智與情緒控制力，但其實這迷思是一種自我實現的預言，因

譯註 1　https://en.wikipedia.org/wiki/Middle_Passage

譯註 2　https://en.wikipedia.org/wiki/Stereotypes_of_African_Americans#Mandingo

為這迷思影響了許多運動組織中的白人高層，他們挑選運動管理位置的人選時，也就先排除了非裔美國人。

p.78　　• **運動員拙於言詞的迷思**（dumb jock theory）：非裔美國人是因為運動加分才能進到大學名校，所以無法應付學業要求。但事實上許多研究指出，運動員在學業上的表現，優於非運動員；許多非裔運動員之所以學業成績不佳，其實是因為黑人的中小學教育資源相對稀缺所致。

　　另外還有更進一步的論調，也就是所謂的「鐘形曲線」論點，宣稱非裔美國人的高生育率（或許也跟巨大陽具的說法有關）導致美國人整體智商無法提升，因此非裔美國人必須轉而從事運動員工作，以彌補他們基因中欠缺的智力，並且增強種族的「自尊」（Herrnstein and Murray, 1994）。此一基於新自由主義與種族歧視的論調，其證據薄弱，而遭到嚴正抨擊（Hoberman, 1997: 3-4）。

　　特定種族運動細胞特強的基因論調，到了近代也有電視體育記者 Jon Entine（2000）持續宣揚，他說特定的群體（「種族」）擁有較強的基因，足以讓他們在特定運動項目中擁有生理優勢。他指稱，包括非裔美國人與加勒比海地區非洲裔等來自西非種族的短跑爆發力強、東非與北非的種族則是長跑耐力強、歐洲白種人在肌力運動項目稱霸，而東亞人種則在體操運動擁有優勢。

　　對於真正的跨領域研究來說，只是用「種族主義」來駁斥上述論調，可能流於輕忽（Wiggins, 1989: 185）。基因論點的確經不起細緻的檢驗。持基因論者或許會說，在籃球運動中，非洲裔美國人與高加索白種美國人的比例，是驚人的 27：1。不過，包括籃球、短跑、棒球（特別是投手）、網球與排球，許多需要類似「生理基因」的運動項目，非洲裔美國人只在前兩項中稱霸。因此，如果把觀察範圍放寬，觀察不同種族與國籍的運動員在各種不同運動項目中的表現，則可以發現「社會因素」比「生理因素」更具有解釋力（Hunter, 1998: 97-98）。基因論點忽視了菁英運動員的養成過程中，運動教練、科學訓練與組織資源所扮演的重要角色。以菁英運動員來說，同一種族內的表現差異，其實比不同膚色種族之間的差異還來得更大（Harpalani, 1998: 118）。況且菁英運動員本身已經是少數頂尖的運動選手，要把他們的種族分布偏向，普遍化為整個社會的一般

現象，應該是有疑義的（Koppett, 1981: 205）。

為了說明我們對於運動中「種族」與民族的理解，下一節將從歷史角 p.79
度，檢視特定國家與區域中，關於種族歧視、民族衝突與文化鬥爭的不同
案例。這些種族議題的歷史發展，也與不同的社會衝突有關，特別是性別
議題與女性遭受不平等待遇有所關聯。

種族主義與運動：不同國家的歷史發展

美國

運動領域中對於非洲裔美國人的歧視，是從蓄奴時代就開始，像是奴
隸主在奴隸之間舉辦拳擊賽，還在賽事中開賭盤。南北戰爭之後，雖然廢
除了奴隸制度，但是透過 Jim Crow 仍然在社會中設下種族區分與隔離的
制度，特別在南部幾州尤甚。因此非洲裔美國人在公園、體育館與運動
賽事中，常常遭到隔離的歧視待遇，像是棒球中的「黑人聯盟」（Negro
Leagues）。

在運動等各種領域中，非洲裔美國人不斷爭取公平的地位，以求社會
平等與政治解放。非洲裔拳擊手 Jack Johnson 在 1908 年的重量級世界拳
王賽（the world heavyweight championship）擊敗「偉大白人希望」（the
'Great White Hope'）Jim Jeffries，戳破白種人優越主義，還激起全美各
地出現反非洲裔美國人的暴動（Harris, 1998: 5-6）。到了 1930 年代，非
洲裔運動員包括拳擊選手 Joe Louis 與田徑選手 Jesse Owens 成為白種人
眼中的國家英雄；他們兩人並未採取 Jack Johnson 刻意取悅白人女性觀
眾的作法，而是「安分守己」地成功取得代表美國參與運動競賽的角色。
Owens 在 1936 年柏林奧運中粉碎了希特勒的「亞利安作為優越種族」
（master race）的神話，讓他受到更廣大的支持（但是他晚年卻屢次陷入
經濟困境）。

在團隊競賽的運動項目中，非洲裔運動員也發起對種族隔離的抗爭。
非洲裔棒球員 Jackie Robinson 在 1947 年加入大聯盟的布魯克林道奇隊
（the Brooklyn Dodgers），是跨越「膚色界線」的劃時代象徵。雖然並
非當時身手最佳的非洲裔棒球選手，但由於 Robinson 在軍隊與大學的優

異表現，外界希望他能突破白人種族主義者的反對。不過種族平權的改革腳步蹣跚：1959 年波士頓紅襪隊（the Boston Red Sox）選入非洲裔球員，大聯盟才完成所有球隊都有非洲裔選手的里程碑；美式足球則是遲至 1962 年，華盛頓紅人隊（the Washington Redskins）才不再是純白人球隊；美國大學運動協會（NCAA）籃球甚至到了 1966 年的冠軍賽，兩支爭冠隊伍都還維持純白人的組成（Reiss, 1991: 121; Roberts and Olsen, 1989: 39-45）。即使在打破隔離的球隊中，非洲裔球員還是得忍受較差的合約與環境，也要當心教練的偏心或敵對球員的侮辱。

p.80

　　1968 年墨西哥奧運會中，短跑選手 Jon Carlos 與 Tommie Smith 在頒獎臺上著名的「團結」手勢，引爆了運動領域的非洲裔美國人民權運動。在此之前，由社會有機知識分子的社會學家 Harry Edwards 所領導的奧運人權倡議（the Olympic Project for Human Rights），揭露黑人運動員被剝削的現象，並且鼓吹對奧運會的杯葛行動（Edwards, 1969; Spivey, 1985）。

　　對於非洲裔美國人社群而言，運動帶來的影響是好是壞，始終難有定論。非洲裔運動員從 1970 年代起主宰了特定運動項目，在非裔社群中激起認同與反對的兩極反應（Boyd, 1997: 132-133）。不過非洲裔美國人在運動中仍然受到工作上的歧視，像是在包括大學校隊中的助理教練等決策角色的比例明顯偏低（Cunningham, 2012）。同時，為了吸引白人消費群，一些運動名人包括 Michael Jordan 與 Tiger Woods 等，則是被刻意「漂白」（whitened），忽視他們的非洲裔背景，以避免社會中普遍的種族歧視議題（Andrews, 2001; Carrington, 2010; Cashmore, 2008; Leonard and King, 2011）。

　　運動與種族主義的連結，也對北美洲其他少數族群造成不公平的現象。歐洲文明大規模地消滅與併吞美洲原住民的領土。即便北美洲原住民部落的棍球運動演變成當代的「袋棍球」運動（lacrosse，譯註 3），而且大量參與了冰球運動，他們在加拿大還是遭受到種族歧視，而在運動領域無法享有平等的參與權利。在美國的主流職業運動中，包括美式足球的華

譯註 3　https://en.wikipedia.org/wiki/Lacrosse; https://zh.wikipedia.org/wiki/%E8%A2%8B%E6%A3%8D%E7%90%83

盛頓紅人、職業棒球的亞特蘭大勇士與克里夫蘭印地安人，都是消費「偽原住民」的吉祥物與符號，因此導致北美原住民文化的庸俗化，並且強化了社會中對原住民的歧視（Staurowsky, 2000）。

非洲

在非洲殖民地，運動是大英帝國教化的一部分，企圖型塑某種特定的種族與性別認同，也就是希望大家都成為「Tom Brown」先生：忠心、勇敢、誠實的紳士，而且最好能是基督徒（Mangan, 1998: 18）。 p.81

在被殖民之前，許多非洲社會已經發展出多樣的身體與運動文化。在後來被殖民的肯亞地區，早期旅居當地的英國移民，對於 Watussi 族的跳遠，以及 Maasai 族的長跑，都留下深刻印象。但是這些不同形式的身體文化，隨後都被現代運動所取代，而逐漸理性化（測量時間、距離與表現）、官僚化（由運動與教育官員所管理），以及文明化（陽剛化、馴化與制定規則），同時導正偏遠地區的蠻夷，遠離過去的荒淫習俗與粗野不文（Bale and Sang, 1996）。

英國殖民地的白人菁英，比起母國社會的白人來說，更熱愛運動，特別是橄欖球與板球。但相反地，受殖民教育的非洲青年，則把學術教育看得比運動更為重要，因為前者是更容易提升社會流動與政治自主性的途徑（Magan, 1987: 164-165）。不過，在非洲各地的小鎮，拳擊與足球等更容易親近與「文化中性」的運動項目，才是最受歡迎的，而足球隊更能夠提升獨立於宗教與國家之外的在地認同（Martin, 1995; Ranger, 1987; Giulianotti, 1999: 7-8; Alegi, 2010）。

在殖民地人民的反殖民與獨立鬥爭中，運動提供了重要的文化行動空間。這一點在南非特別明顯。南非於 1948 年由白人政治菁英領導建國之後，就施行種族隔離政策，設下對不同種族間的嚴格區隔。運動競賽是南非白人認同的重要一環，所以反種族隔離抗爭在 1970 年代到 1980 年代之間，大力遊說拒絕南非國家代表隊參加各項國際賽事（Guelke, 1993: 152-153）。南非的白人政權因此自行舉辦板球與橄欖球邀請賽，廣邀外籍傭兵選手參與，而反種族隔離抗爭者也進一步進行有效的反制宣傳（Booth, 1998）。同時，對於曼德拉（Nelson Mandela）等許多被南非

白人政權下獄的反種族隔離民族運動領袖來說，足球則成為他們逃脫壓迫的喘息空間，也是集體抗爭的象徵之一（Korr and Close, 2009）。

南非於 1994 年舉行民主選舉，曼德拉勝選總統，其領導的非洲國民議會（African National Congress）贏得政權，種族隔離制度走入歷史。隨著後種族隔離時代的南非重新進入國際社會，運動成為該國重塑認同的重要象徵，像是曼德拉穿上過往只有白人會穿的南非橄欖球隊服，以慶祝包括他們在 1995 年橄欖球世界盃奪冠，非白人球員成為橄欖球國手（像是 Ashwell Prince、Hashim Amla 與 Chester Williams），並且成功舉辦大型的足球、橄欖球與板球國際性賽事。不過，除了當時逐漸萌芽的中產階級黑人以外，南非社會仍然多數存在著極深的種族藩籬：2011 年黑人的家戶收入，僅為白人的 16%；而高達 40% 的南非人，多數為黑人，是在貧窮線下掙扎生存（Hofmeyer, 2012）。運動領域中，白人控制著絕大多數資源，也是國家代表隊的主力。再者，舉辦各種大型國際賽事也有助於大都市的新自由主義發展政策，而這對於白人與少數黑人中產階級有利，但卻傷害了大多數的貧窮黑人社區，像是都更迫遷與刪減基本的社會福利經費等（Merrett, 1994: 115; Cornelissen, 2011）。

範圍放大到更多後殖民地區，許多非洲國家面臨巨大的挑戰與困境。撒哈拉沙漠地區的許多非洲國家，在聯合國 2014 年的《人類發展指標》（*Human Development Index*）中都敬陪末座，許多非洲國家陷入戰亂，受到資本先進國家與跨國企業的剝削，女性地位也遭受巨大威脅。一些非洲國家政府因為超額借貸、政治腐化，以及錯誤的發展政策，導致債臺高築；也因為國際貨幣基金組織（IMF）與世界銀行（World Bank）推動的自由市場政策，導致社會貧富不均更為惡化。

非洲的運動，無可避免地受到政治經濟因素與危機的影響（Armstrong and Giulianotti, 2004）。非洲的運動深深嵌入全球的運動產業體系，提供薪資低廉的非洲優秀運動員給北方資本先進國家的頂級職業球團，造成頂尖運動員外流（brawn drain）。像是法國、比利時與其他歐洲職業足球隊，以低薪僱用了許多非洲足球員；肯亞的長跑選手則有來自美國大學的低價招收，或者來自卡達或巴林等富有新興國家的轉籍招募（Bale, 1991b; *The Economist*, 28 August 2003; Giulianotti and Robertson, 2009）。非洲職業足球在財務困境中掙扎，必須依靠球員轉隊到歐洲職

業足球的轉會費、或者慈善家的捐款才得以生存，同時他們的國內球迷卻都轉而收看英國或其他歐洲職業足球的賽事轉播。

　　為了因應非洲嚴重的結構問題與人道危機，國際組織（像是聯合國與大英國協等）、各國政府與非政府組織（NGOs）等，在非洲大陸展開許多發展與和平計畫。如同第十二章所述，運動是社會介入的重要工具，例如促進分裂社會的團結與瞭解、提升兒童教育，以及協助改善年輕世代的健康情況與對抗愛滋病等。這類計畫的長期功效尚待評估，但能夠確定的是，真正的社會改革並不是運動所能完全涵蓋，而必須更全面地解決非洲人民的困境。

p.83

澳洲

　　現代澳洲社會的建立，其實是對澳洲原住民的種族滅絕與殖民的過程。英國殖民時期的移民，先是展開滅絕原住民的行動，後來又將倖存的原住民驅趕到隔離的「保留區」加以「保護」管束。一些原住民非常偶然、或者特例式地，進入到體壇。例如一支澳洲原住民板球隊在 1868 年成立，並且造訪英國；澳洲原住民選手 Charlie Samuels（譯註[4]），更在十九世紀稱霸澳洲田徑界。在兩次世界大戰之間的年代，原住民要想進入體壇，要不是掩飾其毛利人或西印度裔的種族身分，不然就要忍受澳洲白人的高度歧視與不公平對待。像是優秀的原住民板球選手 Eddie Gilbert 就無法參與球賽，還被要求必須有伴侶隨行才能在白人社會中旅行（Booth and Tatz, 2000: 131-132）。澳洲政府為了加強對原住民的控制，還把原住民孩童從他們的父母身邊奪走，交給所謂的監護人，而造成了原住民族「被偷走的一代」。部分優秀的原住民運動員即便能夠在田徑、橄欖球、拳擊，以及澳洲足球中嶄露頭角，但仍然必須面對種族歧視的壓力。在 1960 年代，包括足球界的 Charles Perkins 等原住民運動員在體壇受到的歧視，逐漸為社會所關切，也開始將他們的個人困境放到社會政治議題中加以討論。

　　弱勢族群想要平等參與運動，仍然面對高聳的政治與結構性障礙。澳

譯註 4　http://adb.anu.edu.au/biography/samuels-charles-13183

洲昆士蘭州政府在舉辦 1982 年大英國協運動會之後，制定惡法禁止原住民對種族歧視公開抗議（Booth and Tatz, 1994）。原住民運動團體計畫在 2000 年雪梨奧運展開示威抗議，也受到澳洲媒體與體育組織的抨擊與壓力（Lenskyj, 2000: 77）。民權團體列舉多項主流運動中的種族歧視證據，例如澳式足球聯盟（AFL）任命一位有種族與宗教歧視爭議的高層。但是許多媒體評論卻刻意誤用白人運動中的「運動員精神」，來抵制原住民運動員在場上的政治抗議（Nadel, 1998: 241-245）。而在一般日常運作層次上，運動資源的分配還是有明顯的種族不平等，像是在原住民社區的「公共體育設施」，往往就不過是一塊不明顯且沒有整理的操場，僅供原住民們勉強踢踢足球或打打板球（Booth and Tatz, 2000: 202-203）。

p.84

英國

在英國，非歐洲裔的移民參與運動已經有長久歷史。在 1880 年代，短跑健將 Arthur Wharton 成為英國首位黑人職業足球員；1890 年代，一些種性制度中較高階層的南亞板球員，像是印度王公 Kumar Shri Ranjitsinhji（譯註[5]）等，入選為英國板球隊國手。在大英帝國沒落之後的 1950 年代，英國湧入許多來自加勒比海與亞洲的移民，其中非裔加勒比海移民從 1970 年代以後，在足球、板球、拳擊及田徑等運動項目都有亮眼表現，南亞移民則在板球運動有優異成績（Back, Crabbe and Solomos, 2001; Malcolm, 2013）。

不過非裔加勒比海與亞洲移民，都難以避免地遭遇到運動中的種族歧視。特別是 1980 年代間，運動場邊許多觀眾以語言侮辱少數族群運動員，像是黑人足球員 John Barnes（英格蘭）與 Mark Walters（蘇格蘭）。因為黑人球員起而反擊這些侮辱，使得反種族主義運動獲得更多關注。即便現在這些種族歧視遭到法律明文禁止，但是種族主義仍舊在運動的日常活動中隨處可見，也深深根植在各種制度與結構當中。像是在足球等運動組織當中，球隊總教練或者協會理事長等決策者，仍舊是以白人占大多數（Bradbury, 2013）。教育體系中潛藏的種族刻板印象，導致體育老

譯註 5　https://en.wikipedia.org/wiki/Ranjitsinhji

師或球隊教練在選擇球員時受到影響，例如亞裔學生較難進入足球隊等（Burdsey, 2011）。受到昂貴票價與不友善球場環境等經濟與社會因素影響，導致貧窮的少數族群較少去看頂級足球與板球賽的現場比賽。

　　「種族」的文化政治，在英格蘭板球中尤為明顯。在過去很長一段時 p.85
間中，英格蘭的板球賽主辦單位，受到南非白人政權的壓力，導致優秀的非白人球員 Basil D'Oliveira 無法加入南非代表隊；後來因為一位球員退出、D'Oliveira 遞補，在南非的杯葛下，球賽也就跟著取消。而在英格蘭的地方球隊中，像是約克夏郡這些有許多南亞移民的地區，也是很晚才不情願地讓南亞球員加入。1990 年代的保守黨政客 Norman Tebbit 勳爵，提議對非白種人移民增加「板球測驗」，在測驗中為其母國代表隊，而非英格蘭隊加油的移民，就應該遣返（Marqusee, 1994: 137-141）。再者，英格蘭板球隊中南亞或加勒比海後裔的球員，其忠貞度也屢遭質疑（Henderson, 1995）。這些長期存在的種族歧視，忽略了各種複雜、多樣與流動的族群與文化認同（引自 Burdsey, 2006; Finn, 1999）。舉例來說，英國與巴基斯坦混血的拳擊手 Amir Khan 及他的支持者，就展現了一種同時混合著他故鄉 Bolton、英格蘭、不列顛、巴基斯坦與穆斯林的符號與認同（Burdsey, 2006）。近年來，許多社會學家指出英國充斥著「伊斯蘭恐懼症」，特別是針對英國板球中的穆斯林球員（Burdsey, 2010）。

＊＊＊

　　此一簡史回顧，可以與第四章當中關於板球的討論對應檢視，即可發現文化研究途徑對於運動中文化政治的解釋力。一方面，在更廣泛的白人文化宰制過程中，運動場域的制度化種族歧視正是極為重要的一環，包括消滅原住民族的身體與體育文化、運動設施的差別待遇，都重現或加強了社會不平等。不過，對於弱勢的少數族群來說，運動也能夠給予空間，讓他們得以休閒娛樂，並且展現其反霸權的抵抗，包括爭取社會大眾的支持，以及凝聚其內部的集體認同。下一小節將進一步透過關鍵的社會階層化與文化意義的議題，來檢視運動中的種族宰制與賦權。

p.86

✣ 運動、「種族」與社會階層化

對於社會階層化的分析，提供我們更多理解運動中制度化種族歧視的研究途徑。

首先，我們可以檢驗運動如何與社會中更普遍的社會階層化，以及社會流動之可能性之間產生關聯。在北美，職業運動所能開啟的流動空間，其實極為有限。舉例來說，即便美國職業籃球協會（NBA）的非裔球員比例極高，但事實上非裔年輕男性只有十三萬五千八百分之一的機會能進入 NBA（LaFeber, 2002: 92）。在貧窮社區中，年輕人狂熱追求以運動表現來翻身的現象，顯示的是，事實上往往沒有其他道路可供選擇，也顯示非裔美國人的教育中，鼓勵學生朝運動，而非學術的方向發展（Cashmore, 1982: 98-109）。

第二，運動參與中的族群差異，反映的是「種族」、階級與性別之間，結構性的深度牽連（Carrington, 2010; Crenshaw, 1989; McCall, 2005）。在北美，社會學家 William Julius Wilson（1978, 2009）指出，非裔美國人之所以生活陷入貧窮困境的關鍵點，其實階級因素的影響力遠大於種族因素。在運動領域，階級與種族的相互關聯性，特別容易顯現在菁英運動（如帆船、高爾夫與奧運馬術等項目）中黑人頂尖運動員比例相對稀少，以及非裔美國人的勞工階級從事棒球運動的比例逐漸降低，而這有部分是因為這些運動項目的電視轉播，只能在付費頻道觀看，所以貧窮社區的青少年也就較少有機會能參與或學習。

性別與種族的關聯性，可見於少數族群中的女性，如何在運動等領域遭受雙重壓迫。父權社會的意識形態下，並不鼓勵少數族群中的年輕女性與婦女參與運動。社會階級也與性別及種族交互作用，加深此類的排擠效果。在資本先進國家，黑人女性近用運動資源的權利相對受限，特別在新自由主義的高度商業化政策下，使用運動設備愈來愈昂貴，讓此情形更為惡化。在北美的學校教育當中，運動領域的性別平權措施，對於白人女性的助益，高於少數族群的女性。因此，美國的非裔女性在學校體育與大學運動當中，參與比例相對低落（*New York Times*, 10 June 2012）。在非洲等資本落後國家，性別、種族與階級所造成的運動參與之物質與意識形

p.87

態不平等，更為嚴重（引自 Shehu, 2010）。因此，相應地在資本落後國家中，出現不少鼓吹女性參與運動的倡議（Hayhurst, 2013）。在一些區域當中，特別是中東與南亞的伊斯蘭地區，女性自由參與運動的權利，要不是受到法律的禁止或高度限制，就是必須在父權體制的高度監控下進行（Zaman, 1997）。在頂尖賽事層級，則可以看到黑人女性菁英運動員的聲望與收入，相對都低一級。另外也可以發現，運動員成功反抗了種族歧視之後，其他形式的歧視卻相對增加。例如媒體對於已故美國運動員 Florence Griffith-Joyner 的報導中，種族歧視的成分較少，但卻還是充斥著性別化的刻板印象（Vertinsky and Captain, 1998: 552-553）。

　　第三，我們還可以看到特定運動中，少數族裔比例偏低的狀況，特別是大眾運動項目裡，少數族群很少能夠擔任總教練、領隊或總經理等決策角色。在歐洲足球組織的行政官員中，少數族群只占了不到百分之一的比重，就算在少數族裔占多數的地區也往往如此。這也許不算是種族歧視，但卻是潛藏的種族刻板印象，認為在文化底蘊上，少數族群缺乏領導者所需要的人格特質（Bradbury, 2013）。在北美的各種主要職業運動與大學運動中，這些決策關鍵角色中的少數族群（特別是非裔美國人），比例仍然相當低（註 15）。

　　更有研究發現，在頂級的團隊運動當中，存在著「堆疊」（stacking）的制度化種族歧視。所謂的堆疊，就是以種族的刻板印象，而將同一族群的運動員，放在特定的同一位置上。例如將白人放在需要冷靜思考的決策領導位置，而非白人則被放在比較邊緣的角色，通常是需要爆發力（特別是速度）、創造力、或者非經常性參與的角色。社會學研究發現，運動中存在著至少是初步的「堆疊」狀況。Loy 與 McElvogue（1970）提出了在美國的先驅研究，指出非裔運動員在強調運動細胞的位置上，有著相當大比例的重複狀況，像是棒球中的外野手與美式足球中的攻守後衛。相同地，澳洲橄欖球與足球中的原住民球員，也都被堆疊在比較邊緣的位置，而紐西蘭橄欖球中，則是認為波里尼西亞裔不夠冷靜，而影響了他們的球隊位置（Hallinan, 1991; Miller, 1998: 138）。在英國足球中，黑人球員很少被放在中場位置，而通常擺在攻擊側翼，認為這樣能夠善用他們的速度與不可預測的攻擊手段（Maguire, 1991）。巴西在 1950 年世界盃足球決賽中落敗之後，黑人守門員 Moacir Barbosa 被當作戰犯，因此在這之

p.88

後有超過半世紀，巴西在世界盃賽事中，都不再找黑人選手來擔任守門員這個重要角色（Goldblatt, 2014）。

運動中的堆疊偏向，與種族意識形態密切相關，也與其他結構因素有所關聯。舉例來說，「不平等的技術發展」觀點指出，少數族群的年輕人，特別是其中的中低收入階層，欠缺那些「需要智力」之位置的必要關鍵性資源，像是棒球中的投手與捕手。這些必要資源，包括高品質的運動設施、特殊配備、專業教練，以及組織支援（Sack, Singh and Thiel, 2005: 313-314）。

在不同運動項目中，種族議題的進展狀況並不一致。美式足球於2003 年設立了「魯尼條款」（Rooney Rule），要求國家美式足球聯盟（NFL）的所有球團，在總教練與高階主管職位有空缺時，必須提供少數族群候選人有面試機會（Duru, 2011）。不過，這項規定的效果有限，許多少數族群候選人認為，他們往往只是扮演陪榜角色。再者，也有人認為這項規定的範圍必須加以擴大，適用至 NFL 球團的助理教練與大學的總教練，才能讓少數族群候選人獲取足以適任NFL 球隊總教練的必要資歷。

✿ 文化、意識形態與美學等議題

當代運動中關於種族層面的文化、意識形態與美學等具有相當複雜性，因此是批判文化研究所關切的議題。本小節將探究更為細緻的種族主義，以及圍繞著運動中關於少數族群認同與美學的宰制和反抗的相關分析。

各種明顯的種族歧視

p.89

即便已經有不少改善，少數族群仍然於再現、詮釋與待遇等層面上，受到種族歧視。首先，雖然運動中的明顯種族歧視狀況減少，但並未完全根除。跟 1980 年代以前相較，球團老闆與組織高層，以及社會大眾與媒體都更為謹慎。1997 年 Tiger Woods 以破紀錄桿數贏得美國高爾夫球大師賽，Fuzzy Zoeller 發表關於非裔美國人飲食習慣的種族歧視言論，他隨後就算道歉也於事無補，因此而失去了幾個贊助。美國職業籃球協會

（NBA）洛杉磯快艇隊的老闆 Donald Sterling 於 2014 年被揭露曾與他女友在私下談話中說了些嚴重種族歧視的話語，引發政治人物、社會大眾、媒體與贊助商的猛烈批評，因而被聯盟處以不得繼續經營的「終身球監」之極刑。

近年來在歐洲足壇，特別是南歐與東歐地區，許多現場觀眾不斷對黑人球員發出噓聲。義大利 AC 米蘭的黑人球員 Kevin-Prince Boateng 與 Kevin Constant，2013 年陸續在不同場球賽中，因為觀眾的種族歧視叫囂，而離場抗議。俄羅斯足球豪門聖彼得堡澤尼特（Zenit）的球迷組織，於 2012 年要求球隊必須招募純白人與異性戀的球員。英國職業足球卻爾西（Chelsea）與英格蘭代表隊隊長 John Terry，在 2012 年球賽中針對對手吐垃圾話〔操你死黑鬼婊子（fucking black cunt）〕，而因歧視言論被聯盟罰款與禁賽四場；利物浦前鋒 Luis Suarez 則在同一年也因為針對對手的種族歧視言論，而遭到罰款與禁賽八場。隨後，歐洲足球協會聯盟（UEFA）宣布新措施，規定選手或球隊高層若被認定種族歧視，至少禁賽十場。

推特、臉書、通訊軟體與部落格等社群媒體興起後，主要來自球迷的種族歧視言論，也有了新的即時散布管道〔有時被稱為「推特種族歧視」（twacism）〕。舉例來說，北美國家冰球聯盟（NHL）華盛頓首都隊（Washington Capitals）的黑人球員 Joel Ward，在 2012 年季後賽對上波士頓棕熊隊（Boston Bruins）射進致勝分後，就在推特上遭受到可怕的種族歧視侮辱。頂尖職業賽事包括足球、橄欖球與板球等，少數族裔運動員遭受種族歧視侮辱的例子，都不勝枚舉。

第二，所謂「開明的種族主義」（enlightened racism），意指白人觀 p.90 眾對於非白人的球星與各領域名人的較為正面的態度，是一種更為細微的種族歧視。雖然態度較為正面，不過「開明的種族主義」的白人觀眾，在看到非白人球星於球賽或其他層面「失足」時，就會以種族刻板印象等特定「種族思維」來加以解釋（引自 Jhally and Lewis, 1992）。例如英國足壇的主帥與球員談到少數族裔球員如 Patrick Vieira 與 Theo Walcott，都會用到一些種族意味的詞彙，像是他們「容易躁進」或「缺乏球商」，以致於在球場上判斷錯誤（Rosbrook-Thompson, 2013: 12）。

第三，我們也可以進一步探討「漂白」（whiteness）在運動中的

建構。漂白意指「往白種人的聲音、形象、或想像共同體靠近的過程」（Hylton, 2008: 90）。這或許可以在運動組織高層與媒體球評對於非白人的少數族裔運動員的想像中看到，但並非指稱強迫少數族裔運動員認同白人，而是讓頂尖運動賽事中的少數族裔運動員產生一種「沉默的」，視為理所當然的「規範」（Long and Hylton, 2002）。再者，在滑雪或游泳等存在著「漂白霸權」的運動項目中，因為經濟與文化因素的混合影響，種族隔離的界線變得明顯（Harrison, 2013）。廣義來看，對於「漂白」與開明種族主義之分析，是「批判種族理論」在運動社會學關於制度性種族歧視議題的重要啟發。

　　第四，我們必須理解，菁英運動員對社會的意義並非一成不變，而是多元流動，也就是不同的社會群體或個人，對於這些菁英運動員會有各種不同的詮釋。例如拳王阿里對於不同的閱聽人來說，會有各種不同的形象，包括偉大的拳擊手、蠻勇的格鬥者、民權運動的鼓吹者、新一代的穆斯林、自我吹噓的運動員、奸商、大男人主義、人道主義者、或者怪異體態的名人等。當然，像是阿里這樣的運動員，也是種族歧視的受害者。不過，若我們可以理解到菁英運動員的社會意義具有多元性，那麼我們就能夠據以挑戰與質疑那些種族歧視下的負面解讀，包括對抗所謂的開明種族主義與漂白等概念。

p.91
「種族」意識形態與運動美學

　　社會學分析進一步探討運動中與種族有關的美學議題。這裡必須回顧文化研究對於大眾文化的定義，指的是在弱勢與被壓迫的人群中的流行事物，包括物品與符號，且得以標示出他們所受控制之事實。因此，運動作為一種賦權形式，少數族群得以從中建構自身特定的美學實踐、傳統與符號，挑戰那些宰制者設定的意義與作法。舉例來說，在種族隔離時代的北美洲，棒球界一度出現的「黑人聯盟」（Negro Leagues），就以擁有與白人棒球大相逕庭的炫麗技巧與娛樂效果而聞名。從 1950 年代以後，非裔籃球員以都會區「街頭籃球」快速且華麗的技巧，轉化頂級職業籃球的面貌，並且主宰了美國大學運動協會（NCAA）第一級男籃錦標賽與美國職業籃球協會（NBA）的賽事。在足球界，南美洲球員與球隊於二十世

紀內，發展出與歐洲發源地迴然不同的獨特技術、技巧與風格。巴西的狀況饒具意義，他們的足球員（特別是非白人的球星如 Pele、Rivaldo、Ronaldinho 與 Neymar）已經是世界級巨星，成就了許多令人難忘的經典賽事。事實上，巴西社會學家，同時也是公共知識分子與政治家的 Gilberto Freyre（1964, 1967）早已指出，巴西社會發展出融合種族與「熱帶文明」（Lusotropical civilization），而由黑白混血（mulatto）的勞工階級球員創造出獨特技巧與踢球風格，得以在足球界獨樹一格。

不過相對地，較為結構主義式的文化研究者則會提醒，在運動的文化政治中，宰制階級所掌握的資源、符號與意識形態等，仍然占有極大優勢。因此，即便少數族群已經獲得相當程度的解放，但是在運動的美學詮釋層面，「種族階序」（race hierarchy）依舊存在。舉例來說，北美的頂級棒球聯盟由白人菁英擁有與控制，觀眾也是主要由白人所組成。在當中，非裔棒球員就像是在白人觀眾面前表演的「神祕吟遊詩人」（magical minstrels）（Gems, 1995）。對於美國棒球中少數族裔角色的此一論點，也可用來解釋歐洲足球中拉丁美洲球員的角色。另外，當非白人運動員也把這樣的壓迫性的種族刻板印象內化為自我認同之後，也就把他們自身的運動風格、表現或困境，當作是「自然而然」的種族文化。以此種觀點來解釋，一些看起來像是種族解放的文化觀念，其實也可能是一種更為細緻的族群或種族意識形態。p.92

對於運動美學建構中究竟是宰制抑或解放，此一理論之間互相矛盾的觀點，也會在所謂「耍酷」（cool pose）的雙面意義中有所展現。Majors（1990）指出，「耍酷」是黑人展現其陽剛性的具體形式，也是他們狂野生活風格的一部分，藉此「將庸俗轉為崇高、將平凡生活化為光鮮亮麗」（前引書：111）。不過，耍酷卻也有其問題，降低了他們追求更高教育程度，以及改善與女性之間關係的動力。更有甚者，此一作法的意義，其實是受到宰制性論述的影響，而把非裔男性的認同，建構在特定的運動表現或其他具體形式之上。因此，即便耍酷看來具有很多創意，仍然逃不出由白人主掌的機構或結構，所一手建構的種族文化刻板印象。在這樣的解釋方式下，各種形式的文化或美學認同，可以視為是個人或集體的解放，而同時也是一種社會宰制的延伸。

✿ 種族主義與族群：文化歧視與反感

種族與運動的議題，並不僅限於對非白人的「膚色」種族歧視。實際上，種族思維貫穿在許多族群與民族國家之中。舉例來說，一項對不同國家的媒體關於運動之論述的跨國研究顯示，一些特定的「種族思維」在各國社會都可以發現。這些國家的媒體，習於把北歐運動員型塑為冷酷、理性的白種人；南歐與「凱爾特人」則是較為熱切、意氣用事與果斷；拉丁美洲運動員是天生熱情如火；非洲運動員則是「不科學、非理性」，因此與他們的「自走砲」個性與「神奇」的運動表現能夠互相連結（O'Donnell, 1994）。

因此廣義來說，對於種族的批判分析，不應該僅限於對特定族群、宗教、語言、國籍的歧視、偏見與反感等，因為以非裔族群來說，作為大眾文化的運動，一方面是對他們的壓迫與宰制，另一方面也同時可以凝聚他們的集體認同。

另一個例子是英國的愛爾蘭天主教徒。在北愛爾蘭，愛爾蘭天主教運動組織（特別是足球隊）遭到打壓，這反映了社會中更為深層的種族與宗教歧視。在蘇格蘭，代表不同宗教信仰的族群的足球隊，也就是代表多數的英國統派清教徒（the Protestant, British Unionist）的葛拉司高（Glasgow）遊騎兵隊（Rangers），以及代表少數的愛爾蘭天主教徒的凱爾特隊（Celtic）之間彼此敵視，造成所謂的「宗派衝突」（sectarianism），而有些人主張這個詞彙只是一種掩飾，其實真正的意義就是「反愛爾蘭人」的種族歧視（Finn, 1990: 5-6）。足球運動讓愛爾蘭天主教徒得以名正言順地對抗當地多數人（英國清教徒）的壓迫，但也同時造成他們在蘇格蘭認同與愛爾蘭天主教認同之間出現拉扯。有些論者指出，遊騎兵隊球迷間反愛爾蘭的戰歌與侮辱言詞，可以視為分裂社會中一種仇視對方的古老儀式，而這樣的仇恨並不能透過議會政治加以排解，也是一種低度的宗教歧視（Bruce, 2000）。也有論者認為，蘇格蘭充斥的反愛爾蘭論述，正反映了當地長期受到忽視的社會問題（Finn, 1994b, 2000）。近年來，宗派衝突與偏見已經成為蘇格蘭政府重視的公共議題，他們透過立法與政策宣導，希望導正社會中的不同族群、宗教與國族

p.93

認同之間的歧視。

在北美，運動被視為是白人進行教化與「美國化」的工具，在不同時代中，媒體與大眾都出現敵視愛爾蘭天主教徒、義大利裔、猶太裔、波蘭裔與其他族裔移民的言論。1920 年代聖母院書院（Notre Dame college）集合了不同族群的優秀球員，組成了一支多種族的美式足球隊，但卻遭受其他校隊恥笑，給他們取了許多不雅綽號，像是「暴力愛爾蘭人」、「恐怖希伯來人」、「啞巴愛爾蘭佬」（Dumb Micks）等。體育記者取笑波蘭裔選手的姓氏，雖然許多備受尊敬的教練都指出，有許多波蘭裔美式足球選手其實非常優秀（Oriard, 2001: 261-267）。猶太裔與義大利裔也飽受種族刻板印象之苦，不過他們以優異表現直接回擊那些侮辱。美國猶太社群的報紙指出，猶太裔美式足球選手 Benny Friedman 與 Sammy Behr 的表現，推翻了把猶太人形容成「衰弱、膽怯」的刻板形象。在兩次世界大戰期間的猶太裔運動員，是猶太人的反種族主義精神象徵，猶太裔作家 Meyer Liben 寫道，「這些英雄正在球場為我們奮戰，每次的勾射、傳球、上籃，都是在對抗壓迫」（引述自 Levine, 1992: 272）。因此整體來看，如同這些簡要的說明所指出，運動中的種族歧視，以及對種族歧視的文化反擊，包括對於白人與非白人的各種族來說，都必須以更全面的方式來加以理解。

p.94

🖋 結論

本章透過批判社會學途徑，分析了運動中的種族與種族主義，希望奠基在前一章文化研究之基礎上，來進一步理解少數種族與族群，如何在運動中受到宰制，同時也進行反抗。在探討當代的種族意識形態之發展後可以發現，「科學種族主義」雖然備受質疑，但其影響卻非常深遠。對於幾個國家或地區的種族歧視文化簡史的介紹，可以看見在全球各地的運動中，所深植的族群中心主義、帝國主義與種族主義。運動的文化政治影響，反映在反種族主義運動，以及少數族群在運動組織中地位的提升等。不過社會階層與文化實踐中的種族歧視，仍舊以不同的形式在各處發生，像是團隊運動中的種族「堆疊」情況、在大眾文化閱聽人之間的「開明種族歧視」，以及許多運動項目的「漂白」現象。即便是黑人運動美學，也

可見到一些自我「種族化」的作法與認同。

運動中種族議題的社會學分析，必須在全球視野廣度，以及認識論層次上，都進一步加以拓展。本章許多運動社會學對種族議題的分析，可以回溯到英國、加勒比海地區，以及美國的大西洋兩岸三地的現代奴隸社會時期。當然，這樣的史觀忽略了奴隸所來自的非洲大陸，包括非洲（除了南非之外）、拉丁美洲，以及南歐與東歐地區的種族歷史，都無法在本章中得以適當地解釋。再者，關於阿拉伯世界與穆斯林在全球運動中的形象，也需要更多的研究來補足。

另外，我們也必須對種族主義的本質有更多的理解，才能理解當代種族主義的核心特徵，其實並非僅是基於膚色差異與文化優越感，而是對不同人群的偏見與歧視。實際上，在資本先進國家中一些飽受欺壓的中低階層白人，像是北美的「白人廢青」（white trash）與英國的「腦殘屁孩」（chavs），往往也是帶有種族主義色彩的團體（引自 Wray and Newitz, 1997）。

p.95

從 1980 年代起，在運動領域中，由非政府組織與少數族群的重要人物所發起的反種族主義改革與倡議，愈來愈普遍。社會學家在這些倡議活動中也有所貢獻，並且呼籲改革運動組織與結構，以對抗種族歧視與排擠。再者，關於種族議題更為深入的現象分析與理論探討，對瞭解種族主義的社會根源，也有很大的正面助益。這些運動社會學分析所能提供的，將不僅僅是那些技術性的解決方法，例如逮捕以種族歧視字眼辱罵對手的運動迷、或者提升非白人球員擔任「核心角色」的比例等表面作法；而是更進一步面對種族思維的根源，然後重新賦予運動一種更為健全與理想的面貌，讓此一文化場域得以免於種族歧視、偏見與排擠。

💮 討論問題

1. 運動中關於「非白人」的群體，有哪些不同的種族迷思？
2. 運動中非白人與其他的少數族群，如何透過抗爭來爭取應有的權利？
3. 在運動中有哪些形式的種族「堆疊」或社會排擠現象？
4. 運動中的種族主義，如何影響一些白人的少數族群？
5. 運動應該進行哪些改革，以消除種族歧視與族群排擠的問題？

6

運動中的性別與性
（sexuality）：抵抗父權

p.96

占據主宰地位的異性戀男性認同，長期以來都以運動作為其建構與複製的重要場域。從草根到菁英的各類運動組織中，對於女性與性別少數群體的參與，仍然設下各種明文與非明文的限制。不過，批判運動社會學研究特別強調，受到壓迫的性別團體，能夠對抗這樣的不平等狀況。

本章以四個小節來探討這些議題。首先，第一小節簡介現代運動中的性別歷史。第二小節說明女性參與運動的歷史，並以批判社會學分析運動中女性平權的可能。第三小節檢視性別少數團體在運動中的地位。第四小節則探討關於運動中陽剛性（masculinity）的相關社會議題。

運動性別化（sexist sport）的形成

從歷史上來看，現代運動一直是形成與複製各種父權社會關係與認同的重要場域，因為在運動當中，男性掌握了權力，而女性則是被視為從屬的角色。現代運動在早期萌芽時期中，很多項目是脫胎自男性粗野的次文化。舉例來說，英國、北美洲與澳洲等地，直到十九世紀晚期，都還存在著許多血腥的運動比賽，像是「狗捕鼠」（ratting，譯註[1]）、殘酷的搏擊賽等，而這些比賽往往也跟嗜賭成性、兄弟義氣，以及暴力行為等男性次文化緊緊相關（Brailsford, 1985: 126; Cashman, 1995: 206; Gorn and Goldstein, 1993: 70-75）。英國於十九世紀下半葉所出現的「遊戲文化」（games cult），是後來形成新興的所謂「壯碩基督教徒紳士」（muscular p.97

譯註 1　https://en.wikipedia.org/wiki/Rat-baiting

Christian gentleman）之男性模範角色的基礎，也構成了大英帝國內資產階級、父權與帝國主義者的宰制性意識形態。在傳布此類壯碩基督教精神的過程中，運動扮演了關鍵角色：在運動場上，年輕男性運動員必須展現「堅忍、強硬與毅力」，並且要為了成就團隊而犧牲個人（Mangan, 1987: 147）。從運動場上退卻的男性，被視為意志不堅、身體虛弱的「娘娘腔」（effeminate）。

　　「壯碩基督教精神」（Muscular Christianity）在大英帝國的殖民地廣為流傳，並且散布到歐洲與美洲的盎格魯文化圈（Anglophile）其他地區的社會菁英。這些父權意識形態的運動觀念，因為符合男性利益而被全球各地的社會所接受。舉例來說，澳式足球的運動文化當中，認為男人必須是不畏流血、流汗的「正港男子漢」，無法接受這項運動暴力成分的批評者，就被譏為「懦夫」、「歐巴桑」（Booth and Tatz, 2000: 68）。南非橄欖球的白人選手，發展出一種明顯的陽剛國族認同，強調「粗獷、堅忍、力量與果斷」的個性（Grundlingh, 1994: 186-187）。美式足球中的大學豪門球隊（耶魯、普林斯頓與哈佛）認為，這項運動中的暴力具有重要的教育功能，可以訓練年輕男性的領導能力（Sammons, 1997: 384）。美國棒球界則是受到勞工階級陽剛認同的影響，充斥著關於白人男性優越感、民主政治與階級流動的各種迷思（Kimmel, 1990: 64-65）。「現代奧林匹克之父」Baron Pierre de Coubertin 在其英國之旅後受到「啟發」，認為要讓法國頹廢的年輕男性振作起來，就非得靠運動不可（Mangan, 1981）。更不可思議的是其他宗教與文化也跟著接受了這種壯碩基督教的信條，興起了像是「壯碩猶太教」（muscular Judaism）的宗派（Presner, 2007）。

　　在此一時期中，父權意識形態基本上認為女性不應該參與運動。De Coubertin 就堅信，從事運動有害於女性為人妻與為人母的「天職」。「良家婦女」若要運動，就必須在私人網球場之類的隱密場所；女性不該拋頭露面，以免瓜田李下逾越男女分際。在十九世紀末到第一次世界大戰之間的歐洲「美好年代」（Belle Époque），女性自行車手於法國社會備受歧視，大眾認為這些女性若不是有聖母情結（madonna/mistress syndrome）的「老處女」（asexual spinsters），不然就是人盡可夫的「騷貨」（Holt, 1991: 125）。整體來說，現代運動是建立在這些意識形態與

觀念的基礎上，所形成的父權文化之一。

女性與現代運動

1945 年之前

在現代運動之中，女性爭取全面的參與權利已經有長久的歷史，而且尚未完全成功。階級分化與意識形態在型塑女性與運動的關係上，扮演了重要的角色。在英國維多利亞時期，能夠參與運動的女性，基本上只限於中產階級（Tranter, 1998: 80）。在北美與澳洲，中產階級與上流階級的女性，參與槌球（croquet）與射箭等「輕」運動的歷史，要更早於網球與高爾夫球（Vamplew, 1994: 15）。還有一些女學生可以在教師的恩准下，從事像是曲棍球這種會搞髒衣服，不像是淑女玩的激烈運動（Hall, 2002: 34-35; C. Smith, 1997: 67）。相對地，中下階層的女性，因為經濟、社會規範、平日體力勞動後不堪負荷，以及受到上層階級對於中下階層的身體與性的廣泛箝制，參與運動的機會受到極大限制。

從十九世紀以降，女性的體能活動受到主流性別意識形態下所建立之醫藥體制的全面規範。亦如維多利亞時期，社會將中產階級女性型塑為優雅貴婦的形象，醫生建議她們只能從事「相當溫和的運動、拉拉筋，以及按摩」，以保護她們身體的生育功能（Hargreaves, 2002: 56-57）。因此在北歐與盎格魯文化圈，體操成為年輕女性主要的體育活動，像是德國的體操俱樂部、或是在英國的「瑞典式健美操」。領導提倡健美操的 Madame Martina Bergman-Osterberg，本身的政治目標存在著極大的矛盾張力，她一方面希望透過該項運動讓婦女更為「強壯、健康、純潔與真誠」，以達成改善「種族」的優生學目標；另一方面她同時卻也是一位「堅定的女性主義者，奉獻一生於爭取女權」（Hargreaves, 1994: 77; McCrone, 1988: 109）。

因為父權社會的規範，大眾化的團隊運動受到男性更為嚴密的控制，使得女性更難以參與。例如籃球運動特別訂定適合女性的「簡易」（diminutive）比賽規則，對於場上的移動設定比較多的限制——但其實真正打起比賽時，選手也往往無視於那些額外限制（Dean, 2002）。在菁

英運動當中，雖然愈來愈多女性擔任運動協會的行政高層，並且參與大型賽事，但仍會受到差別待遇，像是澳式足球就把男女選手使用的場地分開，以「保護」溫柔的女生免於被粗暴的男生傷害（Hess, 1998: 102-104）。

隨著女性爭取在法律、政治與社會等層面的權利一步步進展，女性在運動上的參與也愈來愈普遍。從 1850 年代到 1930 年代之間，出現了「第一波女性主義」，女性爭取到投票權、教育與就業機會，並且嘗試擺脫男性的附屬角色（Walby, 1997: 149-152）。部分女性運動員參與了這波女性主義行動，但多數女性運動員則較為務實地以自身有興趣的運動領域活動為限。

在二十世紀初期與中期，特別是在工業國家都會區的女性，地位獲得顯著的提升，包括她們在戰爭期間所扮演的各種正面角色，獲得更大的參政權與就業機會，也在大眾消費文化中有更為重要的地位。在英國與北美，出現了許多專為女性而設立的運動俱樂部與協會，由中產階級主導，向勞工階級的女性會員灌輸資產階級對「端莊」女性的規範（Hargreaves, 1993: 138-139）。在國際性的菁英運動階層從 1990 年起開放女性參與之後，國際奧委會（IOC）於 1924 年也開放女性參與。在 1920 年代間，女性運動員參與奧運會的數量，激增了一倍之多，占所有運動員的 10%，不過仍有長跑、馬術與曲棍球等項目，仍然禁止女性參加。即使是成功的女性運動員，社會還是期待她們在其他領域遵守傳統性別的規範。例如多項運動全能的 Babe Didrikson 因為其長期的女同志形象，因此不如較為女性化的女網冠軍 Helen Wills 來得受歡迎（Guttman, 1991: 144-152）。

性別與運動關係的文化相似度與差異性，也存在於西方資本主義之外的社會。社會主義國家根據其政策與國家建設的需要，鼓吹女性在工作上的平等，同時也提倡女性運動。中國共產黨在 1932 年跟著赤色國際體育（Red Sport Movement，譯註[2]）創立了運動會，鼓吹女性透過體育活動，鍛鍊鐵打的身體（iron bodies），也擔負全新的社會責任（Hong,

譯註 2　https://zh.wikipedia.org/wiki/%E8%B5%A4%E8%89%B2%E4%BD%93%E8%82%B2%E5%9B%BD%E9%99%85 則把中國赤色體育會創立的年代，記載為 1933 年。

1997）。蘇維埃政權讚揚女性運動員，「在運動場上展現了勇氣、優 p.100
雅、技巧，以及力量，為她們所代表的俱樂部、工廠、農場、族群與共和
國爭取榮譽」（Riordan, 1991: 199）。法西斯政權對女性參與運動的態
度則有弔詭的矛盾，一方面要求婦女要負責家務，另一方面也希望兩性運
動員都能在運動場上為國爭光。納粹德國鼓勵女性運動以配合民族優生
學，並且在 1936 年的奧運會上組織了龐大的女性運動員代表團以宣揚國
威（Pfister, 2002: 169-170）（註 16）。

二次戰後的女性與運動

從 1960 年代開始，西方社會出現了「第二波女性主義」，致力於反
抗性別不平等，並且爭取女性在工作、教育、私人領域與身體政治等層面
的權利。

同時，這些女權平等倡議的訴求，也促成女性參與運動的日益提升，
雖然很大程度還限於業餘運動領域。女性運動員參與奧運賽事愈來愈普
遍，在 1956 年的賽會選手中占比為 12%、1976 年為 20%、1992 年大約
為 29%、2000 年 38%、2008 年 42%，到了 2012 年的倫敦奧運則逼近
45%。女性參與的運動項目也愈來愈多樣。北美在對於提倡女性運動的立
法與政策層面上，有長足的進步。美國在 1972 年 6 月通過了具有里程碑
意義的「聯邦教育法第九條修正案」（Title IX），嚴禁中學與大學體育
中有任何的性別歧視。同年，在紐約馬拉松賽，6 位女性跑者公開反對賽
會所設下的性別障礙，成功地與男性選手一同起跑。少棒聯盟（the Little
League）於 1974 年開放女生參與棒球賽與壘球賽。隨後在不同運動項目
中，出現更多打破性別障礙的女性「第一」紀錄，包括印第安那波里 500
賽車（Indianapolis 500 motor race）於 1977 年出現首位女車手、美國大
學運動協會（NCAA）於 1991 年首次有女性出任理事長，以及男子高爾
夫球美國巡迴賽於 2003 年出現首位女選手。

但是徒法不足以自行，更需要的是結構與文化的變革，才能夠改變運
動中的既有陋習。不過第九條修正案本身就具有爭議性。大學運動賽事
中，男子選手的比例仍舊遠高於女性，而大學還是將絕大部分的資源，投
注在最受關注的男子美式足球與籃球上。為了符合第九條修正案的要求，

p.101 大學必須花費資源來吸引女性運動員，因此擠壓到原本主要的男子運動項目之經費。保守派主張推翻第九條修正案，以符合體壇的需要；而自由派則進一步要求全面落實該法案的精神，以導正體育界性別不平等的長年沉痾（Eitzen, 1999: 164; Gavora, 2002）。不過類似第九條修正案的立法改革，需要更廣泛的支持才能獲致成功，像是教育界中的各級學校校長，應該把原本集中在主要男子運動項目中的資源重新公平分配，也要讓女性從小就培養對運動的喜好。整體來說，從運動史的發展中，可以看到女性爭取參與運動的平等權利，逐漸有所成效。下一部分將探討當代運動中的性別認同之建構，以及女性爭取平等對待的各種政治行動策略。

女性、運動與性別認同之建構

女性的運動參與，長期受到父權意識形態對於身體、女性形象與性的各種觀念之型塑與改變。最明顯的是，身體肌肉是透過多數運動項目中不可或缺的體能操練所鍛鍊出來，但是現代社會中主流性別意識，卻將運動體能操練與肌肉鍛鍊跟「陽剛化」劃上等號，而與「女性天生氣質」背道而馳。

有許多人質疑這些傳統的性別意識形態。在許多西方社會中，比起 1970 年代或 1980 年代，現在有更多的女性擁有健美體態。如同 Hargreaves（2000: 151）所說，廣義來看，這些「女性的健美身體具有其可貴的價值，可以作為女性的體能資本。」女性運動的普及，很大程度地擴展了女性身體「可被接受的」肌肉質量與健壯體態。此一現象對年輕世代有更大的影響，一些研究指出，可看到愈來愈多女孩投入運動，挑戰柔弱女生的性別刻板印象（Mennesson, 2000）。

不過，面對女性權利在運動中的進展，宰制性的政治經濟與文化力量，仍有許多方式來加以調和與利用。商機龐大的高度商品化消費文化與健身產業，吸納女性運動，並複製了父權社會霸權下對於女性「理想」體型的規範。因此，女性有氧運動多半強調「緊實且窈窕、勻稱且性感、
p.102 強壯但精瘦」（Markula, 1995）。鍛鍊肌肉的女性，仍然被賦予異性戀的期待，而不可以變成過去刻板印象中的女同性戀運動員（Hargreaves, 2000）。

再者，女性在日常生活中的運動參與，仍然得面對父權社會的壓迫。

一些菁英運動，像是頂級高爾夫球俱樂部，往往只收男性會員，或者不歡迎女性加入。位於美國喬治亞州舉辦大師賽的奧古斯塔全國高爾夫球俱樂部（Augusta National Golf Club），直到 2012 年才首次開放給 2 位女性加入會員。作為蘇格蘭高爾夫球公開賽場地的 Muirfield 球場，依然只開放給男性會員。而在許多地方性的運動俱樂部當中，女性並不是去運動，而是負責烹調、打掃、洗衣服等類似家務的後勤工作（Thompson, 1999）。

電視新聞裡的女性運動報導，雖然在這幾十年內於數量上有長足的提升，但內容卻是鎖定異性戀男性觀眾的角度，而多半以瑣碎化或性化的角度來再現女性運動員（Duncan and Brummet, 1989; Messner, Duncan and Cooky, 2003）。外表引人注意的女性運動員，受到媒體（特別是平面媒體）超乎尋常的大篇幅報導；在運動商品化趨勢下，她們常常是香水與內衣產品的廣告代言人，而滿足了異性戀男性「凝視」的慾望。在運動領域中充斥著與性有關的隱喻與想望，像是從 1920 年代開始，男性在高爾夫球假期中，就充滿著「場上與場下」都能「得分」的幻想。在運動賽場上無所不在的「偷窺相機」（voyeuristic camera），隨時在場上與場下獵取正妹運動員與觀眾（honey shots）。電視臺的女性體育記者，往往是年輕正妹，而且常常是擔任「顏值擔當」的主播，而非專業球評的角色。美國《運動畫報》（*Sports Illustrated*）雜誌，每年都會推出年度泳裝特輯，以饗男性讀者；而除了泳裝特輯之外，女性運動員絕少登上該雜誌的封面（Davis, 1997; Weber and Carini, 2013）。出名的「情色」（soft-porn）媒體像是《花花公子》（*Playboy*），有許多版面刊登名人運動員的照片，而且還有一些女性運動員（像是澳洲女子足球隊 the Matildas）為了宣傳而為《花花公子》拍攝裸照。這些自我性化（self-sexualization）複製了父權體制對女性身體的物化，也反映了她們如何藉此搏版面與獲取企業支持。

運動中的女性物化，也延伸至男性運動員與女性球迷間「完全不對等」（completely asymmetrical）的關係，而成為一種制度性的「性次文化」（institutionalization of sex subcultures）（Gmelch and San Antonio, 1998）。在此種性次文化當中，往往出現男性運動員對女性的性侵或性騷擾。2013 年，美國俄亥俄州 Steubenville 高中爆發醜聞，2 名美式足球

p.103

員因為性侵未成年少女而被捕；而雪菲爾聯足球隊（Sheffield United）與威爾斯代表隊（Wales）的前鋒 Ched Evans，則因為性侵而遭判 5 年徒刑。況且就像社會上的一般情況，遭受性侵害的女性受害者，有的是不願意報案、有的則是無法找到足夠證據將加害者繩之以法（Westmarland and Gangoli, 2011）。因此，上述的個案可能只是冰山一角，還有許多菁英運動員對女性球迷的性侵害或性剝削尚未曝光（Benedict, 1998）。

近年來，還可以發現媒體對於頂尖男性運動員另一半，也就是「大嫂團」（WAGs, wives and girlfriends）的形象建構，主要可分成兩個層面。其一是以保守的性別角色，將大嫂團描繪成賢妻良母型的附屬點綴，以滿足媒體消費的需求。最容易找到這類媒體再現的賽事，像是美國與歐洲高爾夫球界兩年一屆盛事的萊德盃賽（Ryder Cup）、大型的男子網球公開賽，以及重要的足球賽事。大嫂團的第二種媒體形象則較為負面，是男子選手的「美艷情人」，消磨這些運動員的精力，以致於影響其場上表現（Vaczi, 2014）。這兩種大嫂團的媒體建構，都沒有提供運動中的女性任何正面或解放的認同。

以運動參與中的性別政治來看，在菁英賽事與日常運動中，都有長足的進步。即使是在較為保守的父權社會中，也有輿論要求在運動與社會整體中提升性別平權的呼聲。在沙烏地阿拉伯，雖然仍然禁止女性開車，甚至要求女性在銀行開戶、婚嫁或海外旅遊時，必須有男性監護人陪伴，但是也在 2012 年與 2013 年，首次派出女性運動員參與奧運等賽事、開放私立學校的女學生從事運動，也得以申請設立運動俱樂部。

在頂尖國際運動中，愈來愈多賽事提供男女選手同等獎金。網球的四大公開賽當中，美國公開賽率先於 1973 年做到獎金的男女平等，澳洲公開賽於 2001 年才跟進，而法國公開賽與溫布頓公開賽則於 2007 年達成。在足球界與美式足球中，則開始出現女性高層。在一些國家裡，過去媒體球評充斥著種族歧視的現象，現在開始遭致嚴厲批評。英國 BBC 的球評 John Inverdale 取笑 2013 年溫布頓女單冠軍 Marion Bartoli 的外表，結果電視臺就湧入超過 700 次的申訴，以及政治人物、新聞界與體育界的抨擊。天空電視臺（Sky）的 2 名足球球評，則於 2011 年因螢光幕後的種族歧視言論遭到揭發而離職。

女性面對運動與體育文化中的不平等地位，也發展出許多直接反抗、

p.104

間接逾越，或者一些批判性的反思。一些人類學分析指出，女性一方面批評消費文化建構理想女性身體的壓迫與荒謬，另一方面卻也在健身過程中得以表達與解放（Markula, 1995; Real, 1999）。面對運動中的情色窺視（sports eroticism），也有一些女性會採取行動者途徑（agency-orientated approach）予以回應（引自 Guttmann, 1991, 1996）。在女子高爾夫球巡迴賽 LPGA 出現的各種女同志狂歡派對，說明了運動中的消費式情色文化，可以超越既有的父權社會關係與意識形態，讓被壓迫的各種性別團體得以逾越或抗拒「異性戀規範」（heteronormativity）對運動的箝制。

　　以上這些女性運動的實踐與文化，跟 1990 年代初期興起的「第三波」（third wave）女性主義緊密相關。比爭取平等權的第二波女性主義更進一步，第三波女性主義關注女性間的多元性，像是各種不同的族群與性取向，也從根本挑戰特定的性別規範、角色與認同。第三波女性主義受到後結構主義與後現代主義極大的影響，衍生出本章稍後將介紹的「酷兒理論」（queer theory），其主要關切圍繞著身體政治的相關議題，包括性別暴力、複製，以及理想體態與體型的規範。

　　運動中的第三波女性主義，可見於對「性別檢驗測試」或「性測試」的批判。在許多性別區隔的運動項目中，運動員必須接受醫學檢驗，以特定判准（主要是透過人類的 X 與 Y 染色體）來確定其所屬性別。檢驗目的大多數是為了揪出混入女性賽事的男子運動員，近年為人所知的案例有田徑選手 Caster Semenya（南非）與 Pinki Pramanik（印度）。這類測試因為具有歧視意味，也不是百分之百正確，而遭到科學家批評（Simpson et al., 2000）。從第三波女性主義的觀點來看，這些測試強化了父權社會下的既有之性別區分與歧視，特別是對「跨性別」的漠視（引自 Vannini and Fornssler, 2007）。因此，性別測試代表了一種持續壓迫的性別意識形態與作法，而成為女性主義者所關注與對抗的日常生活政治議題之一。

p.105

運動中的女性主義政治策略

　　接下來將從前述之特定政治議題，轉而探討女性如何透過不同政治策略，來提升她們在運動中的地位。Hargreaves（1993）的經典研究，設定了三種可能策略。第一種是「自由女性主義」（liberal feminists）所採取

的「納編」（co-option）策略，希望透過追求運動中各種平等權利，像是角色與地位、近用體育設施與比賽獎金等的男女平等，以達成「趕上男性」的目標。此一策略的成效，可以從「量」來加以評估，例如奧運賽事中的男女運動員比例的性別平衡。持「納編」策略的女性主義者，駁斥所謂生物差異或傳統性別價值下，女性參與運動有其天生限制的保守派論點。不過，納編策略者雖然可以爭取女性的平等權，卻無法挑戰運動中的陽剛文化，包括暴力之傾向與論述之性別主義。事實上，納編策略迫使女人加入男人主導的男性場域，也必須遵循男性的運動儀式，而使得她們看來總是「格格不入」（seem out of place）（見 Novak, [1976] 1993: 208-212）。

　　第二種類型是「基進女性主義」（radical feminists）所採取的「分離」（separatism）策略，希望透過限定女性參與的運動賽事或協會，來達成女性「自我實現」（self-realization）的目標。分離策略可以提升女性對運動的參與，並且促進傳統運動陽剛文化所壓制的親密情感。經由日常生活的運動參與，分離策略讓女性得以探索運動中另類的價值、美學、身體技術與組織架構。不過，分離策略也可能含有反動意味，像是以本質主義觀點把性別分野視為一種內在價值與傾向，而忽略了性別認同的社會化與文化差異。

　　第三種類型是「社會女性主義」（socialist feminists）所採取的「合作」（co-operation）策略，希望透過建立新的運動模式以抹除性別差異。合作策略支持在資本主義社會中的各類鬥爭的多樣性（例如「種族」與性別），並且透過不同鬥爭的合作來達到解放的目標。合作策略爭取男性盟友，因此與分離策略作法相背，但又比納編策略更為全面，因為合作策略爭取的不僅僅是平等參與的權利，更進一步追求結構改革，希望重新打造一種對女性與男性都公平的運動體制（引自 Hall, 2002: 203-204）。從合作策略觀點來看，男人並非必然是壓迫力量，而是在父權社會中經由社會化而複製了壓迫角色，甚至可以說這對於兩性而言都是一種傷害。此一策略期盼在進行基進的運動改革之前，必須先探索運動對於女性的各種可能意義。

　　整體來說，納編策略聚焦在爭取女性的平等權利，因而有效地擴大了女性的運動參與及表現，具體展現在像是第九條修正案的立法行動、男

女運動員的賽事獎金平等，以及女性選手參與奧運的比例提升等（Simon, 2005）。但是納編策略也因為與第二波女性主義一樣聚焦在法律與機制上，而流於僅追求形式上的平等權利而備受批評。

從過去的發展來看，分離策略有效地容納了各式各樣的訴求，也透過組織體育課程、運動俱樂部與聯盟，達成女性的自我賦權。但是這些行動卻也受到保守性別規範與認同力量的支持，因為對於限定男性參與的運動來說，這同時也可將女性排除在外。

而從實際上來看，合作策略則提供了在理論與實務上最為可行的作法。立基在文化研究觀點上，合作策略抨擊體壇將女性邊緣化的狀況，指出商品化如何消費了性別刻板印象，並且提倡一套足以反抗的另類運動體制與認同。在運動的日常層面，相對於納編與分離兩種策略，合作策略希望能確保女性可以在當代運動體制中，找到其迂迴反抗、或以逾越來抵抗的位置。接下來的小節，將會分析此類運動中跟性別有關的文化政治。

✿ 運動中的 LGBT 文化政治

性的文化政治在型塑不同個人與團體的運動經驗中，扮演了重要角色。在現代運動的組織發展過程中，受到父權社會關係的大環境影響，大體上都趨向異性戀認同的規範，也就是高度的異性戀常規性（heteronormative）。性認同中的少數，也就是一般所稱的「女同性戀、男同性戀、雙性戀與跨性別」（LGBT），遭受壓迫、邊緣化與妖魔化的不公平待遇。從十九世紀中期以來，英國的學校教師就認為體育與運動可以促進異性戀取向，並作為降低同性戀與手淫之過剩精力的發洩場所（Mangan, 1981）。特別是在男性運動項目裡，世界各國的運動俱樂部與組織長期以來都鼓吹並深植著恐同情節。在菁英運動階層中，對於性少數者的刻意敵視主要來自教練與球迷，他們會質疑運動員是否為真「男子漢」、或者是否為異性戀者。場上的教練與運動員長期使用低俗或恐同詞彙來侮辱同性戀者，更不希望同性戀者成為隊友或從事該項運動。體壇習於妖魔化 LGBT 團體，而出現一些普遍迷思，像是女同志在女性場合中鼓吹女女戀，在運動員休息室中不停獵豔，不夠女性化而能夠在運動場上贏過一般女選手，甚至是形成一股女同志勢力而得以控制各項運動協會

p.107

（Griffin, 1998: 55-63; Brackenridge, 2001）。在 NFL 等主流運動當中，球探會問那些有潛力的選手是否喜歡女生，以確定他們不是同性戀；也有的球團會對 LGBT 運動員議題，刻意採取不聞不問的態度。

在這樣的環境下，許多職業運動員或協會官員會在高層與同儕的壓力或建議下，隱藏他們真正的性取向，以維護他們的職業生涯與球迷的支持。與其他行業相較，職業運動員當中公開出櫃的比例偏低。在頂尖的團隊運動中，只有少數的球員有勇氣出櫃，像是 NBA 的 John Amaechi 與 Jason Collins，MLB 的 Billy Bean、Glenn Burke 與 Kazuhito Tadano，NFL 的 Wade Davis、Kwame Harris、Roy Simmons 與 Michael Sam，橄欖球界的 Ian Roberts 與 Gareth Thomas，以及足球界的 Justin Fashanu、Robbie Rogers 與 Thomas Hitzlsperger。而像是女網選手的 Martina Navratilova、Billie Jean King 與 Amélie Mauresmo，則是在多年的八卦傳聞之後，才「坦白」出櫃。

而 LGBT 有哪些文化政治層面的策略，來挑戰他們在運動中所受到的汙名化、歧視與邊緣化的不公平待遇？這裡舉出三種策略。第一種策略，是個人若能在日常生活層面中勇於行動，特別是一些知名的運動員與教練能夠勇敢出櫃，會成為重要關鍵。這些行動挑戰了運動中既有的性別政治，進而追求更廣泛的社會正義（Anderson, 2005; Cox and Thompson, 2001; Griffin, 1998）。

p.108 LGBT 的第二種策略是成立自己的運動俱樂部、聯盟或協會，這當中最成功者或可首推「同性戀運動會」（Gay Games），1982 年於美國舊金山第一次舉辦時吸引了 1,300 人參與，到了 2010 年在德國科隆（Cologne）舉辦時則已經擴張到 10,000 名選手參加（Symons, 2010）。從正面效應來看，這些國際運動賽事可以挑戰性別偏見，並且展現運動的另類價值、認同與形式。但從負面效應來看，他們因此無法從內部反抗與轉變主流運動的組織和結構，因而錯失了發揮更大社會影響力的機會。而且他們也會因為擴張及與商業連結，流失了原本的基進精神；或者因為內部爭議與分裂，導致運動力量的削弱（引自 Messner, 1992: 159）。LGBT 也在很多國家內成立了運動協會與賽事，像是美國的紐約市同性戀曲棍球協會（the New York City Gay Hockey Association）與舊金山同性戀籃球協會（the San Francisco Gay Basketball Association）。在抵

抗歧視的行動中，最具影響力的作法或許是加入既有的主流運動組織的 LGBT 球隊，例如足球當中的英國 Stonewall、美國紐約的 the New York Ramblers 與法國巴黎的 Paris Foot Gay 等。

第三種策略則是在 LGBT 倡議的長期推動下，一些運動組織制定新的政策與訓練計畫，以消除運動中的恐同情結。NBA 要求改進過去的反同語言與性別霸凌，NHL 於 2013 年與紐約的同運團體「一起報隊」（You Can Play）合作，美式足球員工會要求 NFL 禁止球隊與球探質問球員的性取向，歐洲足球協會聯盟（UEFA）則是從 2006 年開始與「歐洲足球反種族主義聯盟」（Football Against Racism in Europe，簡稱 FARE）及「歐洲同性戀運動協會」（European Gay and Lesbian Sport Federation，簡稱 EGLSF）攜手合作消除恐同情結。與 1990 年代相較，上述各種行動反映了 LGBT 在運動中的平等權利，在近年來有明顯的提升。

對一些人來說，運動中的恐同程度已有顯著降低。Anderson（2011）宣稱，美國運動界已經走過 1980 年代的「重度恐同」（intensely homophobic），現在愈來愈能夠接受性少數，也不再那麼強調陽剛性的認同。Cashmore 與 Cleland（2012）在英國的一項全面性的調查顯示，足球迷明顯地反對運動中的恐同現象，同時也不滿運動組織、球團與球員經紀公司疏於解決此一問題。但是在世界許多地區，制度性的恐同情結仍然對於日常的運動參與產生各種直接影響。例如取得 2014 年冬季奧運與 2018 年世界盃足球賽事舉辦權的俄羅斯，於 2013 年立法禁止「宣揚同性戀」。南非社會中「疑似」女同性戀者必須每天面對所謂「矯正強暴」（corrective rape）的威脅，也發生過 2008 年外籍足球員 Eudy Simelane 因為其性取向而被輪流性侵與殺害的恐怖案件，克羅埃西亞與羅馬尼亞的足球界高層則高調禁止同性戀球員。p.109

一些新的社會學理論，有助於分析運動中的性別政治議題，例如近年來非常具有影響力、奠基於批判後結構主義與社會改革運動的「酷兒理論」（queer theory）（Caudwell, 2006; King, 2008; Sykes, 1998）。廣義來看，酷兒理論正面挑戰政治與文化中的異性戀規範的合法性，解構性別與性認同（包括同性戀認同），正視性別認同的流動性與多元性，也探討如何以同性戀角度解讀大眾文化（包括電影、電視、流行音樂與運動）以產生「酷兒愉悅」（queer pleasure）（Butler, 1990）。酷兒理論最具有

啟發性的部分，是無意建構「宏大理論」（grand theories），因此避免以單一的經驗或分析架構來看待各色各樣的性別與性認同。由酷兒理論所揭示的性別之經驗、文化與理論的多樣性，也是下一節關於運動中建構陽剛性的分析焦點。

✿ 透過運動型塑男性：霸權與多樣性

陽剛性的霸權

關於運動中陽剛性的學術批判指出，體育文化生產與複製了異性戀男性文化與認同。現代運動所推崇的理想男性是非常特定的陽剛典型，使得包括女性、男同志、老人、小孩與身障者等各種「異端」他者，遭受汙名化或成為受害者（Ingham, 1997: 171）。Messner（1994, 2007, 2009）的研究，對於性別區分與界線如何長期地塑造運動的日常面貌，提供了相當全面的分析。再者，運動媒體向年輕男性觀眾傳布主流的陽剛規範，主要是「透過電視運動轉播中的男子漢公式」，當中包括了性別、種族、軍國主義、侵略性、暴力與商業主義等觀念（Messner, Dunbar and Hunt, 2000）。

澳洲社會學家 R. W. Connell（1987, 1990, 1996, 2000）發展了一套關於陽剛性的理論，對女性主義的批判運動社會學分析有相當的助益。Connell 引入了新葛蘭西學派的「陽剛霸權」概念（hegemonic masculinity），指出宰制性的性別認同其實是建立在男性與女性的共識之上。陽剛霸權是「陽剛特質的文化理想型態」，其特徵是「強硬好鬥」、把女人視為附屬，以及「將男同性戀邊緣化」（McKay, 1997: 17）。陽剛霸權並非固定的認同，而是男性與女性之間的一種特定權力「關係」。因此，陽剛霸權認同在不同時代與不同社會，會有不同的形式。事實上，這類的認同或許不是所有男人最為普遍的認同，也不一定最適合男人（Connell, 2000: 10-11）。

陽剛霸權的概念，出現在討論運動與性別關係的許多研究中，像是對於運動畫報泳裝特輯的分析、運動中的男性暴力、啦啦隊的涵化，以及對棒球球星的媒體報導等（Davis, 1997; Grindstaff and West, 2006; Messner, 1992; Trujillo, 1991; 引自 Connell, 2000: 11, 188-189）。Klein

（1993）引用 Connell 的觀點，指出男性健身其實有一部分是因為「厭女情結」（femiphobia），也就是「擔心看起來像是女生、或者太娘泡」，而這也服膺了「高度陽剛性、恐同與厭女（misogyny）」的陽剛文化規範（前引書：279-273）。此一研究也說明了陽剛霸權如何對男性也造成傷害，像是在男性之間型塑一種永遠無法達到的理想型態的男神，鼓吹傷害男性身體的暴力運動文化，以及建構一種足以傷害男人與其他男性及女性關係的貧瘠的性別認同。

Connell（1995）指出建立陽剛霸權基礎之性別關係，塑造了四種面向。第一，性別的權力關係，即便在社會中同時還有不同的力量在爭霸，但基本上仍複製了父權體制。第二，現代資本主義的生產關係（勞動分工），基本上遵循了性別角色的分工。第三，作為慾望政治的感情投注（cathexis）（也就是感情關係），透過特定的性愉悅之對象與分配方式，而限制了性別關係。第四，作為人類溝通角色的符號體系（symbolism），複製了既有的性別秩序。

p.111

此一模式可以運用於探討運動中的性別關係之建構。第一，男性還是主宰了大多數運動的組織與文化。第二，在男性所主導的運動組織中，女性的勞動通常是後勤支援或行政庶務，而符合了性別分工，也往往是無償勞動的角色。第三，在當代的各種運動廣告中，女性通常被物化為異性戀男性所凝視的性慾對象。第四，男性會透過比賽中的暴力對抗與賽後的儀式，表現他們跟女性及男同性戀者之間的差異。

不過，除了上述四種面向之外，我們還可以分析運動中的第五個面向，也就是休閒（消費）關係，以捕捉當代資本主義下休閒運動型塑性別認同的核心所在。性別區分與勞動分工有著極為明顯的相似度與關聯性。在歐美等大多數資本發達國家中，自 1950 年代以來女性爭取到不少工作權利與機會的改善。不過值得注意的是，這些工作多半是後勤與服務性質的性別分工角色，女性因此像是在經濟成長中的「勞動預備軍」，同時也有較多的可支配收入得以花費在非必要的性別化產品之上。類似的情況也可見於運動休閒領域中，女性通常從事像是健美等女性化運動，並且作為「休閒預備軍」來填補球賽觀眾席的昂貴空位、坐在家庭區、或者幫小孩購買周邊商品等（Russel, 1999）。整體來看，以第五面向來補充 Connell 的模式之後，可以對運動如何協助複製社會的既有性別關係有更多瞭解。

陽剛性：歷史與人類學角度

如果把不同歷史與文化的脈絡，列入型塑陽剛認同的因素來加以考量，則可以發現陽剛霸權理論具有強大的解釋力。在某些社會脈絡下，宰制性的陽剛認同是受到各種懷舊情結與反現代神話所型塑。美式足球中一些過去的「偉大」選手，被描繪成非血肉之軀、生來粗野（且缺乏技巧）的陽剛形象（Oriard, 2001: 332）。紐西蘭橄欖球的主流論述，則是由粗獷的農工階級橄欖球所組成的「團結」民族圖像（Phillips, 1994）。相較之下，在快速轉型的社會中，宰制團體則會發展出嶄新與現代的陽剛性，例如古巴革命在獨立成功初期，卡斯楚政府希望透過運動來建構具備社會主義美德的全新人民，這些特質包括「謙遜、友愛、抱持國際主義與合作精神」（Pye, 1986: 122）。

人類學途徑對運動的研究，能夠更全面地理解這些宰制性的陽剛與國族認同。阿根廷人類學家 Eduardo Archetti（1998, 1999），深入分析了運動中的陽剛性與國族之間的連結。他對於 1992 年 Albertville 冬季奧運滑雪選手的公眾形象之研究指出，菁英運動員的「陽剛性理想典型」可以反映在兩位截然不同的選手身上，一位是「非常挪威的」Vegard Ulvang，他低調冷靜且熱愛大自然；另一位被暱稱為「熱情 Tomba」（Tomba La Bomba）的 Alberto Tomba，則是義大利風（還熱愛義大利料理）的浮誇都會浪子，吸引了類似足球迷的新型態滑雪運動迷。

Archetti（1998）更比較了在同一國家之內，各種運動文化所建構的不同類型之國族陽剛性認同 —— 分別是阿根廷的馬球作為「男人與動物間之關係」、探戈作為「男人與女人之關係」，以及足球作為「男人與男人間之關係」。跟英國馬球的保守球風相比，阿根廷「騎師」馬球（'gaucho' polo，見譯註[3]）的球風特徵則是「男人味」與勇於冒險（前引書：96, 104-105）。探戈舞蹈與歌曲當中充滿著性感魅惑，因而在女性主導之下，男人在其中往往轉為「隱性陽剛」（doubting masculinity）（前引書：155-157）。至於阿根廷的足球球風，相較於其發源地歐洲的強調紀律與組織規劃，則明顯偏向個人表現、創意與炫技（前引書：70-72）。

譯註 3　https://en.wikipedia.org/wiki/Gaucho

在阿根廷民間的黑白混血（或稱克里歐，criollo）足球球風，並非由體型龐大、具侵略性的暴力男性所宰制，而是由男孩（pibe）所主導，其特徵是身形矮小瘦弱、技巧高超、機智過人、不守成規、冒險犯難，又愛及時行樂（前引書：182-184）。而馬拉度納（Diego Maradona）當然就是這種男孩中的佼佼者。

Archetti 此一論點，對於分析運動中的陽剛性是很重要的。馬拉度納在阿根廷文化中具有獨特意義，而且因為其不世出的超凡球技，他也被全世界數以百萬計的球迷奉為足球之神。他這樣的形象，與 Connell 等學者所稱的陽剛霸權之暴力及侵略性特質（特別可見於澳洲與美國的運動圈）相較，正好背道而馳。再者，不像冰球中暴力的大力士、或足球中凶殘的剷球者（hammer-throwers），許多運動中的民間英雄形象，大多是天賦過人、身形弱小的優雅「藝術家」。這類英雄像是足球中義大利的巴吉歐（Baggio）、北愛爾蘭的貝斯特（Best）、阿根廷的梅西（Messi）、法國的 Platini、巴西的 Zico 與內馬爾（Neymar）等；橄欖球中的偉大中前衛球員，像是威爾斯的 Cliff Morgan、Barry John、Phil Bennett 與 Jonathan Davies 等，冰球中的 Wayne Gretsky，以及 NFL 中著名的四分衛如 Marino、Montana 與 Namath 等。

p.113

在上述對於陽剛性的分析後，可以有兩點結論。第一，我們必須瞭解透過運動所建構之陽剛認同的多樣性，也必須理解到最受大眾歡迎的陽剛認同，通常並非是「陽剛霸權」所稱頌的「侵略性、粗野或暴力」特質。

第二，這些運動界的優雅藝術家，之所以深受大眾喜愛，通常是因為他們在運動場上展現的運動之美與高超技巧，還有部分是因為他們在比賽中，面對體型與力氣都更大的強大對手，能夠以技術與智取獲得勝利。這些靈活且技巧高超的男孩們，耍弄大塊頭的對手，為觀眾帶來了逾越式的狂歡感受。以此一觀點來看，如果陽剛霸權代表的是力量與侵略性，那麼在運動場與運動館中，可以常常見到這種宰制性的男性認同，不斷受到來自社會大眾，特別是男性之間的各種挑戰、逃逸與對抗。

℘ 結論

　　如前所述，在性別區分與宰制的系統性再生產當中，現代運動的規範與實踐扮演了重要角色。從現代運動文化的發展史來看，宰制團體是以父權等宰制性意識形態來加以建構，其所呼應的概念包括資本主義、帝國主義及軍國主義。在運動中的權力結構與文化壓迫下，女性與性少數的參與權遭到剝奪。在許多國家，女性之運動參與權利的提升，一部分是因為女性商品與服務之消費市場的增長。在職業與業餘運動中，特別是菁英團隊運動裡，許多 LGBT 運動員還是被迫要隱藏其性取向。再者，許多研究也指出，宰制的陽剛霸權認同，也對男性造成傷害。

　　不過，就像其他大眾文化一般，運動也並非僅僅複製父權社會關係，還透過男性與女性的實踐而產生多樣的政治文化面貌。在運動中，有許多面向強化了性別關係，也有一些面向調和了階級與性別階序，更有一些面向具備了顯著的性別基進性質。在運動發展史中，女性與性少數團體一方面批判性地詮釋傳統性別角色與規範，另一方面也爭取更全面與平等的參與權利。另外，酷兒理論與人類學對於運動的分析，也提醒我們必須理解性別與性認同的多樣性。在許多男性團隊運動中最受球迷喜愛的球星，往往並不採取陽剛霸權所強調的蠻力、侵略性與暴力球風。

　　要改變運動中的性別歧視，可以採取不同的策略。作者認為，女性主義中追求運動中之平等的「合作」途徑，是最佳策略。對於 LGBT 來說，個別行動、另類組織與公眾宣傳等策略，則都能有效地改變其邊緣化與汙名化的現象。

　　在本章的最後，作者還要特別指出，將其他類型的社會歧視與認同一併觀察，針對運動中宰制性權力關係與意識形態的性別鬥爭，並非僅有對壓迫的直接反抗，還有許多文化政治的含混矛盾、諷刺與逾越等形式。含混矛盾與諷刺形式，可以在人們如何回應運動文化所投射的宰制性之男女理想身形中發現。逾越形式則可以在同性戀運動會的遊行與狂歡派對中看到，包括公然違反衣著的社會規範、以唐突而絢爛的方式裝飾城市的公共空間，以及開拓另類的運動認同與價值等。而像是技巧高超的球星擊敗強大的陽剛霸權「理想型態」之對手時，各色各樣的球迷都為之雀躍，則是狂歡面向在菁英運動流行文化的呈現。

p.114

p.115

討論問題

1. 性別迷思與觀念如何影響女性的運動體驗？
2. 女性與 LGBT 團體運用了哪些策略來改善其在運動中的地位？
3. 運動中的陽剛認同如何建構？這些認同又有哪些不同型態？
4. 如何改變運動中的性別歧視與恐同情結？

7

運動中的身體：規訓、
經驗與風險的體現

身體成為社會學研究中的重點議題之一，至遲是從 1980 年代中期　　p.116
開始。法國社會學家傅科（Michel Foucault）是在身體之批判分析中最
具影響力的學者，另外包括比他年代稍早的現象學者梅洛龐蒂（Maurice
Merleau-Ponty），以及不同社會學理論觀點的布迪厄（Pierre Bourdieu）
與伊里亞司（Norbert Elias），也在此一主題上有相當之建樹。

本章檢視運動社會學當中對於身體之研究的四個領域：第一，討論傅
科對於身體社會學的貢獻，以及他具有高度影響力的後結構主義觀點如何
運用在運動社會學上。第二，檢視身體研究中較為行動者取向的現象學觀
點。第三，聚焦在運動員面對特定的身體風險，包括暴力、運動傷害，
以及禁藥等問題。第四，探討運動中的自願性風險行為。結論則將提出呼
籲，為了進一步瞭解運動中的身體，必須有更多的跨領域研究。

✂ 傅科與身體：規訓與治理術（governmentality）

法國後結構主義學家傅科的社會理論核心，就是身體（Foucault,
1979, 1980, 1983）。他指出，權力與知識兩者互相依賴，而非彼此獨
立；因此，反抗權力的宰制，就必須發展出一套新的知識體系。在國
家、政府、人類行為科學與醫藥科技宰制下的當代權力／知識體制，生
產出各種複雜的機制，以規範與規訓人民的身體。國家與科學「專家」　　p.117
透過特定的「病理學」（pathologies）或「虛弱性」（weaknesses）來
定義「壞」身體：比較極端的身體狀況，可能被視為具有精神疾病、身

體障礙、犯罪傾向與性變態；而比較一般的身體偏差，則包括過重、懶散、飲食失調（像是菸酒過量）等。這些身體必須透過不同方式來矯正（normalizing），或者由精神病院、醫療機構或監獄來加以監禁，或者由政府、企業或民間組織推動改進計畫，或者是「專家」提供人們關於行為、藥物使用、或運動的準則來指導。

從傅科的觀點來看，權力對人民及其身體的作用，有兩種主要方式。第一種是生命權力（biopower），主要是對於身體與人民在生物層面的政治控制，包括出生、繁殖、疾病與死亡等。例如有關種族的國家政策或科學實驗，包括近年各國風行的各族群的基因庫研究（Rabinow and Rose, 2003）。第二種是規訓權力（disciplinary power），透過對於身體的日常規訓，特別是透過時間與空間的控制，像是監獄犯人、醫院病患、工廠勞工與學校學生等，必須待在特定的建築內，也必須按表操課。

現代的規訓體制充斥各處，所有人都在教育、工作、休閒與家庭等高度規管的環境中被社會化。因此，規訓體制的目標是生產「作為客體的身體」（the body as object），也就是矯正過且溫馴與服從的身體。為了達到此一目標，身體必須「裸裎相見」，讓醫生等「專家」加以「凝視」與檢驗。另外，從全景敞視的環形監獄（Panopticon）概念所衍生的各種監控機器與機制（像是監獄的瞭望塔、或工廠與街道上的閉路電視等）都應運而生，以持續觀察人們的身體。人民因此遵循特定的身體「規範」（norms），來規訓自身的身體及行為，每個人心中因此都有一個「小警總」（Foucault, 1980: 155）。

傅科對於規訓體制的分析，或許可以解釋那些被納編、或消極不抵抗的身體，不過是否能適用於更為主動的身體〔也就是主體化的身體（the body as subject）〕？傅科在晚年提出的治理術（governmentality）概念，回答了此一提問。治理術指的是權力如何透過「規範行為」（conducting the conduct），而能遠距離地（at a distance）遙控社會中的不同個人與團體（Rose, 1999: 3-5; 1996: 43）。有論者指出，新自由主義政策也運用了一些特定的治理術（引自 Rose, 1996; Shamir, 2008）。根據新自由主義的觀念，貧窮、就業、犯罪與治安、健康、性別與種族歧視等社會問題，不應該企圖透過結構改革或國家介入來改善，而應該由社會行動者透過提倡個人責任與自我尊嚴的自律（self-government）來自我提升（引自

p.118

Cruikshank, 1999）。因此，當代消費文化就是一種 DIY 手冊（self-help manuals）、飲食計畫與生活風格清單的混合體，可以激發我們的主體性與指導我們的選擇。

治理術的概念，源自於傅科認為權力並非僅是負面的力量，而是「具有正面的生產性，可以生產真實、客體的領域，以及真理的儀式」（1977: 194）。傅科認為權力無所不在，因此對規訓或政府的反抗也隨時隨地發生，無論是大至新舊知識體系之間的衝突，還是小至個人身體或群體抗拒規訓、或者不願意配合自我監控（Foucault, 1983: 208）。Morgan（2015）指出，傅科在晚期的著作中（1985），轉而提出「自我技術」（techniques of the self），將重點從過去的規訓或宰制，轉而承認人們的能動性與批判創造性。他指出，探討新的主體之倫理與美學形式，可以讓人們逃脫權力的規訓與矯治。但是與此樂觀期待相反，我們必須注意新自由主義意識形態如何利用自我技術、或者說對自我技術的殖民。舉例來說，消費文化不斷地行銷所謂提升與改善自我的各種商品，還在大眾媒體上製造出許多生活風格「大師」，無止盡地告訴我們如何改善自我，又該購買與使用哪些產品。Morgan（2015）指出，對傅科來說，那些正面改變是跟逾越有關；也就是說，我們必須「逾越所謂的自我分際，才有機會成為嶄新的不同的自我。」

傅科與其他重要的社會學家之間有許多相同之處。他的後結構主義是立基在涂爾幹社會學之上，而他對於科學理性化的非人性之警覺，也與韋伯及阿多諾等人相似。從新馬克思主義的角度來看，也可以說生物權力、規訓體制與治理術等，能夠製造有紀律的勞工與願意花大錢的消費者，因此都服膺了資本主義的利益。另外，伊里亞斯的「文明化過程」（civilizing process）概念，追溯了禮儀、規矩與情緒控制等身體規訓的長期發展，而也與傅科有部分的呼應（可見於 Brownell, 1995）；而與之相較，傅科的分析更著重於對權力關係的理論化。而傅科對於文化研究途徑的影響非常明顯。他對於身體、宰制、反抗與逾越的潛力等主張，跟運動中的文化研究觀點特別切合。

p.119

傅科觀點下的運動

如何透過傅科的理論來理解運動中的身體？最容易的起點是運動中的身體規訓。運動規訓通常聚焦於必須反覆練習，成為運動員反射神經一部分的特定動作——例如網球中的發球、高爾夫球的揮桿、足球中的觸球與傳球。傅科的理論可以解釋現代運動的歷史發展中，學校與軍隊等規訓機構持續組織各種運動比賽，好把男孩們「型塑」為有服從紀律的公民與軍人。

在當代的菁英運動中，包括教練、運動科學家與其他類型的「專家」，凝視運動員的身體，從中找出身體的缺陷，透過訓練與飲食控制，希望能提升身體的運動表現。在最極端的例子中，菁英運動訓練學校中的專家，會檢視新秀運動員的身體與個性的缺陷，然後淘汰那些無法通過測試的身體。運動競賽本身就是對運動員身體的檢驗，以量化與比較的方式來衡量運動員的表現，同時還有裁判與觀眾所參與的更大的監視環境（Markula and Pringle, 2006: 41-42）。

運動中的規訓體制也造成運動身體的同質化。在菁英運動層級，身材的多樣性愈來愈低，因為頂級選手普遍愈來愈高、愈壯，也愈健美。而在一般運動的層級，現代運動與健身產業對參與者（特別是女性）施以全景敞視的監控，並且以特定的理想身形（且是愈來愈難企及的目標），密切地凝視參與者的身體（引自 Duncan, 1994）。傅科的理論，可以用於批判性地分析運動中的性別認同建構等現象，也適用於分析運動場館中對觀眾的監控，例如對號座位如何限制了行動的自由，以及保全人員與閉路電視對於群眾行動的持續監視。

p.120

當代的政府企圖在運動與體育活動中運用「生物權力」，以確保公眾健康。政府與醫學專家不斷地警告大眾有關肥胖與糖尿病的危機，以及鼓吹大眾從事運動與體育活動，以對抗健康的危機。政府也以促進大眾的運動風氣，來合理化她們花費鉅資來主辦大型運動賽事，但從過去的經驗證據來看，其實大型賽事後的運動風氣並沒有顯著提升。

治理術的概念可以用來解釋現代運動中的主動主體性的生產，特別是在大眾的層次。在新自由主義的環境下，不同群體的運動活動與行為，都被導向自我監控與自給自足。消費者個人必須為自己的運動與飲食「負

責」，為了維持身材，必須自行到私人的休閒與健康市場中來購買產品，包括付費加入健身館、或者購買各種商業的「自我技藝」（technologies of the self）（例如健身影帶或保健規劃）。而且所有的這類活動，都被包裝成個人愉悅與解放的商業行銷口號，像是「看起來讚，感覺更讚」（Look good, feel good!）或者「發現真正的你」（Discover the real you!）（引自 Johns and Johns, 2000: 231-232）。在運動與更廣泛的休閒領域中，可以看到傅科對於「自我技藝」的描述，如何以一種新的形式展現在真實世界中的身體規訓與治理之中。

另外，傅科的理論還可以應用於探討身障者運動與帕拉林匹克運動會（Paralympic，簡稱「殘奧會」）的發展（Howe, 2008: 64-80）。早期的身障者運動緣起，受到醫藥論述中認為運動可以協助新近傷者，特別是戰事中脊椎受傷士兵的「復健」。身障運動一開始在各國有個別的發展，接著在 1960 年舉辦了第一屆的帕運比賽，之後國際帕拉林匹克委員會（IPC）每四年主辦一屆至今。奧運與帕運的分開舉辦，可以說是現代生命權力對於「正常人」（able）與「障礙者」（disabled）的區分。再者，帕運的賽事項目，是根據對「障礙者」之身體或智能的獨斷式分類所進行的複雜區分。以 2012 年倫敦帕奧為例，有六種主要的障礙類別，分別是視力障礙、智能障礙、腦部麻痺（cerebral palsy）、其他障礙類型（包括侏儒症）、截肢者，以及脊椎傷害者。上述的六種類別都根據障礙的不同程度與類型，區分成數種次類型（例如腦部麻痺就有八種次類別），合計共有二十六種競賽項目。這些分類方式在 IPC 中一直有存在爭論，特別是為了維持某些競賽的參賽者人數下限，而必須合併或調整不同類別。另外，一些必須運用昂貴輔助器材來協助身障運動員的帕運項目，也導致資本先進國家與發展中國家的落差（Howe, 2011）。再者，大眾媒體往往將頂尖帕運身障運動員再現為「超級人類」的獵奇式呈現手法，雖然看起來像是對身障者的正面禮讚，但其實也是將身障者視為「怪人」與「他者」的負面呈現（Silva and Howe, 2012）。

p.121

廣義的傅科學派對於運動與休閒文化的分析，聚焦在反抗與逾越所具備的詮釋力量。因為並非所有的社會團體都被完全地規訓或治理，所以還是可以看到許多反抗的現象。關於身體權力議題，即使政府與專家持續不斷地諄諄告誡，社會上還是有許多人無視於身體自我管理的呼聲，因而過

胖或過瘦、不愛運動、或者有各種健康上「不良」行為。另外，在一些運動次文化當中，也有許多狂歡式與過激行為的反規訓現象，例如有一些運動員耽於享樂而不願意投入訓練，一些球迷觀眾站著看球賽而不願意好好坐著欣賞、或者用自己的方式為球隊加油而不願意跟著球團設計的應援活動。從運動發展史來看，許多被宰制的團體，像是女性、非白人或身障者，光是實際投身運動，進入那些只有白人、男性、身體「健全」的運動員可合法與「正常」參加的場域，就代表了一種逾越的反抗。

p.122 最後，我們可以透過 Eichberg（1994）對運動的三種身體型態分析，來探討順服與不順服（或逾越）的身體之間的差異性。一方面有遭到規訓與控制的身體，Eichberg 稱之為「流線型」（streamlined）身體，追求運動的成就與紀錄，以及「單純健康」（straight, healthy）身體，服從於健身規範地從事運動與健身。另一方面則有不受規範的「怪異」（grotesque）身體，可以在一些稍早期的前現代的民間慶典與民俗賽事中看到，例如傳統摔角、拔河、兩人三腳等。對 Eichberg 來說，跟那些單純、規範與順服的身體比較起來，怪異身體的身形與身材都非常特別，在比賽時顯得腳步跟蹌且狼狽，而能帶來各種歡笑與快樂。因此可以說怪異身體是逾越了現代運動的規範與常規。不過，在現代運動當中，還是可以看到這類「民俗」觀念的延伸，以及運動次文化仍然熱愛怪異身體及其伴隨的嘉年華文化。例如有時觀眾歡呼加油的對象，不是技巧高超或打破紀錄的運動員，而是那些身材或步法特別奇怪的參賽者；又或者所謂流線型或單純身體的運動員，在比賽與小一號的對手纏鬥、甚至落敗，而顯得狼狽不堪。因此，從傅科的觀點來看，規訓的身體並非在所有團體中，都能有完全的主宰地位。

✂ 身體、運動與現象學

本節將討論與上述傅科取向相當不同的現象學觀點，來分析運動中的身體。廣義來說，現象學是探討人類意識、經驗、感知、主體性與相互主體性的哲學思考與研究方法。現象學最重要的思想家，包括海德格（Heidegger）、胡賽爾（Husserl）、梅洛龐蒂（Merleau-Ponty）與沙特（Sartre）等人。現象學取徑的社會學研究者 Schutz（1972）是最具影響

力的學者，之後還有延伸了韋伯（Weber）（[1922] 1978）思想的 Berger 與 Luchmann（1966）。較晚近則有採取現象學途徑的 Crossley（1995），主張揚棄把焦點放在「身體被什麼影響」（例如規訓或規範）的「身體社會學」，轉向把重點放在「身體做了什麼」的「肉體社會學」（carnal sociology）。 p.123

　　採取現象學觀點，就必須理解人的意識與主體性如何型塑在身體中。因此，必須將身體視為我們「生活經驗」的關鍵所在，作為人們理解及參與外在世界，以及海德格與梅洛龐蒂所謂「人」是「存在於世界中」（being-in-the-world）之基礎。

　　運動研究領域中的現象學途徑，主張必須理解主體與意識如何透過身體經驗與體驗特定的運動時刻和事件。此一途徑也探討我們如何學習與從事運動，以 Merleau-Ponty（1962）的觀點來看，身體是這過程中關鍵的中介物，身體的各種動作，讓運動員的「存在」（being）得以連結，包括運動場、運動裝備，以及對手的身體等外在「事物」（things）。

　　Hockey 與 Allen-Collinson（2007）指出，現象學觀點下，一般的運動參與者有五個主要的「感知活動」（sensory activities）：

1. 動作與節奏（movement and rhythm）：動作是從事運動的基礎，可以產生高強度體驗或「流動」感受。運動中熟練與專業的動作，有賴於時間點的掌握，也就是身體有技巧地進行連續與協調的肢體行動，以達成預定的目標，例如棒球打擊者要打出全壘打、或者跳高選手要助跑（approaching）與過竿（clearing the bar）等。
2. 聽覺與呼吸（aural and respiration）：運動員必須「傾聽」自己的呼吸、身體，以及外在環境。舉例來說，冬季兩項全能賽事（biathlon）包括了越野長途滑雪與射擊，選手在滑雪衝刺後要停下來射擊遠距離目標，所以必須「傾聽」自己的身體、控制心跳與呼吸，否則就會脫靶。
3. 視覺（visual）：不同層級與不同類型的運動員，會以不同方式「觀看」他們所從事的運動。最厲害的選手可以看到其他選手與場邊觀眾沒看到的空檔與機會，像是橄欖球的「弱邊跑位」（blindside run）、足球的撕裂防線傳球（defence-splitting pass）、籃球的轉身過人等。
4. 嗅覺（olfactory）：運動中的身體，周遭充滿著各種或香或臭的氣味， p.124

讓選手或觀眾都更能有「臨場感」（senses of "being there"）。例如運動之後的更衣室，常常充斥著各種強烈氣味，例如汗臭、藥用噴劑或藥膏、除臭劑與外面環境如割完草之後的味道等。

5. **觸覺**（the touch line）：接觸（haptic）是大多數運動項目的核心，也是比賽中決定如何反應的重要依據。例如高爾夫球選手在果嶺上先用腳感覺草紋，來判斷推桿路線、或者拳擊手以刺拳試探對手反應與控制距離，又或者板球投手在投球前摩擦球等。

上述的條列並未包含所有身體的感覺，因為我們至少還能把味覺列進來討論，而這有兩種意義：第一種指的就是身體感官的味覺，例如拳擊手舔到血腥味、或者受傷的運動員感到噁心等。第二種則是隱喻式的味覺，例如選手苦吞輸掉比賽的難受與苦澀，或者品嚐到勝利的甜蜜等。

現象學途徑也與一些人類地理學理論有相似之處，特別是下一章將討論到的拓撲感理論（topophilia，也就是「場地之愛」）。更廣泛地來看，對於戶外活動的分析，就有一大部分是現象學式的研究。北歐的「戶外生活」（friluftsliv）研究，便是探討健走、徒步旅行、滑雪、攀岩、帆船、造船等運動項目的參與者，如何體驗與投身在自然環境當中，包括如何透過個人的身體來感受，以及因應不斷變化的自然環境而進行的調整適應（可以參見 Bischoff, 2012; Tordsson, 2010）。以方法論來看，現象學取徑非常適合以質化研究來進行（Kerry and Armour, 2000）。運動與休閒活動中的行動者身體的經驗與日常，很適合透過深度訪談、參與觀察、人類學、自傳式與文本分析等方法與技術，來蒐集資料。

身體與運動風險

從事運動就會對身體帶來各種風險。當運動愈來愈理性化、職業化與商品化，風險程度也就相應提高，特別是與用藥有關的風險。下一小節將介紹社會學家與社會科學所探討的三種與運動相關風險，分別是暴力、痛苦與受傷，以及使用禁藥（doping）。

p.125

運動中的暴力

在運動中，暴力與激烈動作始終是重要的元素，也讓身體暴露在風險當中。學者 Coakley（2001: 174-175）對這兩個關鍵字做出定義，有助於瞭解當中的區別。所謂的暴力，指的是「過度使用身體力量，而造成可能的傷害或損傷」；而所謂的激烈動作（aggression），則指的是「企圖主宰、控制、或傷害另一個人的言語或行為」。激烈動作在運動競賽中的意義較為正面，運動員通常被鼓勵採取激烈動作，並且能因此受到媒體與觀眾的讚賞。暴力在運動中相當常見，特別是選手與教練的暴力——舉例來說，足球與橄欖球中的踩人與拐子、冰球中互毆、棒球比賽兩隊衝突時「板凳區清空」（bench-clearing）的對峙；球迷的部分，則有不同隊伍的球迷互相鬥毆，或者北美運動賽事中同隊球迷在「勝利慶典暴動」（celebration rioting）打架滋事。在身體接觸較為密切的運動項目中，暴力與激烈動作也深植於其陽剛霸權文化內。當選手試圖要凌駕對手，運動員的身體就成為暴力與激烈動作的一種工具。如同 Messner（1992: 71）所指出，「把身體當作一種武器，就會引起互相對抗的暴力」，因此身體的傷害也就無可避免。

Finn（1994a: 102-105）的感知分析，可以適用於許多不同的運動項目。他指出，足球選手與球迷受到日常生活中「準暴力文化」價值觀的社會化。此一準暴力文化的界定並不清楚，因為「它將暴力與激烈動作視為比賽中的核心，但同時這樣的看法又伴隨著許許多多的不一致、不確定與缺乏共識。」因此，運動員、運動迷與媒體，對於運動中的各種暴力行為與衝突，都有不同的看法。許多國家或運動項目，加強各種法規限制以降低暴力行為。不過，運動場上的暴力仍鮮見被控以刑事罪責，而主要還是由各項運動協會來自主應對。

拓展社會學對運動中暴力之理解的最佳途徑之一，就是透過人類學對暴力次文化的調查。法國社會學家 Loïc Wacquant（1995a, 1995b, 2001, 2004）對於芝加哥拳擊場上的比賽與場下的訓練，進行了極為傑出的人類學研究。他指出（Wacquant, 2005: 460），對於身處美國種族與階級最下層的年輕拳手來說，拳擊場是一個他們得以「暫時喘息的避風港」。

p.126

對於 Wacquant 所研究的拳擊手來說，拳擊比賽有雙重意義。在正

面意義上，拳擊手將其「身體資本」轉換為「拳擊資本」（pugilistic capital），以贏得比賽、榮銜、地位與財富，來達成「榮耀自身」（glorified self）的目標（Wacquant, 1995a: 66-67）。但另一方面，拳擊手也非常清楚他們遭受經紀人的剝削，有三種類型的自我描述來說明他們的處境（Wacquant, 2001）。第一種是把自己比為「婊子」，拳擊手賣身讓皮條客經紀人的荷包賺飽。第二種是把自己比做被工作合約綁死的「奴隸」，被他們的推銷員經紀人推入暴力深淵（註17）。第三種則是把自己比為「駿馬」，被經紀人所豢養，並且隨時被帶出去比賽。拳擊手們心知肚明他們在職業生涯中會不斷受傷，身體一片片碎裂在拳擊場上，也必須面對隨時被對手一拳打到腦震盪或頭顱損傷的風險（Wacquant, 1995b: 522）。雖然如此，他們還是能以另類（或矛盾）的自我認知來保有自尊。他們認為自己不會像那些平凡的拳擊手一樣受重傷（Wacquant, 2001）。跨過拳擊場圍繩、閃開對手出拳的攻擊、跟對手纏鬥、在賽末擁抱對手，都是拳擊手會拿來說嘴的驕傲經驗。身體的痛苦、受傷與衰頹，都是拳擊的本質，但是拳擊手在他們「甜蜜的科學」（sweet science，譯註）的矯健身體中，建構一種「英雄式的超越自我」。放在更大的脈絡來看，暴力運動次文化其實反映了社會的深層結構。因此從Wacquant 的研究可以瞭解，拳擊手把這項最暴力運動的風險，看做是中下階級在社會其他層面所受剝削的一種相對解放之作法。

痛苦與受傷

p.127
　　運動中痛苦與受傷的運動員，特別是男性選手，受到社會學者的重視。Howe（2004: 74）將受傷定義為「身體的結構性傷害……而可能影響到身體功能」，而痛苦則是「受傷的標記，也是身體組織的實際或潛在損害所帶來的不愉快感受與情緒反應。」

　　在早期研究中，Nixon（1993）認為，在各種結構、文化與社會因素的影響下，媒體等管道傳遞了「運動員必須接受痛苦與傷害是運動一部分」的想法。願意「克服痛苦阻礙」的運動員受到表揚，相反地，缺乏

譯註　拳擊的別稱，https://en.wikipedia.org/wiki/Boxing

「勇氣」面對痛苦的運動員則是備受質疑，往往被看做是不可靠、衰弱、懶惰、儒弱與不愛國（引自 McKay and Roderick, 2010）。痛苦的運動員必須在未曾間斷的壓力下持續競賽，這些壓力可能來自於教練與隊友的嘲笑，並威脅他們會失去在球隊的位置（Roderick, 2006）。除了這類要求運動員承受巨大痛苦的怪異價值觀之外，他們還必須承受輕微傷勢累積成長期嚴重運動傷害的風險。再者，菁英運動也對於運動員的身體有極為嚴格的要求。醫護組、管理階層、教練，甚至是運動員本身都會修補或掩蓋續發性的傷勢，因而對於身體與健康產生長期影響（Howe, 2004）。

同時，這議題上還可以看到運動員社會差異的影響。Young、McTeer 與 White（1994）的研究發現，男性運動員較不在意運動中的受傷風險，嚴重的運動傷害還會被認為可以增強其陽剛認同。Theberge（2008）也觀察到，運動員往往認為他的身體「不是自己的身體」（disembodied），而是必須受到好好管理的「物體」，並且將健康看做是運動員「隨時保持比賽競爭力」的資產。相對地，Howe（2004）則發現，運動員其實非常清楚運動中的風險，而會在「追求更好表現」與「承受痛苦、受傷與長期健康傷害之風險」之間，求取可能的平衡。同樣的狀況也發生在大眾運動層面，有些人會為了追求消費文化中所鼓吹的理想身材，而甘冒風險去服用禁藥或接受整型手術等。

關於運動中的痛苦與受傷，有兩個特別為公眾所關切的議題，分別是兒童與美式足球。首先關於兒童因為運動過度所帶來的危害，甚至還可以追溯到古代社會，像是亞里斯多德（Aristotle, 1981: 460）就觀察到古代奧林匹克中，男孩跟成年男子選手都會受因為之前過度訓練，而在比賽時「失去力氣」。在當代運動中，有許多國家法規與國際條約，設下各種對兒童權益的保障標準。不過，David（2005: 7）對兒童運動賽事參與者的調查顯示，雖然有 70% 的未成年選手在當中有正面與成長的體驗，但也有 20% 遭受暴力或其他類型的虐待、10% 更遭受到人權侵害，包括體操、游泳與網球等運動項目中，許多兒童選手因為高強度訓練而苦於痛楚、受傷、長期健康問題與高度職業倦怠的情形，受到社會高度關注（Ryan, 1996: 11）（註 18）。必須將兒童視為權益容易受損的公民，他們在未成年時，對於這種高強度的體能訓練，無法有足夠行為能力進行「知情同意」（informed consent），而且很容易因為來自家庭成員的壓

p.128

力，而遭到系統性壓迫。另外，菁英運動中的兒童選手，其實必須視為某種形式的「童工」，也因此必須受到法律保護（Donnelly and Petherick, 2006）。

第二，職業美式足球員的健康保障，也已經成為法律、醫界與公眾的關切議題。一項 1990 年代中期進行的調查報告發現，NFL 每個球季中，有大約半數的球員都需要服用球團所提供的各種止痛或消炎藥物（*Sports Illustrated*, 27 May 1996）。一些內部消息與法界意見指出，有些球隊的隨隊醫生給予受傷球員臨時處置，而並未給予適當治療，因此使得選手們籠罩在長期傷害的風險下（Huizenga, 1995; *New York Times*, 28 July 2002）。

美式足球運動傷害的最大爭議，在於腦震盪的諸多病例，造成這些選手意識或神經性的傷害，像是早發或嚴重的痴呆、帕金森氏症、或運動神經疾病〔包括俗稱漸凍人的肌萎縮性脊髓側索硬化症，也稱為盧·賈里格症（Lou Gehrig's disease）〕。NFL 在 1990 年與 2000 年代間一直忽視此一問題，直到許多前 NFL 明星球員出現腦部嚴重退化的症狀（像是 Mike Webster、Tony Dorsett 與 Jim McMahon），以及幾位球員甚至因而自殺（包括 Terry Long、Andre Waters 與 Junior Seau）之後，聯盟才開始重視其嚴重性。超過 4,000 位腦部傷殘的前 NFL 球員，對聯盟提起了集體訴訟。2013 年 8 月，雙方的律師團同意以 7.6 億美元賠償金達成和解；但和解案稍後卻被法院推翻，其中一部分原因是擔心受傷選手可能無法拿到足夠的賠償。同時，美國社會也開始重視 NFL 球員的腦部傷害問題。不像拳擊界很早就注意到選手腦部傷害的議題，其他運動項目直到近幾年才有所警覺，包括橄欖球、冰球與足球等運動，都開始出現要求協會或聯盟保護球員的改革呼聲，例如提供教育訓練、修改規則，以及使用最新裝備。關於運動員腦部傷害的醫學研究將會愈來愈完整，因此可預見會有愈來愈多球員對職業聯盟或球隊提出相關的法律訴訟。

p.129

使用禁藥

使用禁藥指的是運動員服用可以增強表現的藥物（performance-enhancing drugs，簡稱 PEDs）。大多數運動項目將服用 PEDs 視為違反運動精神，並基於維護公平競爭與運動員身體健康的原因，而加以禁止。

　　運動員一直都會使用各種興奮劑來增強表現，例如古代奧運的選手會服用特定的草藥，或者在現代運動初期的 1904 年奧運比賽中，馬拉松金牌選手 Thomas Hicks 就服用馬錢子鹼（strychnine）與安非他命等藥物來提升競爭力。在 1950 年與 1960 年代之間，雖然還沒有太多直接證據來證明問題的嚴重性，但是體壇已經開始出現反對使用藥物的呼聲（Møller, 2015）。一些運動協會開始對運動員的禁藥使用展開體檢，而各項運動明列的禁藥種類也逐漸擴充，進而包括了人工合成類固醇藥物、血液興奮劑、紅血球生成素（又稱 EPO）。

　　在國際體壇中有幾個著名的使用禁藥爭議。第一個案例是到目前為止引起最大關注的 1988 年漢城（現稱首爾）奧運會一百公尺短跑金牌選手 Ben Johnson，賽後被測出服用類固醇。從 1968 年奧運引入禁藥測試以來，田徑與舉重選手被測出違反禁藥規定者最多，而 2004 年雅典奧運會測出 33 位使用禁藥的選手，則是有史以來數量最高的一屆。第二個例子是頂級自行車比賽，特別是環法自行車賽，許多明星車手與他們的車隊捲入系統性的使用禁藥醜聞，而遭到警方、媒體與自行車協會的揭發。在 1996 年到 2010 年間的環法自行車賽中，竟然只有一位得牌選手是清白的，而被定罪的選手包括六屆金牌選手的藍斯·阿姆斯壯（Lance Armstrong），而他之後也被追回所有獎牌。第三個例子是前共產陣營的許多東歐國家，自 1960 年代開始，到 1989 年至 1992 年政權垮臺期間，由政府有系統地資助國家代表隊選手使用禁藥。前東德國家代表隊在 1968 年至 1988 年間的五屆奧運會中奪得 150 面以上的金牌，相信有不少是因為他們透過組織性的方式使用禁藥。第四個例子則是美國職業棒球有許多球星坦承使用 PED，包括 José Canseco 與在 1998 年以單季 70 支打破原 MLB 全壘打紀錄的 Mark McGwire。另外還有 2001 年再以單季 73 支全壘打再創 MLB 紀錄的 Barry Bonds，也被指控涉嫌服用禁藥。MLB 之後就加強了禁藥檢測，於 2006 年到 2013 年間有超過 30 位球員因而被禁賽，包括頂級球星的 Alex Rodriguez、Melky Cabrera、Ryan Braun、Bartolo Colon 與被二度禁賽的 Manny Ramirez。p.130

　　從 1990 年代後期以來，許多政府組織加強對運動員使用禁藥的管制。世界反運動禁藥機構（the World Anti-Doping Agency，簡稱 WADA）於 1999 年在國際奧委會（IOC）的全力支持下成立，而許多國

家也紛紛成立反禁藥組織。同時，聯合國教科文組織（UNESCO）、歐洲議會（the Council of Europe）與其他國際組織，合作簽訂了各種反運動禁藥的條約與協定。這類的跨國檢測與規範，跟體壇早期的狀況相比，當然更制度化，也更有強制力，但還無法完全根除禁藥使用，而國際體壇中還是有許多選手與單位，仍會心存僥倖以身試法。

＊＊＊

　　整體來說，暴力、痛苦與受傷，以及使用禁藥，是運動社會學對於身體風險的三個最主要研究領域，而德國社會學家貝克（Ulrich Beck, 1992）的風險社會概念，可以作為此一主題的總體理論。貝克認為，全球社會中各種不同類型風險的大幅提高，以及人們對此的認知與焦慮，型塑了現代生活的面貌。這類風險包括全球暖化、核電廠輻射外洩、國際恐怖攻擊、英國的狂牛症等食安危機，以及流行傳染病如愛滋病（HIV/AIDS）或禽流感等。而風險的起源往往是人為因素，例如工業化與科技發展、或者全球性旅行與移民的意外副效果。在風險社會中，廣大的公眾開始反思後發現，科學家與其他「專家系統」（expert systems）「並非總是在解決問題，而有時反而是製造問題」（前引書：155-156）。當代風險社會的出現，部分與社會階級有關，像是由中下階級承擔較多風險；但是也出現許多「自食惡果」（boomerang effects）的現象，那些製造風險的人也因此遭到風險的反噬（例如化學工廠任意排放廢水，結果自己也被河川汙染所影響）。

p.131

　　貝克的風險社會理論，有一些重要概念可以適用於我們對運動中風險的討論。首先，運動組織、運動員，以及一般大眾，對於受傷、暴力與使用禁藥的身體風險，都有更多的瞭解，也因此使得運動中的這些風險面向成為近來社會的重要議題。其次，運動中的風險，大多數是人為或社會建構而成，往往是「專家體系」所造成的結果，像是教練低估或忽視選手的傷勢、或者科學家或醫護人員製造與提供 PEDs 等禁藥給選手使用。第三，運動中風險的最主要受害者，往往都是地位最低、權益最不受到保障的中下階層，例如飽受欺凌的貧民出身拳擊手、或者受到菁英運動教練所指導的年輕選手（不過，嚴重的運動傷害也會對其他階級造成影響，例如

可能是出身中產階級的職業橄欖球選手等）。而且因為專家們製造了過大的風險，導致運動領域與整體社會都出現反作用力時，就會讓統治階級自食惡果。例如田徑圈與自行車界的禁藥醜聞、或者拳擊手遭受的嚴重傷害。整體來說，貝克的風險社會理論，是分析當代社會脈絡中運動風險問題的有力分析架構。

✿ 運動、冒險與「高峰體驗」（peak experiences）

這小節將分析體育活動中「自願承擔風險」（voluntary risk-taking）的冒險行為，而其目標是追求刺激與「高峰體驗」。此類的活動包括攀岩、划水、跳傘、獨木舟（kayaking）、衝浪與滑雪板等。近年來，愈來愈多這類的活動，被放入「極限運動」（extreme sports，或稱 action sports）的範疇中（Rinehart and Sydnor, 2003; Thorpe, 2014）。

由於這些運動的重點在於刺激性，因此可以透過社會心理學途徑來加以討論。這類活動的參與者，可以說個性特別「愛玩」（paratelic），喜歡遊樂與興奮的事物（Apter, 1982），因此透過從事運動來尋求高峰體驗，包括狂喜與興奮感、短暫暈眩、讓身體充滿精力與力量，以及與周遭環境合而為一（McInman and Grove, 1991; Lyng, 1990: 882）。此種愉悅的感官刺激，特別能夠以高超技術克服運動中的高度難關時，可以達到最高峰（Csikszentmihalyi, 1975; Csikszentmihalyi and Csikszentmihalyi, 1988）。超級馬拉松、攀岩、跳傘與定點跳傘（BASE jumping）等極限運動，都可以讓選手產生暈眩般的刺激感，甚至是帶有肉欲（voluptuous panic）的感官感受。就像一位滑翔翼選手在他嘗試特技般地飛越 2 位選手而喪生前所說的，「我只有在害怕到起雞皮疙瘩時，才會感覺舒服，像是嗑藥一樣。事實上，我就是必須把自己嚇死。」（Le Breton, 2000: 8-9）

雖然社會心理學途徑能分析從事這類冒險運動的背後動機是什麼，但是社會學途徑則更能夠解釋這些活動受到哪些社會因素的影響。我們可以探究極限運動的參與者如何開始與養成從事這類休閒活動習慣，又受到哪些次文化團體的影響。我們也可以檢視這些運動參與者的背景與特質，例如是否為中產階級白人的專業人士（Fletcher, 2008; Kay and Laberge,

p.132

2002; Lyng, 1990）。

　　Langseth（2011）的社會學分析指出，關於冒險運動的社會學分析，大概可分成兩種類型。第一種是「補償」（compensation）觀點，認為在一成不變又百無聊賴的現實生活中，冒險運動能夠提供一種補償或逃避的空間。Lyng（1990）對於跳傘運動的研究就發現，當中有許多人是白領工作者，因此是為了尋求刺激，以逃避日常工作環境的極度理性化與官僚化。北歐學者 Møller（2007）則認為，因為良好的社會福利制度，讓人們無需為生活擔憂，因此從事極限運動成為過於安逸生活裡的一點慰藉。第二種則是與之相反的調適（adaptation）觀點，認為刺激的冒險運動正是「晚期資本主義的文化面貌」。因此，冒險活動是當前文化中的主流價值展現，「包括個人主義，真實性、創造力、自發性、反傳統、彈性化、個人實現與追求有趣及刺激的生活等」（Langseth, 2011: 632-633）。從這個觀點來看，冒險運動就是個人化消費主義的生活風格認同之宣示（引自 Featherstone, 1991）。再者，調適觀點也認為，冒險運動的風行，代表了新自由主義的興起與社會福利制度的瓦解。因為冒險運動跟個人性格與技術高度相關（包括是否擁有足夠資源，或者有能力評估風險與處理危機），而這些特質都是新自由主義所標舉的價值觀，並且揚棄了過去強調個人與社會安全的社會福利與終身雇用制度。對於 Langseth 來說，從事冒險運動同時具有補償與調適這兩種意義，一方面是逃避高度管控下無趣的社會結構與文化價值，另一方面也是轉而擁抱強調個人主義與生活風格的消費社會。在上述社會因素的影響下，資本先進國家中從事極限運動的人數將會持續成長。

✎ 結論

　　本章檢視了對於運動中，身體的社會學研究。傅科理論不僅可以分析在現代運動與其他社會領域中，如何透過有形的規範、控制與治理，將身體作為權力關係的核心，也能夠辨認身體所能展現的反抗與逾越之另類形式的知識與實踐。現象學觀點則能夠捕捉運動中的身體，特別是感官形式的經驗。戶外生活（北歐稱之為 friluftsliv）研究的學者透過現象學分析，對於運動研究也很有幫助。現代運動讓身體承擔了多種風險，社會學家的

p.133

研究特別探討了痛苦與受傷、暴力（例如拳擊）與使用禁藥等議題。貝克的「風險社會」理論，也可以運用在此一脈絡下對冒險行為的解釋。在極限運動中的冒險，可以透過混合了心理學與社會學的角度來加以分析，其中包括「高峰體驗」、「流動」、次文化的社會化與「補償／調適」等觀點，特別適合於解釋。在資本發達社會中的階級差異，反映在中產階級特別喜愛這類相對新興的冒險活動（「逃避」過度理性化的日常生活就成為背後的動機），而中下階級則是習於從事拳擊等傳統的冒險運動（而這裡的「逃避」，則是想要脫離貧窮與低落的社會地位，但往往很難成功）。

p.134

　　最後，對於運動中身體之議題，本文認為必須進行更為具體與周延的跨領域研究。在五十年前，英國小說家兼科學家 C. P. Snow（1959）批評當時的西方知識分子，自我區分為「文組」與「理組」兩種群體，兩者之間愈發缺乏對話與互動。在運動研究與其他許多社會領域及議題的分析中，也存在著這樣的區分，一方是藝術與社會科學，另一方則是自然科學。對於運動中的人類身體之研究，正是一個可以融合社會與自然科學的領域，因此有可能作為兩者對話的最佳研究領域，並形成真正的跨領域分析。這樣的研究將可對運動中的身體有更全面的解釋與理解，也可以看到社會與自然科學若能有效結合，對於運動與其他研究議題所能帶來的提升效果。

討論問題

1. 現代運動如何用來作為規訓與控制身體的工具？
2. 從事各種不同的運動，可以促進哪些特定的感官經驗？
3. 運動中的暴力與使用禁藥，會帶來哪些身體的風險？這些與運動有關的風險，是否在特定階級與族群中尤為明顯？
4. 從事定點跳傘與高空跳傘等極限運動的冒險活動，背後的動機可能有哪些？
5. 我們可以如何重新改造運動，以達成同時擴大運動樂趣與降低身體風險的目標？

8

運動場館與空間：
情感、商業與奇幻之地

p.135　　法蘭克辛那屈（Frank Sinatra）在他那幾張復出專輯中，有首歌是關於布魯克林道奇隊（Brooklyn Dodgers），以及當時其位於紐約布魯克林區主場艾比茲球場（Ebbets Field）的深沉鄉愁。這首由 Joe Raposo 所做，名為「這裡曾經有座棒球場」（There used to be a ballpark right here）的歌曲，歌詞中充滿著對夏日豔陽下球場內各種聲音、氣味、擁擠人群的種種回憶。這所有一切都在 1958 年戛然而止，因為道奇隊為了尋求更大的市場與利潤，而從美國東岸搬遷到西岸，變成了洛杉磯道奇隊。兩年後，Ebbets Field 球場更遭到拆除，化為塵土。辛那屈的歌與 Ebbets Field 球場的故事，說明了某些地景能夠讓人產生特定情感，也可以與大眾文化有緊密連結。這故事也彰顯了資本主義社會中，運動與休閒場館作為商業組織，如何讓利潤考量凌駕於各種感性與社區認同之上。不像歌手辛那屈還可以重新復出歌壇，在美國商業化的職業運動環境下，布魯克林棒球隊卻再也回不去了。

　　本章檢視運動空間面向的相關社會學主要問題。首先，以 John Bale 的研究為主要參考對象，討論人們對於特定運動空間的特殊情感投射。第二，分析運動地景的政治經濟學，特別是其中「高度商品化」（hypercommodification）之過程、北美以公部門資金興建運動場館、主辦大型運動賽會，以及運動中關於環境之議題等。第三，探討運動場地的後現代面向，特別是理性化與商品化過程，以及虛擬文化（virtual culture）的興起。第四，將轉而討論運動空間的社會控制——這個主題在 p.1361990 年代後期開始，獲得社會科學家的關切。最後，以這些不同論點之

間的關係作為結論，在運動空間型塑議題的分析角度上，嘗試於政治經濟與社會文化因素之間取得平衡。

✿ 運動場地與情感投射

運動場地對於球迷來說，往往帶著強烈的社會與文化意義。開闢運動地理學此一研究領域的社會學者 John Bale，對於這些大眾情感的分析有極為卓著的貢獻（註 19）。

以 Tuan（1974）的研究為基礎，Bale（1994: 120）借用了「拓撲感」（topophilia）的概念，來解釋群眾對於特定運動場地設施的「場地之愛」（love of place）。Bale（1991a）遵循了涂爾幹的途徑，以五種隱喻來捕捉運動場地設施（他舉的例子是足球場）對於不同團體的不同意義。

- 第一，運動場館因為是運動員與運動迷的聚會所（congregation），所以就像是充滿靈光的「聖殿」（sacred place）。運動場館中會進行具有「準」宗教儀式性質的活動，像是已逝球迷在其中化為塵土、或者當中一些區域作為聖地來膜拜最近過世的人們。舉例來說，在 1989 年雪菲爾（Sheffield）發生希爾斯堡球場（Hillsborough stadium）慘案，造成 96 名利物浦球迷死亡之後，球迷把這兩個城市足球場中的某些區域覆上花圈與花束，以及各種足球相關紀念品，以為悼念（註 20）。
- 第二，運動場館也具備舞臺性質（scenic），提供視覺饗宴給運動員與觀眾，特別是在「複合式地景效果」（complex landscape ensembles）一併呈現時，例如英國板球場旁邊搭配了大教堂、老樹、山丘等。
- 第三，運動場館是運動員與球迷的「家」（home）的說法，這反映了心裡深深的熟悉感與依戀感，也造成球員與球迷認為「主隊」具有技壓來訪客隊之主場優勢的集體心理效果。
- 第四，運動場館也可以是觀光景點（tourist place）或史蹟景點，提供觀光客旅遊嚮導。
- 第五，運動場館可以激起「地方之光」（local pride）感受，在主場比賽的球隊是「社區連結的中心，以及一些曾經是重要社區（Gemeinschaft）得以『重建』的依據」（Bale, 1991a: 135）。這可見

於一些強有力的證明案例，像是一些市中心的老舊運動場館，仍舊可以吸引之前曾經住在附近的大批球迷前來觀賞球賽。

除了這五點之外，我認為運動場館還可因其斑駁外表（patina），而有更進一步的符號意義——換句話說，因為場館的歲月痕跡，而可以代表特定的認同與當地歷史（Ritzer and Stillman, 2001）。運動場館的斑駁外表，像是褪色的磚牆、破落的號誌、磨損的座椅，以及場館裡面或周圍那些逐漸失色的壁畫等。

從此一觀點來看，在特定的個人與集體認同上，運動場館可以作為其建構與表達的重要形式。不同球迷對於觀賞比賽，可能有自己特別喜愛的角度或座位，他們在那裡可以與朋友、家人、或同隊球迷同在一起。運動場館的不同席位的選擇，跟布迪厄所謂的階級習僻有關（見第十章），也就是可以吸引特定社會背景（包括世代與階級）、特定文化品味與特定興趣嗜好的球迷。球迷次文化可能在運動場館的特定角落滋長，舉例來說，我們可以看到某些球隊長期支持者會集中在特定的區域，甚至宣稱那是他們的「地盤」，並且以各種吵雜喧譁、粗魯不文的加油方式，表達對球隊的支持。足球場正是可以作為這種容納認同的場域（在義大利有所謂的curvas）（譯註1）。這類鐵桿足球迷，會聚集在不同球場的類似角落，包括愛爾蘭的蓋爾特足球（Gaelic football）、澳式足球（Australian Rules football）與美式足球，都會有某些球場區域的熱情球迷。例如美式足球中，大學球賽的低價露天區座位（bleacher seats）、或者克里夫蘭布朗美式足球隊主場的 Dawg Pound 區，都可說是「盛名遠播」。

不過並不是每個社會團體或社群，都對於特定運動場地懷有正面的態度與感情。在某些狀況下，運動場館可能激起「拓撲慌」（topophobia）——也就是對於場館的恐懼或敵意等負面情緒（Bale, 1994: 145-146）。運動場館附近的居民或商家，可能會苦於各種「溢出」問題或「負面外部性」，像是球迷的叫囂、酗酒、隨地便溺、肆意破壞，以及鬥毆等（Bale, 1990; Mason and Roberts, 1991）。拓撲慌特別容易出

譯註1　位於球門後的觀眾席，這裡通常是死忠球迷的聚集地，因為視線不好，票價便宜。

現在弱勢團體之中，他們對於跟特定運動場地連結的犯罪與失序行為，有較深的恐懼。

p.138

　　但是整體而言，在其他社會學觀點對於運動與休閒地點的分析上，拓撲感的主題比起拓撲慌更常出現。舉例來說，Wearing（1998: 134-135）採用了 Grosz（1995）提出的「城鎮」（chora，希臘文）概念，來描述群眾（或者鎮民，chorasters）熱情而隨性地參與某些休閒場地的活動，例如雪梨市曼利區（Manly）海水泳池的例子。延伸此一概念，運動迷與特定運動場館緊密連結的行動，或許跟這類的鎮民活動非常類似。以阿根廷的運動為例，Archetti（1998: 180-181）探討了市區內廢棄空地（potreros）的文化重要性，因為對於一般人來說，這些地方能讓青少年（pibes）學到阿根廷足球風，包括盤球技巧（dribbling skills）與一種「創新、自發且自由」的風格。透過此一方式，對於市區廢棄空地的拓撲感，就與運動中的男性國族認同緊密結合起來。

　　整體來說，對於運動場館的情感，複雜多端且面貌多變，常常又愛又恨，且歷久彌堅。對於球迷而言，運動場館也是運動強烈社會連帶感得以產生，以及再生產的重要關鍵。不過，下一小節將會討論，這些運動場地的社會文化意義，會受到政治經濟力量下的重新型塑與挑戰。

✿ 運動場館的政治經濟學

　　本小節探討運動的政治經濟面向中，影響運動迷的四個關鍵議題：運動空間的高度商品化、北美洲的運動場館興建、主辦大型運動賽事，以及環境議題。

運動空間的高度商品化

　　在大多數社會中，幾乎所有的運動場地都是 Reiss（1991: 4）所稱的「半公共運動設施」（semipublic sports facilities）──換句話說，這些場地是私人擁有（可能是個人、私人協會、或者地方機關），一般人則必須付費才能進入使用相關設備。在頂級運動賽事方面，現代的運動場館大多數都是以商業利潤為思考核心。十九世紀與二十世紀初期，歐洲與北美洲的大型運動場館興建，大多是為了廣受喜愛的運動賽事之公開舉辦，這

p.139

樣能夠確保有足夠的觀眾願意付錢買票入場。因此，棒球與足球等運動的職業化過程中，門票的收入扮演了相當重要的角色。

隨後，運動場館就成為都市化空間區隔的場所之一，反映了階級的「區隔」（segments）或「分子化」（molecules）。運動場館中比較昂貴、觀賽熱區的座位區，就保留給資產階級；比較遠的位置（像是北美洲運動場館的低價露天看臺區）或者沒有座位的一整片站位區，就以勞工階級的觀眾為主（參見 Sennett, 1977: 135）。從 1970 年代開始，當代社會的社會經濟結構愈來愈分化，也就使得運動場館座位分區的階級組成與門票差價的作法愈來愈複雜。因此，職業運動場館當中充斥了商業使用區域與設施，例如專供贊助企業包場的包廂、專供特定的專屬「會員」使用之位於場內或其他分區（perks）的複合式觀賽客席（lounge）、專供全國性或國際性媒體記者的新聞室，以及為了長期「再生產」球迷下一代而給予票價折扣的「闔家觀賞區」等。

第三章中曾經提到頂級運動賽事高度商品化的問題，而這隨著產生了兩個重要的社會空間議題。

第一，在許多頂級運動賽事中，場館的商業化導致了「近用政治」（the politics of access）的問題。在這樣的狀況下，必須考量一個經典的社會學問題：如何將不足夠的資源（例如有限的門票數量），妥善地分配給不同的社會團體？在頂級運動賽事中，這一資源愈來愈稀有，也就愈來愈以市場標準來進行分配——也就是擁有財力足可負擔高額票價的人，而非那些長期熱情投入的球迷。

頂級運動賽事的高度商品化，反映在現場票價的高漲。英超足球的季票，在 1990 年到 2010 年當中的漲幅，是這段時間通貨膨脹的數倍之多（某些球隊更上漲超過十倍）（*The Guardian*, 16 August 2011）。澳洲的國際板球票價也被抨擊，導致許多熱情球迷必須從他們的可支配所得中，挪出一大部分來買門票（*Sydney Morning Herald*, 26 December 2011）。職業美式足球於 2003 年到 2013 年的平均票價漲幅超過 5%，而停車費則p.140上漲一倍，但是其近年的現場觀賽人數卻出現下滑（CNN, 7 September 2013）。舊金山 49 人隊搬到新的球場之後，門票價格上漲三倍，而且還另外需要 3 萬美元的「座位購票授權金」費用（seat licence payment），導致許多忠實老球迷再也負擔不起（*San Francisco Chronicle*, 18 April

2012）。

　　頂級賽事的門票，像是「總決賽系列戰」（Cup Finals）或大型運動賽會，也是以市場原則來分配。因此，主要能拿到門票入場的，都是贊助商或者那些有能力買高價「會員」套票的有錢人，以及運動體制內的政治菁英階層等。商品化中更進一步的黑暗角落，從 1990 年代所形成的「次級市場」，也就是這些頂級賽事的黃牛票暗盤（touting or scalping），主要是因為運動組織的腐化而出現。舉例來說，巴西警方在 2014 年世界盃的決賽中，查獲了黑道與該國足球協會人員勾結，非法超賣高達 9,000 萬美元門票的醜聞，甚至還可追溯到至少前三輪的比賽（The Guardian, 8 July 2014）。在其他條件不變的狀況下，其整體的影響是導致職業球隊或國家隊的非企業之個別的長期忠實球迷，愈來愈難買到這些重要賽事的門票。因此，2012 年的倫敦奧運，大部分的門票保留給奧運贊助商，以及「奧運大家族」的協會會員，而英國一般大眾在重要比賽中只能分到少數「殘留」的座位：像是開幕典禮中只剩下 44% 座位、自行車的決賽只剩下 43%、網球賽事剩下 3%，帆船決賽更只有區區 0.12%（Giulianotti et al., 2014b）。

　　第二個議題來自於高度商品化與「運動場館之認同政治」（the politics of stadium identities）之間的關係。舉例來說，當企業化經營之運動場館的門票愈來愈昂貴，也就愈來愈難以作為年輕世代與勞工階級球迷次文化的孵化地。弔詭的是，當這些團體被邊緣化排除在球場外之後，球場氣氛不再熱鬧，對於電視觀眾的吸引力也會下降。前曼聯隊長 Roy Keane 就曾對此抨擊表示，太多球場觀眾把注意力放在場邊販賣的「龍蝦三明治」與各種球場消費設施，而非球場上的比賽。如同下一章將討論到的，在球場加強保全措施後，對於大聲喧鬧或奇裝異服球迷加以限制，也可能會降低球迷認同。在歐洲足球場，這些限制包括禁止放煙火等屬於球迷次文化的行為。同時，球團也會為了本身的商業利益，而利用這些場館空間認同。舉例來說，美式足球 Cleveland Browns 球場原本有藍領階級球迷聚集、吵雜的「Dawg Pound」區域，但被球團將票價抬高、加入更多的商業色彩，還把此一特別的球迷認同包裝成「品牌」來加以行銷，就被批評是一種消費球迷的商品化作法。

　　另外，還有關於運動場館「冠名權」商品化的議題。這些被企業冠

p.141

名的場館，僅只舉其大者，像是德國拜仁慕尼黑足球隊的主場 Allianz Arena、巴西聖保羅帕梅拉斯足球隊（Palmeiras of Sao Paulo football club）的主場 Allianz Parque、雪梨的 ANZ Stadium、薩爾斯堡紅牛足球隊（Red Bull Salzburg）的主場 Red Bull Arena、多倫多藍鳥棒球隊與多倫多淘金人足球隊（Argonauts）的主場 Rogers Centre、南非約翰尼斯堡的 BIDVest Wanderers Stadium、倫敦兵工廠足球隊主場的 Emirates Stadium、費城美式足球老鷹隊主場的 Lincoln Financial Field，以及明尼蘇達美式足球維京人隊主場的 Hubert H. Humphrey Metrodome 內的 Mall of America Field 等。雖然出售球場冠名權可以賺進不少利潤，但也會損害運動場館讓球迷喜愛的「拓撲感」，以及廣大球迷社群的歸屬感。

整體而言，運動場館的高度商品化，彰顯了自由市場如何破壞了運動中「由下而上」的草根社會文化。如前所述，運動場館最主要的文化政治議題，是有關於運動場館的近用與認同。

北美運動：興建運動場館的政治學

運動空間政治經濟學的第二個主要議題，主要是關於運動場館興建的公共經費補貼，特別是在北美洲的環境。在北美的主要職業運動聯盟，包括 NFL、MLB、NHL 與 NBA，都是由私人擁有的職業球隊所組成；而只要老闆喜歡，隨時都可以將球隊「搬家」。像是本章一開始提到的紐約布魯克林道奇隊，只是北美四大職業聯盟從 1900 年以來，六十幾個曾經「搬家」的球隊之一。職業聯盟也可以自由決定是否接納能夠開拓新商機的新球隊。 p.142

近年來北美許多地方政府都投入鉅資興建運動場館，以求吸引或留住職業聯盟的球隊。有些論者認為，職業球團能夠為主場城市帶來商業利益，包括就業機會、舉辦賽事的球迷觀眾相關消費等（見 Euchner, 1993: 68-70）。職業球團被視為後工業城市的「地方旗艦」（civic flagships），可以帶動投資、觀光與休閒收入（見 Bélanger, 2000）。對於主場城市的社會資本累積與地方認同，職業球隊也扮演了重要角色。

不過，對於北美的運動場館興建風潮，在政治與經濟層面也有著諸多批評聲浪。實際上，補助運動場館是一種「統合福利主義」（corporate welfarism）的作法，公共資金被挪用來保護那些億萬身價球團老闆的個

人利益與「福利」。運動經濟學家指出，上述作法的公共支出，其實遠大於其財政收益（Noll and Zimbalist, 1997; Rosentraub, 1999），而且興建運動場館的數億美元支出，因此無可避免地排擠了教育、醫療、治安與公共交通等重要的公共需求（見 Delaney and Eckstein, 2003; deMause and Cagan, 2008）。再者，地方政府也因為給予球團老闆免稅優惠，總計損失了大約 40 億美元的稅收（Bloomberg, 5 September 2012）。另外，興建運動場館的實際成本，通常遠高於原本的預算；以 2010 年時使用的職業運動場館來計算，此一落差高達 100 億美元（Long, 2012）。新的運動場館與設施落成之後，通常票價就會上漲；收入較低的球迷，要不就是無法負擔而在場外徘徊，不然就是得從所剩無幾的「可支配收入」中，勒緊褲帶再榨出錢包裡最後的一點錢，忍痛買票入場。對於冠軍球隊的地主城市來說，到底職業球團能夠帶來多少公眾形象與經濟利益的實際效用，恐怕還是一個問號（Rowe and McGuirk, 1999）。整體而言，北美洲的經驗證據指出，地方政府投入鉅資興建運動場館，的確讓職業運動聯盟與球團老闆荷包賺滿，但是對主場城市來說，實際上是弊大於利。

p.143

主辦大型運動賽事的政治學

運動空間政治經濟學的第三個議題，是關於主辦大型運動賽事，例如奧運與世界盃足球賽。主辦城市與國家，必須獲得大眾的支持，才能夠參與這類大型賽會的主辦權競標。因此，這些運動組織與招標委員會宣稱，大型運動賽事能創造就業機會、商業活動與觀光利潤，興建與改進運動場館設施，改善道路、鐵路與機場等基礎建設，提升主辦國的運動風氣，進而有益人民健康，以及促進都市更新，像是縉紳化（gentrification）與復甦已衰退的老舊城區（Hall, 2006; Malfas, Theodoraki and Houlihan, 2004; Preuss, 2006）。巴塞隆納常常被標舉為個中模範，透過主辦 1992 年奧運而達成上述各項目標，並因此晉升為「國際性大都會」（a "global city"）（Degen, 2004）。

但是有關主辦城市的議題中，批判社會學更關注那些較沒有那麼正面的影響。許多大型運動賽事留下了造價昂貴，但賽後罕為使用的運動場館，也就是俗稱的「白色大象」（white elephants，譯註[2]），包括蒙特婁

譯註 2　臺灣稱為「蚊子館」。

（1976）、首爾（1988，當時中文譯名為「漢城」）、雪梨（2000）、雅典（2004）與北京（2008）。奧運能夠為主辦城市帶來經濟成長的說法，在這些例子中，也很難見到證據。同時，像是國際足球總會（FIFA）等國際運動組織，還要求主辦國必須先負擔數十億美元的籌辦費用，並且接著還要給予這些組織及其贊助企業各種營利的免稅優惠。以2014年巴西世界盃足球賽為例，免稅優惠估計讓巴西政府短收了2.5億美元的稅收（*Forbes*, 16 June 2014）。

　　主辦大型運動賽會，也會導致主辦城市的貧者愈貧、富者愈富。舉例來說，2012年倫敦奧運，舉辦大多數賽事之場館的「奧林匹克公園」（Olympic Park），位於該市較為貧窮的東城區（East End）。但是許多居民、生意人與政治人物都抱怨，無論是興建場館時或者賽事期間，並沒有為當地創造多少就業機會。而當地因為必須負荷奧運期間的大量交通轉運需求，許多商家生意蒙受損失；反而是鄰近奧林匹克公園由澳洲企業經營的購物中心，以及購物中心裡的各個跨國品牌專櫃，因為奧運觀光客源而大發利市（Giulianotti et al., 2014a, 2014b）。因為奧運主辦單位將馬拉松路線由東城區移往倫敦市中心，也讓東倫敦失去吸引電視機前全球運動迷目光的機會。在奧運之後，私人企業擁有的職業足球隊西漢姆聯隊（West Ham United）取得將奧運場館作為主場的使用權，地方議會還同意貸款4,000萬英鎊，將奧運場館改裝為足球場；與此同時，代表此一英國最為貧窮地區之一的議會，還必須承受總預算遭刪減1億英鎊的沉重財政負擔（Giulianotti et al., 2014b）。 p.144

　　大型運動賽事對社會最為負面的衝擊，就是土地重劃與私有化。在一些例子當中，窮人被迫拆遷，將土地讓給有錢人去蓋美輪美奐的豪宅與商辦。印度德里為了舉辦大英國協運動會，估計有25萬的窮人被迫流離失所（*The Hindu*, 13 October 2010）。類似的「社會清洗」也在2008年北京奧運、2010年南非世界盃足球賽，以及2010年溫哥華冬季奧運時，一再重演（*USA Today*, 5 June 2007; *The Guardian*, 3 February 2010, 1 April 2010）。

　　舉辦賽事時挪用公款的貪汙，也是相當受到關切的議題。例如俄羅斯Sochi舉辦2014年冬季奧運的預算，從原本的120億美元，上漲數倍達到510億美元，當中估計有300億美元被中飽私囊（*The Guardian*, 9

October 2013）。更進一步的批評，還包括了主辦城市侵犯人權的問題。西方媒體與政府就指控俄羅斯在主辦 2014 年冬季奧運與 2018 年世界盃足球賽期間，侵害了非異性戀者的人權（LGBT）。取得 2022 年世界盃足球賽主辦權位於波斯灣地區的卡達，則是遭到西方國家指控虐待與剝削移工；國際勞工團體指出，該國將有多達 4,000 名勞工，因籌辦這場賽事之各種工程的不當壓榨而死亡（*The Guardian*, 26 September 2013）。在這樣的脈絡下，可以看到國際社會與這些主辦國家之間的對立。這些主辦國企圖藉著舉辦大型運動賽事，建立都市或國家「品牌」，以及提升他們的「軟實力」（soft power），也就是對全球閱聽人的吸引力與影響力。不過，這些大型運動賽事同時也把主辦城市與國家，放到國際鎂光燈下詳加檢視，因此媒體報導與人權團體的批評，也許會減損他們的國際聲望與「品牌」認同（Brannagan and Giulianotti, 2014）。

環境議題

p.145

第四個議題是關於大型運動賽事對環境的衝擊，通常也受到政治經濟力量的影響。首先可以注意到，環保主義是許多運動組織、賽事與贊助商共同宣稱的理念。舉例來說，在 1994 年挪威 Lillehammer 冬季奧運之後，國際奧委會將環境保護增列為「奧運精神的第三面向」（第一與第二個面向分別是運動與文化），因此奧運賽事必須有其清楚的環保議程，並且保證是「綠色活動」（green legacy）（引自 Klausen, 1999: 34）。

但是頂級賽事會引發四種環保問題。第一，大型運動賽事因為會有許許多多運動員、教練、行政人員、媒體、賽事貴賓與觀眾必須搭乘飛機長途旅行，而導致大量的「生態足跡」（ecological footprint）。第二，職業運動往往以經濟利益掛帥，而把環境與社區議題拋在腦後。例如環保團體就批評全球的高爾夫球產業，因為必須使用大量的水與殺蟲劑維護場地，而傷害了脆弱的生態系統（Wilson and Millington, 2015）。第三，運動賽事主辦單位的「環保」理念與口號，也常常禁不起在地社區的實際檢驗。在 2000 年雪梨奧運時，主辦單位宣稱其場館設計會採用環保標準，但是許多在地人士卻抱怨環境受到很大的衝擊，像是在 Bondi 沙灘所臨時起造的沙灘排球場（Prasad, 1999: 92; Lenskyj, 2002）。2012 年倫敦奧運主辦單位強調，闢建占地五百畝的奧運公園，可以作為環保永續

發展的基礎。但是數個在地團體卻發起抗議行動，反對奧運賽事與場館設施破壞了社區綠地。第四，運動組織與賽事主辦單位的環保口號，也常常跟賽事贊助企業與「聯盟夥伴」破壞環境的紀錄互相矛盾。環保團體抗議2012年倫敦奧運的數個贊助企業，包括導致石油公司 BP 下的 Deepwater Horizon 墨西哥灣漏油事件、被指控在發展中國家裡侵害人權與破壞環境的礦產公司力拓（Rio Tinto），以及陶氏化學公司〔Dow Chemical，旗下子公司石化公司美國聯合碳化物（Union Carbide）引起 1984 年在印度博帕爾市（Bhopal）發生大規模毒氣外洩事件，導致 16,000 人受傷〕。因此，雖然口頭上關注環保，但實際上特別是在政治經濟力量的操控下，大型運動賽事對於環境有很大的負面衝擊。

政治異議與反對聲浪

p.146

運動場館的政治經濟議題中，還包括許多政治異議與反對聲浪。一些體育領域中的社會運動團體，像是歐洲與南美洲的足球迷團體，大力反對因為運動文化商品化而隨之高漲的賽事票價（引自 Gaffney, 2013; Giulianotti, 2011a; Kennedy and Kennedy, 2012）。對不合理之高票價的批評，也進一步朝向重建運動組織模式的討論；例如在英國媒體中，就一直有論者呼籲要向德國足球場館作法看齊，希望能透過相對低廉的票價以廣納更多球迷觀眾。

運動場館的改名與冠名，也代表了商業利益凌駕於對球隊與主場的社會文化認同。在某些狀況下，球迷不願意改用新的商業冠名，而以沿用過去的場館名稱來反抗，像是舊金山燭臺球場（Candlestick Park）的棒球與美式足球迷。英格蘭東北部的紐卡索足球聯隊（Newcastle United football club）的主場 St James' Park，在 2011 年被不得眾望的球團老闆以他母公司名字命名，改為 Sport Direct Arena；這一作法遭到球迷、媒體與政治人物群起反對，而最終被迫改回原名。

因為作為職業運動主場，以及主辦大型運動賽事必須付出鉅額的社會成本，因此在不同社會脈絡下，引發了各種不同形式的民間抗議聲浪。在美國，不同陣營的政治人物、媒體記者、學者與社會運動，對於投注鉅額公共經費來補助興建私人職業球團的場館，都發出極大的不滿與反對聲音（*The Atlantic*, 18 September 2013; deMause and Cagan, 2008）。反對團

體也聚集在那些已經取得，或正在申請大型運動賽事主辦權的城市。最著名的例子之一，是反對多倫多爭取主辦 2008 年奧運的「要生計、不要競技」（Bread Not Circuses）活動（Lenskyj, 2008）。近年的大規模群眾抗議活動，是 2013 年在巴西有數十萬的抗議群眾湧上街頭，抗議「國際足總洲際國家盃」（Confederations Cup）足球賽所引發的各種問題。這項大規模社運一開始是聚焦在高漲的大眾運輸票價，後來很快地擴散到各種大眾所關切的議題，包括貪汙、物價飛漲，以及為了主辦 2014 年世界盃足球賽與 2016 年奧運而花費數十億美元政府經費。在 2012 年的倫敦奧運，高額的財政成本、嚴密的保全措施（像是在市區部署地對空飛彈）、當地環保問題、人權問題（像是對於言論自由的限制）、奧運賽事的交通議題、賽事贊助企業的各種問題（像是愛迪達工廠剝削工人的狀況），以及參賽國家如俄羅斯與斯里蘭卡的人權議題等。最後，一些城市舉辦市民投票來決定是否參與競逐大型運動賽事的主辦權，而使得大眾的反對聲音得以伸張。例如 2013 年慕尼黑市民投票反對爭取 2022 年的冬季奧運主辦權，最主要的理由就是高額的財政負擔與環保問題。

p.147

　　整體來說，政治經濟力量是型塑運動空間的主要因素，與運動中的大眾草根文化有所衝突，並且可能隨之引發球迷對於商業化的反對行動。而政治經濟力量對於本章接著要討論的「後現代運動場館」，也有極大的影響。

🦋 後現代運動場館

　　後現代運動場館與現代運動之間的不同，主要有三個面向：場館的理性化與商品化，與「奇幻城市」（fantasy cities）的關聯，以及虛擬文化的特徵。這些論點與第十一章將討論到的「後現代運動」有所呼應。

理性化的場館

　　後現代運動場館與運動的理性化過程之間的複雜關係，可以用北美的棒球場來說明。以第二章討論過的「麥當勞化」（McDonaldization）論點為基礎，Ritzer 與 Stillman（2001）指出，棒球場的發展可分成三個歷史階段。

　　首先是「早期現代」球場（early modern ballparks）階段，是在

二十世紀早期所建造，主要的代表性球場有波士頓的芬威球場（Fenway Park）與芝加哥的瑞格利球場（Wrigley Field）。這類球場具有五個特徵，而與在地「拓撲感」有強烈連結：規模相對較小、觀眾視野好且彼此緊密；球場設計獨特（像是有獨特風場會影響球賽）；造型特異（像是能夠讓球迷印象深刻的外野高牆與特殊植被景觀）；位居市中心，以及作為棒球史詩級賽事的場地，而能夠成為球迷「懷舊鄉愁」的歸宿。

接著是「晚期現代」球場（late modern ballparks），是在 1960 年代中期到 1980 年代後期所建造，主要代表性球場有休士頓大巨蛋球場（astrodome）。這類球場具有四種主要功能（Ritzer, 1993）：高效能，像是多功能用途的設計；高度控制性，像是可以控制球賽氣候條件的屋頂，以及人工草皮；重「量」不重「質」，觀眾席的設計是以容納人數考量為先，不重視觀看視野問題；使用自動化設備，例如自動售票機。晚期現代球場比較「不可親近」，而且「缺乏足以吸引消費者的個性」（Ritzer, and Stillman, 2001: 100）。在這類球場最為興盛的時期，也正是球場現場觀眾人數下滑的時期。 p.148

最後是「後現代」球場（postmodern ballparks），在 1990 年代早期興建，主要的代表性球場有巴爾的摩金鶯球場（Camden Yards）與亞特蘭大透納球場（Turner Field）。後現代球場的特色是「虛擬的去麥當勞化」（simulated de-McDonaldization），也就是透過「軟化」理性化球場的外觀與衝擊，以細緻的手法來重新尋回球迷。舉例來說，有些球場老闆會使用一些與球賽無關的「浮誇表演」（extravaganzas）來吸引或轉移球迷的注意力，像是使用高科技與娛樂化的計分板，或者施放煙火。後現代場館同時也可以作為許多商業休閒活動的場所，以增加聲光效果與球場營利，例如購物中心、博物館、電玩場（video arcades），以及小吃街等。第十一章將說明後現代文化的特徵之一，就是模仿各種遊樂文化，以及跨越各種被視為理所當然的範疇與邊界。在這方面，後現代球場會模仿某些前現代球場，像是興建在市中心、老派的外觀設計、刻意使用傳統設備（傳統的生啤酒機與小火車等），以及退休球星的紀念碑等，這些可以讓球迷「穿越」時空範疇，讓賽事具有懷舊鄉愁、讓球場充滿老派氣氛。召喚老球迷的作法，還包括將球場與當地文化符號加以連結，像是球場計分板的特別背板設計，或者販售跟當地文化特色有關的紀念品等。但是在販

賣懷舊氣息的表象下，其實是由更廣泛的理性化過程（麥當勞化），以及商業化在操縱。因此，球場的樣貌其實是為了銷售商品與牟利目的之下的精細算計。此一後現代球場的模式，或許可以用來解釋其他的運動空間。

奇幻的運動場館

p.149

　　Hannigan（1998）指出，北美出現後現代的「奇幻城市」（fantasy cities），中產階級市民能夠享受其優渥的生活方式，並且與城市的中下階級保持距離、減少接觸。Hannigan 表示，奇幻城市具有以下六個主要特點，而這可用於解釋「奇幻運動場館」的特色：

- 主題取向（theme-o-centric），也就是所謂的主題城市。例如一些以流行文化著稱的大城市，擁有各具特色的運動場館、流行音樂表演場地，以及夜店等。
- 鮮明品牌（aggressively branded），通常是城市與跨國企業的「綜效」策略聯盟夥伴關係。如前所述，在運動領域，可以看到大財團買下運動場館的冠名權。
- 全天全年無休營業（a 24/7 enterprise），每天日夜狂歡，提供各種客製化的購物商場。奇幻運動場館常常是位於多功能建築當中，還包括了餐廳、商場、電影院、酒吧、保齡球館、旅館與大型停車場。
- 模組式（modular），擁有許多「標準化」的混合連鎖店。奇幻運動場館內的各個銷售點，都會搭配連鎖餐廳與同類型商家。
- 唯我獨尊、自我感覺良好的（solipsistic），意思是讓身在其中的人沉浸於奇幻世界，可以忽略鄰近社區的社會問題與不平等。一些位於貧民窟的奇幻運動場館，其內部展現的主題，會讓觀眾完全忘掉咫尺之外的百姓疾苦與社會問題。
- 後現代（postmodern）是一種強調模仿「主題樂園」的建築、虛擬真實，以及純粹享樂的文化形式（Rojek, 1993; Baudrillard, 1996a）。當代運動空間是介於奇幻與真實、過去與現在、在地與全球之間，消融了上述各種傳統區隔的主題樂園。進入奇幻運動場館後，觀眾可以接觸跟真人一般大小的卡通人物，在球場博物館展場中進行互動體驗，花更多時間在購買商品或觀賞大銀幕（而不是直接觀看場上賽事），以及最後從五光十色裝飾的出口離開。

對 Hannigan 來說，奇幻城市主推三種類型的消費活動：購物娛樂（shopertainment）、飲食娛樂（eatertainment），以及教育娛樂（edutainment）。實際上，根據這種模式的邏輯，後現代運動場館正是立基於奇幻環境與消費主義的娛樂本質。廣義來看，此一分析與 Ritzer 與 Stillman 的論點一致，也就是打造這些奇幻空間的主要目的，是為了迎合充滿商機的消費主義。

p.150

虛擬運動場館與設備

後現代運動空間與設施的第三個討論面向，與虛擬及媒介化的文化和社會現象有關。法國社會學家布希亞（Jean Baudrillard）把虛擬世界比做人類生活的「四度空間」（the fourth dimension）（*Liberation*, 4 March 1996）。引用布希亞的理論討論運動，可以探討虛擬世界如何凌駕在真實之上。舉例來說，足球場上到處都有電視攝影機，甚至比「現場」（live）觀眾還多（Baudrillard, 1993: 79）。Eichberg（1995）就指出，當代運動的虛擬文化反映在「轉臺模式」模式（zapping model）的興起——也就是在運動場邊觀眾，無法把注意力集中在球場上的比賽，因為總會不斷地受到球場大螢幕上的精彩重播畫面、廣播裡的球評聲音，以及各種電子設備（如手機、平板電腦、筆記型電腦等）的干擾，而被其他社會環境與真實所吸引走。

從這些觀察中，可以看到運動中如何出現形形色色的虛擬文化。運動賽事是全球電子遊戲產業的重要元素，其產值據推估於 2017 年可高達 820 億美元（*Forbes*, 7 August 2012）。電子遊戲是許多運動迷實際「運動」的主要方式。再者，在大多數國家中，運動賽事的轉播是電視節目的重要內容，特別是對那些訂閱頻道尤為重要。在世界盃足球賽等大型運動賽事期間，數以百萬計的球迷還會聚集在廣場與公園，一起觀看超大電視螢幕的轉播。

整體來說，這些不同的分析與各種後現代徵兆，可以看到更為深化的理性化、商業化與虛擬文化，對於當代與未來的運動空間之重大影響。這些途徑可以提供更深入的理論模式，來分析當前運動場館如何作為一種後現代的運動空間。

運動場館設施的後現代面向，其實也會與運動文化的現代及前現代面

p.151 向，彼此混雜出現。舉例來說，在廣場上觀看超大電視螢幕的賽事直播，乍看之下也是一種虛擬的後現代現象。不過當中也會出現前現代的草根文化，像是廣場上觀眾酗酒鬧事、或者搞成單一球隊的主場，或者像是把超大電視放在一些具有歷史意義的公園或廣場，而引發地方人士的在地拓撲感情的投射。在現代面向，這些賽事轉播的舉辦，一方面非常理性化，必須有酒類販售、移動式廁所與公共交通等規劃；另一方面也非常商品化，包括企業贊助、廣告與企業包場之貴賓區等（引自 Bale, 1998; Giulianotti, 2011a; Hagemann, 2010）。在第十一章當中，就更為完整地探討當代運動的後現代面向，以及現代與後現代文化之間交雜的狀況。下一小節則將轉向運動場館另一個愈來愈重要的主題：保全措施與社會控制。

✿ 運動場館、保全措施與社會控制

自從千禧年以來，社會學家對於運動場館與其他運動空間中的規範、監視與社會控制，投入更多的關注（註 21）。對此研究領域的啟蒙理論之一，是傅科（Foucault, 1997）的「全景監視」（panopticism）概念，指出現代社會如何進行空間監視、規訓與規範。傅科從邊沁（Bentham, [1791] 2010）的監獄「全景敞視」（Panopticon）模式中獲得靈感。邊沁提出在環狀監獄中央建造監視塔的設計，可以監控每個牢房中的犯人；而犯人則會感受到無時無刻都受到監視，因此會更為遵守監獄的規則與規定。全景敞視的邏輯已經成為當前日常生活的狀況，此類設計放大在公共空間中，對各種人群加強監視。

在社會的全景敞視之深化過程中，運動扮演了重要角色。英國於1980 年代為了防堵足球流氓（anti-hooligan），在大部分的足球場架設了閉路電視的監視系統（CCTV），以監看球迷的一舉一動。這些足球場成為監視器系統的社會實驗室，之後全世界各地許多城鎮與頂級賽事球場，都跟著架設了閉路電視監視系統（Armstrong and Giulianotti, 1998）。球場內的全景敞視監視與控制，還有其他方式。舉例來說，球場中對號座位p.152 取代了較不舒服的站位區，能夠吸引包括女性、年輕人與老人等更多觀眾入場，但是對號座位也限制了球迷的行動，以及將球迷由群眾拆分成個人

觀眾。保全人員因此可以更方便地監視觀眾行為，也更易於辨認那些有脫序行為的球迷，並把這些人趕出場外。

從 2001 年的美國 911 事件之後，擴大了對運動空間的各種監視與社會控制的具體作法。在 911 事件之前的奧運賽事保全經費，分別是 1992年巴塞隆納的 6,630 萬美元、1996 年亞特蘭大的 1 億 820 萬美元，以及2000 年雪梨的 1 億 8,000 萬美元。在 911 事件之後，保全經費則上漲數倍到 2004 年雅典的 15 億美元、2008 年北京的 65 億美元、2012 年倫敦的 20 億美元（Houlihan and Giulianotti, 2012）。另外，要爭取像是國家美式足球聯盟（NFL）總冠軍賽超級盃這類大型運動賽事的主辦權，主辦城市必須向這些運動組織保證能夠有效「防止恐攻」，包括配置專業保全人員、科技設備，以及足夠的經費（Schimmel, 2011）。

大型運動賽事中的保全與監視科技，已經成為這些賽事保全措施的經典案例（Giulianotti and Klauser, 2010）。舉例來說，北京奧運的保全設備包括閉路電視、記錄不尋常群眾行為模式的監視系統、電動機車隊，以及上面有無線射頻辨識系統（RFID）的門票，來監控票券持有者的行動。印度德里市為了舉辦大英國協運動會，架設了 2,000 個閉路電視監視器。德國為了舉辦 2006 年世界盃足球比賽，首次在全國使用了結合閉路電視與人臉辨識軟體，建立「球迷流氓資料庫」（hooligan database）以防範球迷暴力。在慕尼黑與司徒加特（Stuttgart）等城市，也在公共空間架設了數以百計的閉路電視監視器。另外，還有在門票上放入無線射頻辨識系統、條碼與全像術（holographic image）的新科技設備（Eick, 2011; Klause, 2008）。一般認為，這些監控設備與科技，在賽事之後仍會繼續使用，以監控一般市民的日常生活。

運動賽事也給予主辦單位交流與學習保全經驗的機會。透過運動賽事的連結，保全公司、警方、軍方與情報單位等，可以展開保全系統的合作可能。再者，這些大型國際賽事也讓國家、保全公司，以及運動組織有機會組成「影子產業」：像是 2008 年北京奧運時，保全設備的經費讓外資企業賺飽荷包，包括 Honeywell、奇異、IBM、西門子與 Panasonic 等（Giulianotti and Klauser, 2010）。 p.153

整體來看，許多保全科技與策略延伸了傅科的全景監視模式，更想防範於未然，而進一步地在平常就常態性地蒐集個人資料與情報，預作為之

後的用途。對許多學者而言，一些大型運動賽事的保全措施，在並未獲得公眾同意、或者在欠缺法律授權的狀況下就鋪建常態性的監控系統，侵害人民自由，對民主制度帶來長期負面影響（Eick, 2011; Samatas, 2011）。

這些運動中的監控體制，與主流新自由主義之政治經濟力量，有極深的關聯性（引自 Haggerty and Ericson, 2000）。在運動場館內外，建立一個更為乾淨與平和的可控制空間，對於新自由主義下的商業化運動，吸引有錢的資產階級觀眾來說，是相當有利的（Giulianotti, 2011b）。

上述的這些狀況，是否激起了反對聲浪與抗議行動？在運動的社會控制當中，我們或許可以在運動場館中，看到一些偷偷摸摸進行的無賴或失序行為，冒犯了那些「尊貴」的觀眾，這些可稱為「逾矩」（transgression），但可能還稱不上明顯的抵抗。舉例來說，雪梨板球場（Sydney Cricket Ground）的山丘區觀眾席（the Hill），在 1980 年代後期之前，都還是一大片長滿雜草的野地，通常擠滿粗野的勞工階級球迷，而具有極強的在地「拓撲感」（Lynch, 1992）。但在重新整建為票價較貴的座位區之後，引發了球迷一些脫序失控的行為，或許可以視為球迷反對運動「淨化」（sanitization）與「企業化」（corporatization），以及「被關在塑膠椅子上」的一種反應（前引書：44）。在其他地方，最晚從 1960 年代開始，年輕男性足球迷各自形成了不同的次文化團體，也都會想辦法避開警察，彼此之間互相挑釁與鬥毆（Giulianotti and Armstrong, 2002）。在各國的足球場上，觀眾不願意好好坐在位子上，而站起來看比賽，是更為常態性的反抗行為。最後，運動比賽愈來愈緊縮的保全措施，也引發了更明顯的反抗，像是英國、德國與義大利的足球迷，或者北

p.154

京、溫哥華與倫敦奧運。不過，大型運動賽事保全措施的全面性，讓抗議的規模受到限制與屏蔽。整體來說，在這些政治經濟與科技的動力下，頂級運動賽事的場館內外，都會繼續加強保全與控制措施。

❦ 結論

運動空間的批判研究，是運動社會學當中相當具有活力的跨領域議題。強烈的在地拓撲感與社會集體意識，是運動場館之社會文化意義與認同的基礎。這些深層的情感投射，受到運動空間高度商品化之政治經濟力

量的潛在威脅，因此隨之對於一般公眾近用運動場館，以及對運動場館的文化認同，都產生了負面衝擊。運動場館重建的政治經濟學，以及主辦大型運動賽事，都緊縮了在地社區的公民權利。後現代理論可以協助我們理解虛擬文化興起如何影響運動空間，以及商業化與理性化如何型塑「奇幻」的運動環境。最後，保全與監視系統在運動中的快速擴張，產生了更廣泛與更長遠的社會影響，使得大型運動賽事與運動場館都更為「有序」與商業化。呼應了 Ritzer 的論點，此一過程有效地降低球場中粗野不文明的球迷文化，卻也弔詭地使得運動場館愈來愈不人性化，而同時降低了對電視觀眾的吸引力。

　　社會各界各種反對與批評聲浪，也隨之而起──包括在運動場上的逾矩或抗議行為，或者透過社會運動的行動與大規模示威等。呼應反對的社會運動觀點，批判社會學必須指出運動的社會空間組織方式的另類道路。不過，布魯克林道奇隊的命運告訴我們，運動場館的文化政治是一場不公平的競賽。這場比賽的雙方，一邊是商品化、理性化與社會控制的主流政治經濟力量，另一邊則是熱愛在地拓撲感、社會集體意識與習慣以狂歡方式表達想法的弱勢草根文化。為了維繫後者在此一競賽中的競爭力，我們需要透過更多的政治、社會與文化介入的方式，來抗衡利益至上的商業力量。這樣的努力，雖然無法挽回布魯克林道奇隊的消逝，但卻能夠為後人p.155帶來更大的社會福祉。

討論問題

1. 不同的運動空間，如何激起不同類型的情感？

2. 商業利益與力量，如何影響運動場館及其周邊社區？

3. 後現代運動場館的設計有何特色？這些場館對於球迷產生了如何的影響？

4. 運動場館與周邊設施，如何加強對運動迷的監控與社會控制？

5. 如何改善運動場館與空間的使用及設計方式，以確保所有公眾的平等參與？

9

伊里亞斯（Elias）論運動：
型態、文明化與互相依賴

在 1980 年與 1990 年代早期，伊里亞斯（Nobert Elias）的研究 p.156
與其標榜的型態（figuration）觀點、或所謂「過程社會學」（process
sociology），受到社會學界相當大的關注，特別是在英國與荷蘭。伊
里亞斯在社會學的廣泛影響力，其實來得很遲：他最傑出的著作《文
明過程》（*The Civilizing Process*）早於 1939 年便在德國出版，但是
英文譯本一直到了 1969 年與 1982 年之間，才以上下兩冊的方式分別
出版。跟其他社會學思想家有所不同，伊里亞斯與其學派將運動視為
一個重要的研究領域。萊斯特大學（University of Leicester）是伊里亞
斯研究的重要根據地，包括 1986 年在此與 Eric Dunning 合著，提出對
於運動與休閒重要觀點的《追求刺激》（*Quest for Excitement*），並以
型態社會學（figurational sociology）影響該校許多運動社會學者，如
Joseph Maguire、Dominic Malcolm、Patrick Murphy、Chris Rojek、Ivan
Waddington 與 Kevin Young 等人。我們或許可以說，型態社會學取徑在
英格蘭的運動社會學圈，發揮了最大的影響力；但在社會學的大多數領
域，以及在其他國家如北美的社會學界，則相對被忽略與邊緣化，也較少
被討論。

本章以五個小節來檢視型態社會學的觀點。第一小節介紹伊里亞斯透
過人類社會形態概念提出的社會理論，以及延伸討論型態概念如何將運動
視為「空閒時光系譜」（spare-time spectrum）中的「模仿」（mimesis）。
第二小節探討伊里亞斯的「文明過程」理論，以及如何用來解釋遊戲的發
展歷史與「運動化」（sportization）。第三小節檢視型態社會學如何探討

運動中的暴力，特別是以文明過程來討論足球流氓的議題。第四小節則考察型態社會學觀點在運動研究中較具影響力的幾個領域。本章結論則指出型態社會學要運用在運動不同層面的分析時，可以批判性與選擇性地結合其他的社會學取徑來進行。

p.157

✄ 型態、類比與空間時光系譜

　　伊里亞斯社會學觀點認為，人類社會是由互相依賴之人群的各種「型態」所組成。伊里亞斯（Elias, 1987: 85）將型態定義為「互相依賴的個人或人群之間所形成的一種共同概念」，像是家庭、休閒性組織、工作團隊與運動俱樂部等。伊里亞斯認為，社會形態當中的權力關係是不穩定而快速流動的，而非由固定的結構所形成。另外，他主張型態中的個人是「開放的個體」（open beings），不應該被看做同質群體（閉鎖個性者，homo clausus）（也就是認為個人跟社會之間有一定的距離）（1978b: 115-125）。伊里亞斯進一步否定大多數社會科學所主張的二元論，也就是所謂的鉅觀與微觀、或者社會結構與行動者的二分法。相反地，他的學說是一種「後－二元論」（post-dualist），透過型態的觀點，結合了「結構／鉅觀」與「行動／微觀」的社會不同層面。再者，伊里亞斯更將型態互賴論延伸為一種學術跨領域的概念，因此，學者必須同時具備社會與自然科學的知識，才能提供與現實更為一致（reality-congruent）的社會分析（引自前書：96）。

　　跟布迪厄類似，伊里亞斯也經常引用遊戲與運動來說明他的觀點。從遊戲中可以發現社會形態的互相依賴，以及「人們行動的漸進互動」與流動性（Elias, 1978b: 97）：

　　　　觀察球員在球場上的站位與移動如何彼此牽動，就可以發現他們之間持續變動的型態。不過放大到團體與社會，個別成員彼此之間所形成的型態就較難分析。即便不容易一眼看穿，但不管是在一個城市、一個教會、一個政黨、或者一個國家的規模內，人們也是如同在足球場上的球員一般，互相形成特定的社會形態。（Elias and Dunning, 1986: 199）。

p.158

社會互賴的現象充斥於遊戲與運動之中，而運動中的型態則與其他社會形態互相連結。運動中的型態包括了兩隊球員、裁判、觀眾、行政人員、企業贊助商、媒體工作者、各式各樣的組織人員（像是球團、協會與聯盟，以及地方與中央政府等）、運動設備製造商的勞工與員工等（引自 Dunning in Elias and Dunning, 1986: 207）。在大多數分工複雜的社會當中，這些「互相依賴鏈」（chains of interdependency）更進一步延伸到運動及國界之外。再者，遊戲與運動也可以說明權力如何在社會形態的互相依賴之間發展而成，甚至在古代文明當中，像是羅馬競技場的鬥士之間，同樣也與其他鬥士及更廣泛的社會行動者有著互相依賴的關係。

伊里亞斯將運動與休閒活動放在「空閒時光系譜」的脈絡中，也就是養家活口的工作以外的社會實踐。跟其他相對較為常規式的活動（像是家事或一些志願性工作），休閒領域則是較不常規化的範疇，像是「模仿」（mimetic）或玩樂的活動（Elias and Dunning, 1986: 96-98）。

對型態社會學來說，模仿活動包含了大部分的運動、藝術，以及各種娛樂與休閒（Dunning, 1999: 26）。更重要的是，模仿活動能引發刺激感，而這「因為並未越軌，所以受到他人與自身意識所允許」（Elias and Dunning, 1986: 125）。相反地，在工作等非模仿活動中，情感的公開宣洩則受到社會控制與個人意識的極大限制（Dunning, 1999: 26; Elias and Dunning, 1986: 125）。現代社會中成功與流行的模仿活動，讓參與者能夠「去常規化」，從那些缺乏刺激感的常規中短暫逃離。不過，模仿活動與其帶來的刺激並非毫無限制，而是給予「控制下的不受控情感」一個空間（前引書：44）。模仿活動也能讓參與者與觀眾產生「平衡的張力」：如果張力太高或太低，就會降低刺激感的愉悅度；而模仿活動也都要避免過於規律化之後，造成其張力失去平衡。

從型態社會學角度來看，許多運動組織都是為了模仿活動的生產與再生產而設立，也就是為了舉辦具有刺激感的活動，以促進參與者與觀眾的社會化，以及讓他們得逃離較為常規化與較多情感限制的公共領域。成功的運動賽事，能夠引發「控制下的不受控情感」，讓觀眾無須使用暴力，就得以體驗與表達刺激感（Dunning, 1999: 30）。不成功的運動賽事，則可能是因為過於規律、或者欠缺平衡張力，例如實力懸殊一面倒而沒有懸念的比賽。如上所述，在伊里亞斯對於運動與休閒的理論中，情感占有相

p.159

當重要的角色。下一小節將接著討論他的文明化過程理論，以解釋情感控制的歷史發展。

🎭 文明化過程（the civilizing process）

伊里亞斯的《文明化過程》（*The Civilizing Process*）一書（[1939] 1978a, 1982），是他最主要的社會學理論與型態社會學的討論，包含了兩大冊：第一冊著墨於「禮節的歷史」（history of manners），探討身體控制與廣泛的社會禮儀（etiquette）之長期發展；第二冊則檢視國家的形成，以及關於不同社會制度與結構轉變的鉅觀議題。他研究的對象，主要是中世紀之後的英格蘭、德國與法國。

關於禮節的文明化，伊里亞斯探索了歐洲社會從過去能夠容忍與接受較不受限制與外顯的行為，轉為強調要求控制與協調個人的身體之歷程。這樣的文明化過程，包括餐桌禮儀中愈來愈多的繁文縟節，身體功能與展現中愈來愈增長的「恥度」，以及臥室中愈來愈多的行為準則（像是遮掩裸露的身體部位，以及區隔出私人的睡眠空間）。文明化過程同時也標誌著愈來愈高的「克己復禮」期望，以及對於壓制爆發性情感或暴力行為展現的趨勢。

不過，如同現代運動的發展所顯現的，其實公開的刺激行為與情感表達，並沒有完全被消滅。因此，能夠在自我控制的文明化規則，以及情感滿足的慾望之間取得張力平衡的活動，還是能在不同社會中持續發展。從長期歷史來看，禮節的文明化先在歐洲的宮廷社會中取得進展，然後獲得資產階級與「可敬的」（respectable）的勞工階級所接受。伊里亞斯關於文明化過程論點的研究素材，主要來自於中世紀後，作為社會菁英階級教科書的各種禮貌與禮儀手冊。

為了讓禮節的文明化可以持續，行動者必須維持政治型態的穩定，在其中權威的各種形式得以建立。在英國的宮廷社會中，中世紀的暴力型傳統戰士文明化為不同的宮廷派系，包括貴族、軍閥與宗教領袖都各有派系，透過獲取及控制資訊，來擴張其政治影響力。敵對的宮廷派系與型態的確仍不時會爆發暴力衝突，但是在英格蘭十七世紀中期的內戰之後，帶來了政治的「議會化」（parliamentarization）；從此之後，政治辯論與

說服取代了軍事衝突，也帶來了更有秩序、可預測與非暴力的行為。

　　伊里亞斯認為，英格蘭在議會政治形成及各種社會過程伴隨之下，經歷了「文明化的爆發」。這些社會過程包括強大的國家壟斷了稅收與暴力，有效地降低了暴力衝突（Elias, [1939] 1982: 235-236）；貨幣制度的出現與經濟成長；理性化過程；社會中個體之間的競爭不再以力量來決勝負，而是透過理性計算與爭論的手段，而顯示出自我控制的增強，以及日趨複雜的勞動分工與「功能性的民主化」（functional democratization），使得人們愈來愈互相依賴（Elias, 1987: 76-77）。

　　當文明化過程在西歐社會持續進行後，不同社會階級之間的權力差異逐漸消失。原本掌權的宰制團體必須自我克制，因為本來較弱勢的「外圍」團體（outsider）（例如中產階級與勞工階級）的影響力逐步上升，而且也接受了上層階級的「文明」價值、禮節與習慣。宰制團體與外圍團體之間的鬥爭，會沿著階級、性別與族群的界線而發生。不過整體來說，伊里亞斯認為現代的工業化都會式議會民主社會，能促使人類社會出現更文明與複雜的型態，在其中「人們對於其他人能更感同身受」，同時「也能更為彼此著想」（Elias, [1939] 1982: 114）。

　　伊里亞斯也進一步細緻化其論點，指出文明化的長期過程並非線性，也不是單向的；因此，當人們變得容忍，甚至樂於展現激烈情緒與使用暴力時，就會出現干擾國家形成的「去文明化」（decivilizing）現象。極端的去文明化例子就是二十世紀初期德國興起的納粹主義。Elias（1996）認為此現象有眾多成因，包括該國社會長期感受到的外在威脅與孤立，無法順利馴化德國軍事貴族，都會資產階級受到暴力觀念的灌輸，以及德國人民童稚般地依賴威權領袖。

p.161

　　以類比與空間時光系譜的概念所發展出來的文明化過程，將分析焦點放在具有社會文化延伸意義的運動。現代社會都面臨一個必須解決的難題，就是如何在維持一定程度的身體限制與自我控制的前提下，允許人們享受刺激的愉悅。現代運動似乎就是這個難題的解答，因為可以提供「身體及技巧對抗的解放快感，同時也將參與者受傷的風險降到最低」（伊里亞斯，引自 Elias and Dunning, 1986: 165）。

　　我們可以檢視遊戲與運動休閒如何興起的文明化過程，特別是在十七世紀以降的英格蘭之發展歷程。遊戲的「運動化」過程中，必須建立特

定的規則與制度，以符合大眾對於暴力的日益反感，以及對於參與者和
觀眾必須自律的需求（Elias and Dunning, 1986: 151）。實際上，伊里亞
斯（前引書：34, 48）指出，英格蘭政治的議會化與其遊戲競賽的「運動
化」，有著直接的關係：

> 在議會中敵對陣營之間的非暴力鬥爭，以及政權和平轉移的規
> 則，跟使用肌力與講求敏捷性的休閒競賽中開始嚴格限制暴力、
> 要求個人自我控制，以及追求技巧等運動特質，約莫同時一起發
> 展出來。

因此，例如在十八與十九世紀之間，地主階級將獵狐活動「文明
化」，把過去獵人獵殺狐狸的「樂趣」，改由追逐獵物的樂趣所取代，真
正的獵殺交給獵狗，而不再讓自己的雙手沾滿血腥。拳擊的運動化，則
p.162　始於「昆斯伯里規則」（Queensbury rule），包括使用手套來降低流血機
率，以及以防衛作為所謂「高貴藝術」（noble art）的拳擊之核心的一套
守則。

型態社會學也透過文明化過程理論，來解釋足球如何從一項民間的休
閒活動，轉變為現代運動的發展（Elias and Dunning, 1986: 175-190）。
中世紀「民間足球」遊戲具有「暴力與相對高程度之肢體衝突」的特徵，
包括以牙還牙暴力相向、踢到骨折，甚至踢到死都不算罕見（前引書：
184）。民間足球還有許多不文明的象徵，包括兩隊人數不等、缺乏「公
平競爭」的觀念、觀眾與選手的界線模糊，以及沒有強而有力的國家機器
來壓制暴力行為（引自 Dunning and Sheard, 1979）。

足球遊戲於十九世紀受到英格蘭公立學校採用，引入公平競爭的規則
與原則後，才開始邁向文明的「運動化」，但其中的暴力程度仍遠高於現
代的足球。過去充滿暴力行為的遊戲，被學校中要求自我克制與社會秩序
的規則，改造為文明化的新興運動（Dunning, 1977）。同時，英國社會
也正經歷更為廣泛的民主社會之文明化過程，貴族階級與資產階級的互相
依賴更為牢固，而勞工階級中也有很大一部分融合到「可敬」的社會階級
中。不過階級差異還是存在，也反映在足球的不同規則當中。既有權力階
層的貴族階級，偏好嚴格禁止手觸球的足球，顯示其「高度自我克制」

的傾向；而中產階級與中上階級的男性，則偏好更為暴力的橄欖球運動（Dunning and Sheard, 1979: 128-129）。足球中的觀眾暴力或「足球流氓」現象，更是型態社會學感興趣與聚焦的研究主題。

🌱 型態社會學與足球流氓（football hooliganism）

在 1980 年代到 1990 年代初期，萊斯特大學的一群型態社會學者，針對足球觀眾的暴力與脫序行為，以伊里亞斯的文明化過程理論作為解釋依據，發表了多本書籍與論文（可參見 Dunning, Murphy and Williams, 1988; Murphy, Dunning and Williams, 1990）。他們指出，根據英國足協的紀錄與地方報紙的報導，到第一次世界大戰之前，暴力與脫序都還是足球觀賽當中的「日常」。觀眾針對球員與行政人員的攻擊與威脅等暴力行為，被視為對球場內表現的情緒反應表達。這些事件反映了當時社會對於主要是勞工階級的球迷，並不要求控制情緒，也較為包容他們的公開暴力態度與行為。在 1945 年之後到 1960 年代初期之間，英格蘭球迷的數量雖然大幅成長，但是卻展現出反差極大的平和態度與「文明」。當時的暴力與脫序事件的數量下降，而觀眾普遍譴責脫序行為，也有較大的自制力。足球迷之所以在此期間相對「和平」，型態社會學者認為，是因為勞動與政治上的民主化，讓愈來愈多的「可敬」勞工階級樂意遵守社會上的公民規範與價值（Dunning, Murphy and Williams, 1988: 126-128）。愈來愈多女性、中產階級男性，以及上層階級男性進場看球，這些「陰柔」（feminizing）與文明的觀眾，也進一步遏制了足球迷的暴力。

p.163

型態社會學者指出，從 1960 年代初期以降的英格蘭足球流氓現象，受到了多個互相依賴因素的影響。「可敬」勞工階級在足球迷當中的影響力之所以下降，部分因為有更多的休閒活動可供選擇，還有在球場中年輕球迷的暴力與脫序行為所帶來的負面經驗、與媒體上對此的煽情報導等（Dunning, Murphy and Williams, 1988: 235-236）。型態社會學者認為，這些持續性的暴力與脫序行為（也就是「流氓行徑」），最明顯的導因是來自於「粗野的」底層勞工階級年輕球迷。他們認為，更重要的是這些「粗野的流氓」無法融入「可敬的」且文明的行為規範，而是遵從城市街頭的暴力求生守則。這些研究指稱，底層勞工階級的特徵，包括來自單

親家庭、小奸小惡的少年犯，以及領取失業救濟金等。這些地區的弱勢族群，缺乏接觸其他社區與文化的機會，導致他們往往跟同地盤（home turf）的親朋好友凝聚成「我群」（we-group）（前引書：205-206）。而當工業社會中其他團體發展出愈趨複雜的互賴關係時，這些社區卻逐漸被邊緣化（前引書：228-229）。

p.164

型態社會學者論稱，足球流氓團體是由支持同一球隊的不同社區之年輕男性球迷，在跟敵對球迷對抗時所形成。不同團體之間的暴力，跟過去足球迷的脫序行為相較有所不同，顯得更為工具性而非表達性、跟球場上的狀況較為無關，也通常是針對特定敵對團體的預謀行動（Dunning, Murphy and Williams, 1988: 236-238）。從 1960 年代以降，足球中的暴力行為愈來愈多，也讓愈來愈多粗野的年輕男性球迷加入這些幫派，甚至也有高社經地位階級的成員（前引書：215）。型態社會學者所援引的證據，包括遭到警方逮捕者的名單、一部電視紀錄片、對萊斯特市一些年輕人的訪談，以及 Suttles（1968, 1972）在芝加哥一個多種族社區的研究。

文明化過程理論認為，英格蘭足球流氓的興起，必須放在更廣泛的脈絡中探討；特別是在探討 1970 年代到 1980 年代間英國所面臨的嚴重「去文明化現象」（decivilizing spurt），包括市中心區的暴動、北愛爾蘭的宗教衝突、1984 年到 1985 年間礦工罷工等勞資衝突，以及社會不平等與分化的日益惡化。型態社會學者基於其途徑所做的研究而指稱，要有效解決足球相關的暴力與脫序行為，就必須先解決這些嚴重的社會問題（Dunning, Murphy and Williams, 1988: 243-245）。學者們也指出，透過增加女性與家庭球迷入場，可以讓足球迷「陰柔化」、降低其「粗暴陽剛」特質，是處理足球流氓問題的有效策略之一（Dunning, Murphy and Williams, 1990: 78, 224-225）。

對於足球歷史與觀眾暴力的型態社會學研究，受到許多質疑。有一些歷史研究指出，與型態社會學的宣稱正好相反，民間足球與早期足球觀眾其實並不失序，而上層階級運動反而相對更為暴力（Goulstone, 1974, 2000: 135-136; Harvey, 1999: 114; Mason, 1980: 166-167; Lewis, 1996; Tranter, 1998: 47-48）。英格蘭與蘇格蘭的研究也顯示，當代足球流氓主要的組成並非型態社會學宣稱的粗野底層勞工階級的「邊緣人」，而是「很融入社會」的較高階層勞動階級或較低階層中產階級的青年

（Armstrong, 1998; Giulianotti, 1999: 46-52; Giulianotti and Armstrong, 2002: 215-217）。型態社會學所提出解決球迷脫序問題的「陰柔化」方案，也就是吸引更多女性球迷進場的作法，反而造成倫理問題，因為這樣的運動政策，是將女性客體化，來解決男性所造成的問題（Clarke, 1992: 217）。最後，型態社會學陣營領頭者之一的 John Williams（1991），後來退出此一學派，並主張要解決足球流氓的問題，必須採取在政治上更為激進的策略（P. Smith, 1997: 119-120）。

p.165

✏ 型態社會學與運動社會學

　　從 Dunning 與他同事對於運動歷史發展的早期著作開始，型態社會學在運動研究中相當活躍，特別是其中的兩個領域。第一個領域是關於全球化與運動之間的關係，例如 Maguire（1999）延伸了型態社會學觀點，探索運動的長期擴展、運動員的遷徙，以及運動與大眾媒體之間的互動關係。此一研究提出的重要概念為「跨文明化之間」（inter-civilizational）的關係與交換，超越了伊里亞斯聚焦在歐洲文明化過程的侷限，並且探索了全球運動領域之間的權力網絡與關係之建構和協商。稍後，Malcolm（2013）則延伸了型態社會學來探討板球與全球過程的關聯性，特別聚焦在這項運動與文明化過程、英國性（Englishness）與大英帝國之間的關係。

　　型態社會學的第二個研究領域則是關於運動當中的健康、疾病、受傷與受苦之間的關聯性。例如 Waddington（2000）將使用禁藥的議題，一部分放在文明化過程與「運動化」理論脈絡中加以探討。以此觀之，使用禁藥是在更廣的社會歷史脈絡中所產生，包括運動長期發展下漸漸不再「單純只為樂趣」，而是為了城市或國家等更大的共同體而去競爭求勝；同時，運動的文明化過程中所包含的推廣「公平競爭的英國價值」（English ethos of fairness），使得運動協會或組織在處理使用禁藥的問題時，著眼點都在於防堵「作弊」，而非保護運動員的健康（前引書：106-108, 123-125）。另外 Roderick（1998）則倡導運用型態社會學觀點來檢視運動中的受苦與受傷的議題，並應特別關注運動員、醫護人員、教練與其他相關人士，在運動型態之中的互相依賴關係，以及運動員之型態的長期發展（也就是職業內的次文化），像是迴避討論或公開自身傷病狀

p.166

況的自我期望與壓力。

其他採用型態社會學的研究領域，包括像是賽狗等導致動物受傷或以暴力虐待的運動（Atkinson and Young, 2005, 2008）、英格蘭運動組織發展的變遷（Bloyce et al., 2008），以及運用伊里亞斯的「掌權者—局外人」（established-outsider）理論來解釋愛爾蘭運動中的性別關係（Liston, 2005）。整體來說，這些具有原創性觀點的研究，顯現了型態社會學對運動研究的影響力，雖然說比起二十至三十年前萊斯特學圈的研究來說，看來是相對受限與規模較小。

🙰 結論

本章最後一小節將檢視型態社會學典範的優勢與缺陷。首先，型態社會學具有許多創見及解釋力，對運動社會學者來說當然有很大的吸引力。型態社會學取徑提供了一套切實且周延的分析工具，可以運用在運動各種層面的解釋上。更重要的是，在型態社會學此一典範的整體分析架構當中，運動是被嚴肅以對的核心研究關懷。再者，型態與社會互賴的概念強調人類的社會連結與連帶關係的重要性，並拒斥個人主義的政治意識形態。不過，也有許多論者明白指出型態社會學典範的許多缺陷（註22）。

第一，型態社會學理論擅於描述，但卻難以驗證。舉例來說，文明化過程就似乎無法驗證，因為此一理論宣稱「文明化」與「去文明化」同時存在於過去、現在與未來。因此，無論下一屆奧運會是出現大規模暴動，還是促成了國際和平協定，型態社會學者都能夠運用他們的理論來完美解釋這背道而馳的兩種現象。

第二，也與前述問題有關，是在於方法層面。型態社會學通常是以運動作為其理論的說明，而非用以驗證或修正。對伊里亞斯來說，運動是「展現『型態社會學』之運用中」「一個相對好處理的領域」（Elias, 引自 Elias and Dunning, 1986: 154）。因此，為了「證明」足球流氓主要是「粗野的」底層勞工階級所組成，他們就到「粗野的」底層勞工階級居住的區域去蒐集資料，或者在有名的勞工階級球團西漢姆聯隊（West Ham United）的球迷中進行研究。如果他們是對更多球隊、範圍更廣的足球流氓團體進行研究，或許會更具有說服力。另外，Rojek（1995: 54-55）也

指出，與其他社會科學典範相較，型態社會學取徑缺乏適當的「客觀」研究方法，來進行「較為抽離的科學研究」。

第三，文明化過程理論至少有一定程度的歐洲中心主義、進化論與種族中心論（引自 Blake, 1995: 48-50; Robertson, 1992: 120），而忽略了亞洲文明，也對西歐「文明」在其他大陸殖民時的種族滅絕行為未置一詞（引自 Armstrong, 1998: 305）。再者，人類學家批評伊里亞斯對於所謂「未開化社會」的描述，同時也質疑他的進化論觀點，認為不同社會是在同一知識衡量標準下也有著不同的知識水平（引自 Goody, 2002）。最後，以此觀之，型態社會學應該多考量前述 John Williams 的分析建議，全面省思與探索運動能夠如何改革，以變得更民主、平等與正義。

第四，有許多型態社會學者對於伊里亞斯及其著作有過於單一僵固的信仰，就像 Smith（2001: 14）所言，這些學者將伊里亞斯「送上廟堂」加以崇拜，而那些不全盤接受伊里亞斯觀點的研究者，就被認為不夠忠貞。這對伊里亞斯來說著實諷刺，因為他強調人類的互相依賴，並且反對把人類視為閉鎖的單一人種（homo clausus）。更大的問題是，這種僵化的思考更限制了我們對於運動與其他社會現象的理論性思考。型態社會學對於足球流氓的分析就是一個例子。嚴格遵循文明化過程論的型態社會學者，只願意「看到」足球流氓來自底層勞工階級的相關證據，而漠視了其他與理論相悖的現實。如果這些研究者真正進入田野之中，就可以發現當中其實有許多人是來自上層勞工階級與底層中產階級的男性。為了理解這些「可敬的」團體如何成為足球流氓，型態社會學者或許就會轉而注意與修正伊里亞斯的「非正規化」（informalization）理論，而這正是 Wouters（1986, 1990）所承襲發展的觀點（註 23）。

p.168

雖然仍有運動社會學者採用型態社會學取徑，但其影響力自 1980 年代以來已經逐漸式微。近期一本完整收錄各種運動社會學研究的專書（Andrews and Carrington, 2013），當中幾乎沒有提到型態社會學，就非常具有指標意味。此一典範中最著名的運動社會學者都逐漸淡出或退休；相對地像是文化研究與後結構主義的途徑，則有更好的發展。許多人也認為，伊里亞斯途徑之運動社會學研究的全盛時期已經過去。

在此認知下，採用型態社會學取徑（或者也包括採用其他社會學觀點）的運動社會學者，未來的挑戰將是如何以具有原創及批判的態度來應用這

些典範，必須清楚地認知到各典範的優缺點，然後創造性地運用與轉化。更重要的是不要墨守成規，必須結合不同社會學取徑以提出更具有解釋力的理論架構，才能對於社會現象有更貼切的分析。這樣的作法，或許有機會可以向新馬克思主義、新功能論、新韋伯論與其他「新一 」（neo-）學派同樣地往前邁進，而出現「新型態社會學」取徑。此一作法，也需要進一步地理解及應用型態社會學與其他社會學典範之間的互相依賴關係。

在運動的研究當中，有許多跨理論的觀點可以看到型態社會學的影響。過去曾有結合型態社會學與文化研究途徑的倡議，但後來卻無以為繼（例如可參見 Maguire, 1999: 216）。比較具體的作法是 Rojek（1985, 1993, 1995, 2006）關於運動與休閒的著作，就同時運用了型態社會學與許多其他現代與後現代社會理論。例如在分析當代運動名人時，Rojek（2006）就援引了伊里亞斯的「功能性民主化」理論及其他社會學取徑，像是關於有名的「角色模範」（role models）如何影響了社會之「道德規範」（moral regulation）的涂爾幹式分析。另外，Brownell（1995）則應用了傅科的「規訓」理論與伊里亞斯的「文明化」概念，檢視中國的運動；

p.169 這兩個關鍵字都是中國對於身體的國家論述與文化理解的核心所在，因此融合這兩種理論的分析也就有助於解釋該現象。

Rojek 與 Brownell 的研究顯示，這種對於型態社會學的彈性運用，並不一定要建立一個「新型態社會學」的取徑。但是這類研究的確指引了型態社會學一個新方向，讓新世代的運動社會學研究者可以據以發展出更具原創性、啟發性與影響力的著作。

✂))討論問題((

1. 我們可以如何運用「型態」的概念，來檢視運動中的各種團體？
2. 我們可以如何運用文明化過程的概念，來解釋像是獵狐、拳擊與足球等不同運動項目的歷史？
3. 型態社會學對於足球流氓的解釋，有何優缺點？
4. 型態社會學觀點如何與其他理論及觀點結合，來解釋運動？

10
布迪厄論運動：宰制、
秀異與公共知識分子

　　卒於 2002 年 1 月的布迪厄（Pierre Bourdieu）是二戰後世界上最頂尖的社會學家之一，其學說的影響力最主要在法國，不過包括《秀異》（*Distinction*）這本傑作等一些著作，也在全球獲得注目。布迪厄認為，社會學家在對抗各種形式的社會宰制過程中，扮演著重要的角色，也就是所謂「公共知識分子」（public intellectual）。面對西方國家奉行新自由主義政策，而導致愈來愈惡化的社會不平等、工作不穩定、犯罪猖獗、社會壓力與發展中國家受到的壓迫等，他終其一生都不曾放棄批判立場（Wacquant, 2002: 556）。

　　布迪厄體認到運動在社會中的重要性，曾經撰寫過數篇相關論文。運動與身體文化的議題，在他的《秀異》書中也相當重要。他並非關切運動本身，而是關注不同運動品味背後的社會化與社會分化之成因：

> 「運動產品」的需求如何生產出來，人們如何習得運動的「品味」，如何偏好某項運動而非其他項目，以及哪一些運動只是活動、哪一些又是重要無比？……更精確地說，行動者於特定時間點上，在被提供給他們當作選項的特定運動項目或娛樂中，是根據哪些原則來進行選擇？（Bourdieu, 1978: 819-820）

　　不過在此必須指出，雖然此一研究方向具有其社會學意義，但卻簡化了運動的社會與文化複雜度。

　　本章將布迪厄學說中關於運動社會學的論點，分成三大部分來討論。首先介紹布迪厄的重要概念，特別是主體－客體二元論、

p.171
習僻（habitus）、資本、場域（field），以及符號暴力（symbolic violence）。其次，檢視布迪厄及其追隨者關於運動主題的研究發現，主要集中在《秀異》這本書。第三，評價布迪厄所寫關於政治主題的作品，以及其與運動社會學之間的關聯性。本章最後則批判性反思布迪厄對於運動研究的貢獻。

🦋 布迪厄的理論框架

主體－客體二元論

如同帕森斯（Parsons）到紀登思（Giddens）等許多極具影響力的「大敘事理論家」，布迪厄也意欲透過其社會學取徑，來解決社會學傳統「二元論」或二元對立的「社會行動」〔連結「主觀論」（subjectivism）〕與社會結構（客觀論）的問題。實際上，作為結構主義社會理論的「客觀論」，是一種「由上而下」理論觀點，認為所有的社會都有其所依據的邏輯結構或模式，外在於其社會成員的主觀意識，但可被社會科學家所指認。相反地，「主觀論」則是一種「由下而上」的理論與方法，聚焦於社會行動與詮釋，希望透過對社會行動者在日常生活層次的主觀意義、動機與理解，來分析社會。客觀論與主觀論都有其內在缺陷：結構主義忽略了社會行動者的批判性與創造力，行動取向與詮釋觀點則忽視了社會結構如何型塑與限制社會行動。

布迪厄希望能夠超越此二元論，但同時在他的概念架構中仍保留了「行動」與「結構」等關鍵字（Bourdieu and Wacquant, 1992: 121-122）。不過，也許是不可避免的宿命，所有「後二元論」途徑後來還是都會被認為傾向結構分析、或傾向行動分析。布迪厄也被認為較傾向結構途徑，反映在他的理論中「固有的結構主義」（1990a: 125-126）。

布迪厄理論取徑中「生成結構主義」，是一種較為強調行動的結構主義觀，說明了社會結構是透過日常「實踐」所建構與再建構（註24）。布迪厄認為，「實踐」說明了人們如何實際體認社會結構與社會真實如何構成。

p.172
透過社會實踐，人們得以嫻熟於（而非有意識地將之理論化）他們的日常活動。因為社會「包含了個人」（comprise me），也「型塑了個人」（has produced me），所以對於社會的實際理解，實際上是嵌入在

主體性當中。社會生產了主體的思想範疇，因此，社會是一種「自我證成」（self-evident）的存有，可以激發個體將結構落實於實踐，而不只是單純地客觀反映社會結構（Bourdieu and Wacquant, 1992: 127-128）。

個人的身體是社會結構落實於實踐（practical mastery）的中心。在社會結構落實於實踐的過程中，運動「也許是最典型的領域」。

> 有許多外在於意識知覺的事情，我們無法言傳，只能透過身體來感知。運動員之所以不擅言詞……部分的原因，是因為若非專家學者，有許多事情你無法以言語表達，而運動正是這類「以身體感知」的實踐活動（Bourdieu, 1990a: 166）。

另外，布迪厄認為社會真實的本質是「關係」：社會是由社會團體之間的社會關係所構成，而不是以個別的具體性質所構成。

布迪厄進一步闡釋了社會學中重要的方法論觀點。他希望超越理論與現象的二元對立，主張「研究的邏輯」必須兼具「經驗現實與理論」（Bourdieu and Wacquant, 1992: 160）。他的社會學研究結合了具體的資料（包括詳細的調查與細緻的人類學）與理論反思，像是分析北非柏柏爾人（Berber）家庭或法國學術界的研究等。

布迪厄主張社會學實踐必須具有反身性（reflexive）與自我批判（self-critical）。進行田野研究時，社會學家必須展現出「反思的反身性」（reflex reflexivity），透過其社會學「感知」（feel）理解他們所面對的「現場」（on the spot），並將之與更鉅觀的社會結構加以連結（Bourdieu et al., 1999: 608）。社會學家必須將社會現實重新系統化地（scientific）組織為客觀現象（objectifications），也要在知識體系的生產中反映出其所在的社會歷史條件；換句話說，社會學家應該要客觀反映他們所理解的客觀現象（objectify their objectifications），實際地將他們知識的批判工具運用在自身上，以去除一己之偏見（Bourdieu, 2000: 121; Bourdieu and Wacquant, 1992: 67-68）（註 25）。

布迪厄指出，可能有損社會學分析之偏見的三個層次（Bourdieu and Wacquant, 1992: 39）：

p.173
- 學者本身特定的社會背景；
- 學者本身在學院場域中的特定地位，以及社會學家在整體社會宰制關係中的普遍地位；
- 學者智識的超然地位，讓他人將其社會實踐視為一種客觀與特殊的見解，而不是一種特定行動者的個別實踐活動。

　　這些偏見可以適用於運動社會學的以下幾種狀況：第一，社會學家所具備的經濟與文化之優勢背景，導致他們對特定的運動次文化抱持一種愛恨交織或蔑視的態度。第二，學者可能為了自身學術生涯的成就，而「玩弄學術遊戲」，例如總是正面地引述其他學者與他們自己的著作，以求能持續在優秀學術期刊上發表，以及獲得研究補助的機會。第三，學者可能傾向生產象牙塔中無關社會的（detached）、高玄奧妙的，甚至是不食人間煙火的（dismissive）研究，而非追求對社會實踐之意義與脈絡的全面理解。

　　為了進一步闡釋布迪厄的理論，本章接著將解釋他的三個基礎概念：習僻、資本與場域。

習僻、資本與場域

　　布迪厄的習僻理論，指的是社會行動者的「社會化之主體性」（socialized subjectivity）。行動者的習僻代表著型塑他們的實踐、信仰、習慣、「品味」與身體技術（bodily techniques）的階層化體系（見 Fowler, 1997: 17）。習僻通常不受到個人自我認知的左右，並且「總是能引導個體的實際行動」；也擁有「產生思想、認知、表達與行動等的極大效力，其影響力只受到歷史與社會條件的限制」（Bourdieu, 1990b: 52-55）。對布迪厄來說，習僻「首先是以一種組織過的行動來展現，非常接近於結構一詞的意義；也指向存有，也就是習僻狀態（特別是身體）的一種方式，也特別意指個人本質（predisposition）、偏好（tendency）、脾性（propensity），或者傾向（inclination）」（1984: 562；引自 Tomlinson, 2004）。

　　布迪厄也瞭解行動者的資本，有不同的類型與質量。這裡也許可以特別強調四種資本：與物質財富有關的經濟資本、與教育程度及藝術知識等

文化資源相關的文化資本、與朋友／家人／同事及更廣泛交友圈等社會網
絡有關的社會資本，以及與榮譽特權及其他不同的個人聲望形式有關的符
號資本。

　　場域的概念指的是「進行鬥爭以極大化個別利益之能動者（行動的
個人、團體，或者機構），所組成的相對位置之型態」（Maton, 2005:
689）。這些能動者運用他們的不同類型或質量的資本，在場域內鞏固各
自的地位與影響力。在個別場域中，宰制性團體企圖界定行為的合法性及
價值，也劃定不同場域的邊界；弱勢團體則不斷地挑戰這些定義，以求提
升他們在場域中的地位。不同場域之間通常也有複雜的關聯性，特別是彼
此大量重疊與交集的場域。

　　在布迪厄的理論框架中，習僻、資本與場域是互相關聯的概念。一
個人的習僻，連同她的資本及附加她的場域位置，共同決定了她的特定
社會實踐。這樣的互動可以透過公式瞭解：（習僻 × 資本）＋場域＝實
踐。雖然習僻與場域兩個概念之間有著「本體論的共構」（ontological
complicity），但是彼此卻在「主觀」與「客觀」層面有著不同比重。習
僻是主體性的一種形式，但具備社會化性質；場域則與之稍有不同，是由
不同社會行動者的競爭關係所形成的客觀建構。

　　場域也具有某種特定信念（doxa），以一般常識或約定俗成的想法
所構成，或者是「盡在不言中」的規則（everything that goes without
saying）（Bourdieu, 1993: 51）。無論是宰制團體或被統治團體，都毋置
疑地將「特定信念」內化在其價值觀當中。對於被統治團體而言，特定
信念相當類似於宰制性的意識形態，是「保守主義最為純粹的形式」，
認為他們被壓迫的狀況是無可避免的，也是所處世界理所當然的樣貌
（Bourdieu and Wacquant, 1992: 73-74）。對布迪厄來說，社會學家很重
要的責任是必須超越特定信念，在宰制團體與被統治團體之中，建構一套
質疑現狀與一般所謂常識的「反信念」。

　　布迪厄將場域理解為一種競爭的「遊戲」（2000: 151-153; Bourdieu
and Wacquant, 1992: 98-100）。每種遊戲都有賴於社會能動者的參與。
雖然行動者在遊戲中的地位總是無法完全預測，但是他們大體上被其特定
習僻所決定，也就是界定了他們對於遊戲的不同詮釋、感覺，以及安放的
位置（comfort）。社會能動者也會依照其不同資本的類型與質量，作為

p.174

p.175

行動的依據，而在遊戲中確保或提升自身的相對地位。

布迪厄將資本描繪成像是不同顏色的遊戲代幣，可以決定個別玩家在場域內的不同戰鬥值。為了理解在遊戲中玩家的不同策略與位置，必須檢視他們各自所持有的資本／代幣，以及在過程中這些資本的增加與減少。玩家會採用不同的戰術，來保護與擴大自己的資本。舉例來說，他們在資本的價值出現變化時，可以決定打「王牌」、「放大絕」，或者玩險招，試著「改變一部分，甚至全部的遊戲規則」，像是改變代幣顏色，或者想辦法讓對手持有的某種顏色代幣貶值（Bourdieu and Wacquant, 1992: 99）。

新加入的玩家必須先理解遊戲玩法，以及過去的發展。遊戲的詮釋者──像是傳記作者、歷史學家、資料管理者等──在維繫遊戲上，扮演了極重要的角色，同時也因此鞏固了自身地位（Bourdieu, 1993: 73-74）。為了學習遊戲規則與獲取特定地位，玩家必須費心投資，通常使得他們不願意讓遊戲遭到推翻。每個遊戲內的不同玩家，各有其自身利益與利害關係；在遊戲中的既得利益者，通常會抗拒那些持有不同資本的其他遊戲的玩家，以劃地為王（註26）。

布迪厄的遊戲／場域概念，特別適用於運動的分析。首先，運動叫以視為一種具有「相對自主性」的場域／遊戲，有其「獨有節奏、獨有發展規則、獨有問題，以及獨有的歷史」（Bourdieu, 1993: 118）。運動整體作為一個領域，內部還有許多不同運動項目或賽事，構成互相交集的次領域。奧運就是其中一個由各種具有不同資本的玩家團體所構成的次領域，這些玩家包括運動員、教練、行政人員、媒體工作者與生產者、贊助商等。奧運本身有其被視為理所當然的常識，主要包括以推廣奧林匹克精神為中心所宣揚的健康、教育、文化、和平與環保等概念（註27）。公關人員與媒體記者這些詮釋者，透過歷史建構與傳布這些常識，協助奧運的維繫。由反對派政治人物、社會學者與社會運動者所宣導的「反奧運」觀點（Para-doxal perspective），強調奧運與民族國家或商業贊助之間長期的緊密關係，破壞了和平、環境、健康與更廣泛的人權價值（引自Lenskyj, 2008）。為了重塑這個場域（或者說是為了重新定義奧運精神），地位相對弱勢的新玩家必須增進其經濟、社會與符號資本。阻止改造奧運的反動力量，主要來自既得利益的統治者，其目的若以布迪厄的語

彙來描述，就是希望能夠維護他們的場域地位與他們既有資本的價值。

在奧運場域當中的一個主要轉變，就是 1980 年代其性質從「業餘」轉成「職業」。這一轉變反映了巨大經濟資本愈來愈大的影響力，包括了電視集團、廣告贊助商，以及全職業的頂級運動菁英（教練與運動員）。那些原本支持業餘精神，因此其地位一度受到此一變局威脅的國際奧委會委員與職員，大部分都能夠在這變革當中重新建立他們在場域中的地位。他們的主要策略，是對侵入奧運領域的大型經濟資本，施加有效的控制權。

在奧運場域中，哪些運動能列入正式比賽項目，反映了社會統治團體的不同場域位置、習僻與各種類型資本的數量。射箭、馬術、西洋劍、現代五項、划船賽、帆船賽與射擊等運動項目，長期以來都是奧運正式比賽項目。這些運動項目是社會菁英團體的生活習僻，而他們在運動及各種廣泛的國際社會的場域中都享有宰制地位。要參與這些運動，必須擁有不同類型的資本，這正是這些菁英團體所具備的資源。舉例來說，要從事馬術運動，必須要有足夠購買馬匹與所需場地的經濟資本、在菁英馬術學校訓練課程學習而來的文化資本，以及透過家族等人際聯繫才得以進入高級馬術俱樂部的社會資本。接著，統治團體藉由參與這些運動，以及影響奧運正式比賽項目的選取，來彰顯本身高人一等的地位，也就是「秀異」。相對地，被統治階級一方面既缺乏經濟與社會資本來參與這些運動，另一方面即便能夠打入這項運動，在一開始時又會因為不同的習僻，導致他們覺得在文化與社會層面都像是邊緣人。被統治階級也沒有足夠的資本，來遊說奧委會將其他運動項目納入奧運正式比賽名單。舉例來說，勞工階級的飛鏢與撞球等「酒吧運動」無法取代射箭或射擊，或者主要由女性參與的藍網球（netball，又稱無板籃球）無法獲得奧運認可。2016 年里約奧運的兩項新比賽項目，則都是與男性統治團體的習僻及資本之間高度相關的高爾夫球與橄欖球。 p.177

社會區隔與符號暴力

社會階級是布迪厄分析社會階層化的中心概念。布迪厄認為社會階級是一群「有共同的利益、社會經驗、傳統與價值體系」的能動者，而且「傾向於以同一階級來採取行動，並且與其他能動者之團體有所區隔的自

我認同」（Clément, 1995: 149）。在各個場域當中，每個階級都企圖擴大本身的習僻，以加諸於其他社會階級的共同習僻，藉以成為宰制團體（Urry, 1990: 88）。每個社會階級的習僻，可以反映在其參與的特定運動項目或其他文化活動之上，因此，社會能動者依循著他們自身的習僻，從事他們覺得「正確的」運動項目（Bourdieu, 1993: 129-130）。

　　運動與階級關係結構有著緊密關係，因為其在社會中「受階級化影響也影響階級化、受品味高低排序影響也影響品味高低排序」（classified and classifying, rank-ordered and rank-ordering）（Bourdieu, 1984: 223）。階級秀異也具有空間面向，排外性的社會空間具有排除不同習僻者的「俱樂部效果」（club effect）（Bourdieu, 1993: 129）。因此，排外性的運動俱樂部，只對擁有高資本的會員開放，無論這裡的資本指的是經濟（年費）、社會（會員的人際聯繫）、文化（像是教育、服裝、語言、種族及行為舉止），還是符號（運動的榮譽紀錄）。

　　布迪厄用「符號暴力」的概念，來解釋個別場域當中，被統治團體的劣勢地位是全面系統性且會留下深刻的傷害。呼應葛蘭西的霸權理論，他指出符號暴力的受害者往往自己也是「共犯之一」（Bourdieu and Wacquant, 1992: 167; Bourdieu, 2000: 170）。

　　舉例來說，教育體制對被宰制階級施加了符號暴力。學校總是偏好統治團體的語言或文化品味等習僻，被統治階級則是在他們的符號暴力下被迫配合（Bourdieu and Passeron, 1977）。在運動當中，符號暴力以多種方式展現。一方面，許多教育體制中充斥著「被統治階級不夠聰明，但是天生運動員」的種族歧視之符號暴力。另一方面，其他的被統治團體則是因為被灌輸「沒有運動天分」或「某些運動不適合特定種族」，而被排除在一些運動項目之外。符號暴力更進一步展現在被統治團體如何內化這些「常識」，並據以成為其運動的準則上。

p.178

＊＊＊

　　整體來說，布迪厄的社會學取徑關懷社會實踐，也強調融合經驗現實與抽象理論的反思性研究。布迪厄理論中有四個面向，特別具有說服力。第一，對於社會行動（或實踐）較為結構式的解讀，能夠具有社會學分析

力，也能夠體察日常生活中的各種權力關係。第二，場域概念能夠以「遊戲」的模式，來檢視社會關係與社會鬥爭。第三，布迪厄提倡社會學者的批判反身性，以避免他們潛藏的偏見，並且能夠激發「反主流常識」的批判研究。第四，「符號暴力」的概念，可以圖像式地說明霸權對於被統治團體的傷害性。接下來的章節中，將會進一步探討布迪厄的秀異理論，可以如何運用在對於運動的分析之中。

秀異：運動品味的階層化

主要論點

在《秀異》（*Distinction*）這本書當中，布迪厄（1984）闡述了他對於文化作為一種龐大而複雜之場域的論點。在文化場域中，不同的社會團體在不同型態的地位競賽當中，互相競爭以求獲勝出頭。文化作為一種本質上由關係構成的場域，每個團體都以一種故做高雅（snobbery）的文化姿態，「對其他團體的品味嗤之以鼻」，以求在場域當中獲得集體認可（Defrance, 1995: 126）（註 28）。

布迪厄指出，社會階層與文化品味之間的關聯性，可見於三個面向。在「縱向」關係中，是由貧富階層的資本數量（經濟與文化）所構成。在「橫向」關係中，則是由不同型態的資本所構成，特別是經濟與文化資本。在「時序」關係中，則可追溯每個團體在歷史進程中的軌跡（興盛或衰退）。

舉例來說，在英國的世家上流階級，在「縱向」上的資本數量很多，在「橫向」上的各類資本則是文化資本略高於經濟資本——高教育程度、舉止優雅（etiquette）、掌握重要文化機構、富有但大多並非億萬富豪，在「時序」上則可看到他們的各種資本優勢是經過數代積累。因此，世家上流階級的菁英通常從事「傳統」運動，像是馬術這種既需要家中廣大地產，又能夠享有田園與前現代「生活情調」的運動（這正是此類菁英長期以來最具優勢之處）。更值得注意的是，這些老派菁英很少入主頂級職業運動球團，此一場域是由當代具有極高經濟資本的億萬富翁所主宰。

再者，布迪厄指出，運動等文化活動會透過給予參與者不同層次與

p.179

種類的「社交利潤」（social profit）來劃定界線，並且因而造成不同階級之間的「分配差異」（distributional significance）（Bourdieu, 1984: 35）。舉例來說，高爾夫球運動可以經由活動帶來有助健康的「內在利潤」（intrinsic profits），更可以提供高額的社交利潤給這些中產階級高爾夫球俱樂部會員們，也就是讓他們得以提升社會地位、生意利益與商業機會的人際連結。這類社會資本的門檻，進一步加深了所謂「有俱樂部會員資格」（clubbable）之統治階級，以及被排除在俱樂部外的被統治階級之間的差異。

運動與階級習僻

　　布迪厄強調社會能動者的特定運動品味與他們的特定階級習僻之間，有著非常緊密的關聯性。統治階級的習僻，傾向於「優雅的」、「需要動腦的」，以及「健康的」運動項目，像是「高爾夫球、網球、帆船、騎馬（或者馬術障礙賽）、滑雪（特別是某些最為特別的項目，像是越野滑雪）或者西洋劍」（Bourdieu, 1984: 215）。相較於被統治階級喜歡的足球與拳擊，上述統治階級的運動較少身體的激烈碰撞與接觸，比較屬於健康與長期參與，也有更多社交功能。

　　運動也可以讓統治階級中的菁英團體更為「秀異」。統治階級中的菁英團體像是擁有經濟與文化兩種資本的貴族階級、與經理階層或商場人士等。相對來說，統治階級中的相對弱勢團體，像是大學教師、藝術家或其他文化工作者，則通常擁有非常高的文化資本，但是卻明顯地缺乏經濟資本。對統治階級中的菁英團體來說，從事像是橄欖球等運動，還帶有一種象徵「反智識」（anti-intellectualism）的光環，奚落那些統治階級中才智更高、藝術品味不凡，而具有更高文化資本的弱勢團體。相對於文弱、陰柔、思慮縝密的知識分子與藝術家，玩橄欖球肯定象徵著陽剛、壯碩、充滿個人英雄氣息的活動（Bourdieu, 1993: 122）。

　　布迪厄指出，再進一步探究統治階級內部的狀況，可以發現運動品味跟不同團體的特定習僻，以及他們不同型態資本的數量，有緊密的關聯（Bourdieu, 1984: 219）。舉例來說，教師因為其「禁慾主義的傳統」（aristocratic asceticism），通常偏好登山、單車、散步等運動，符合其

p.180

高文化資本，但經濟能力差的狀況。醫生與經理人階層則因為其「健康取向的享樂主義」（health-oriented hedonism），而偏好能夠躲開人群的昂貴與「舶來」休閒娛樂，像是遊艇（yachting）或滑雪等。生意人則偏好高爾夫球等運動，以符合其高消費生活風格與提供社交利潤。

　　社會不同階級之間的運動品味差異，更進一步地與他們對於身體的觀念有所關聯。對統治階級來說，身體本身就是目的，從事運動就是為了身體健康。位階較低的中產階級，則以極端的字面意義來體現此一身體哲學，表現在他們對體操的熱愛；這同時代表著他們的「禁慾式的冷靜節制與飲食控制」，以及其傾向擁抱那些可以將行動與目標結合之科學理論的習僻（Bourdieu, 1993: 130）。

　　相對來說，被統治階級（特別是其中的男性）則對身體採取了「工具性」的觀點。拳擊或舉重等運動，反映了勞動者透過費盡力氣與受壓抑的受苦經驗，來「建立」（building）對身體一客體的體認。拳擊、摩托車賽，以及足球或橄欖球運動中的激烈衝撞，帶來「與身體賭一把」（gambling with the body）的刺激感。對於女性的節食或美容活動，布迪厄雖然忽略了勞工階級中的女性，但的確指出當中也是以工具性觀點來看待身體。

　　布迪厄（1984: 217）觀察指出，不同的運動品味，並不是由物質經濟力量所單獨決定。滑雪、高爾夫球與板球的確都需要相對昂貴的設備，但是還有「更多隱藏的門檻」，阻擋了勞工階級從事這些運動。家庭習僻、童年時期的運動體驗、對身體習僻的正確啟蒙，以及社會化技巧等，是統治階級養成運動習僻的重要文化與社會因素。因此，要學會高爾夫球，有很多事情比練習如何推桿入洞還更重要。

p.181

　　天生有運動細胞的人，或許可以獲得專家式的文化資本（像是教練證），還可以取得經濟（薪水）與社會（打入菁英的小圈圈）資本，以及可能隨之而來的符號資本（獎章、榮銜與媒體名聲）。但是對於被統治階級來說，運動相關工作必須看身體吃飯，是一種不可靠的職業。布迪厄（Bourdieu and Balazs, 引自 Bourdieu et al., 1999: 361-369）曾經詳細敘述了法國小鎮中一個來自葡萄牙的移民家庭，如何藉由當中父親的足球技能，而成功地融入當地的個案。然而，在這個父親受傷之後，他的社會與符號資本就跟著消失，原本的老朋友一個個不見，也拿不到法國政府的社

會福利補助。

不同階級的運動品味，對於不同年紀的人有各種不同的影響（Bourdieu, 1984: 212）。激烈的「大眾」運動，特別吸引年輕人。勞工階級的男性在成年之後，往往就放棄了橄欖球、足球與拳擊等運動，因為他們旺盛的體能、性慾與玩樂的精力，被婚姻與家庭給轉移與消耗殆盡（Bourdieu, 1993: 129）。相反地，像是高爾夫球或網球等比較不需要耗費大量體力的資產階級運動，加上有益健康且能夠提供社交利潤，讓俱樂部的有錢人會員可以長期參與、樂此不疲。學習與從事高爾夫球運動，也符合資產階級中鼓勵經由練習提升表現的習僻。舉例來說，他們會透過一對一的專業教練指導、或者透過教學影片，來提升技術水準與戰術運用。

布迪厄（1990a: 163）進一步指出運動並非一個靜態場域。不同運動所代表的主流意義與秀異方式，會因為社會鬥爭而改變，就像不同時代中音樂作曲也會有不同的社會意義一般（見 Buch, 2003）。因為新興階級的特定習僻，可能使得某些活動得以融入或進入運動整體場域當中。舉例來說，在 1960 年代與 1970 年代早期的布迪厄初期研究中，他就指出「加州式」「反文化」運動的興起。這類運動的參與者偏好天然製品與手做服飾，也喜歡在運動中感受社會與身體的失重狀態（a social and somatic weightlessness），像是滑翔翼（hang-gliding）、高山健行（trekking）與風浪板（windsurfing）等。這些運動的參與者主要是當時的「新興小資產階級」，包括流行時尚、廣告、攝影、新聞與設計等產業內的「文化中介」專業人員（cultural intermediary professions）（Featherstone, 1991）。相對於傳統小資產階級較為強調負責、自律、謙虛與自制等精神，這些新興小資產階級則把即時行樂視為個人目標與道德信條（Bourdieu, 1984: 367）。

p.182

布迪厄對運動社會學的影響

布迪厄對法國運動社會學有極大的影響力，開啟許多以運動在社會認同與社會分化中的意義及實踐的相關研究（見 Vigarello, 1995: 225）。他的學術夥伴 Loïc Wacquant（1995a, 1995b, 2004）在許多項傑出的研究中，運用了資本的概念來分析芝加哥的拳擊文化。以布迪厄的理論為出

發，Defrance（1976, 1987）回溯了法國十八世紀晚期以降的體操與其他運動的社會歷史。階級習僻也反映在對於格鬥運動（combat sports）的不同品味：既得利益的資產階級偏好漂亮的身體曲線與俐落的動作〔像是合氣道（aikido）〕，而中下階級則偏好身體接觸、碰撞與力量的運動（像是摔角）（Clément, 1985）。

在法國之外，也有其他學者運用布迪厄的理論來檢視社會階層化和運動參與文化之間的關係。一項美國研究發現，美式足球俱樂部的年輕會員中，住在郊區的白人，會跟住在貧民窟的中下階級有色人種區隔開來（Andrews et al., 1997: 271-272）。在加拿大，社會學者重新詮釋布迪厄的階級論，來檢視法語區內一百八十個不同階級背景的社區婦女，她們所從事的體育休閒活動，結果發現體育活動與階級習僻有所關聯。中產階級女性偏好肌力訓練、有氧運動，以及游泳等，同時反映了對於保持苗條身材與健康體態的「自我規範的行為準則」，以及她們在勞動力市場中臣服於宰制階級對於女性身體樣態的主流規範。勞工階級女性則不那麼愛運動，因為沒有什麼立即的回饋，也因為她們平日就已經有許多勞務工作。知識分子資產階級則偏好「自由風格」（liberating）的新興體育活動（但不是大眾流行的運動），像是定向運動（orienteering）或是「透過運動開發本體覺」的那些需要教育與文化資本的運動。最後，上層階級女性則熱愛那些與特定社會及文化資本連結的高消費型態運動，例如只對會員開放的高爾夫球或滑雪等俱樂部，除了運動本身之外，還附帶著「運動後」（après-sport）的社交機會（Laberge and Sankoff, 1988）。

整體來說，布迪厄的分析取徑，推翻了「體育歸體育、政治歸政治」之「去社會化」的錯誤觀念。由於階級透過運動來進行社會區隔的「秀異」，使得運動具有許多文化意義（Clément, 1995: 149）。在本章的最後，將探討對此一取徑的批評，但在此之前還需要說明布迪厄如何理解人文社會研究的政治性。

p.183

✍ 學術的政治性

　　布迪厄承繼了法國學界的傳統，包括伏爾泰（Voltaire）、左拉（Zola）與沙特（Sartre）等人，因此他對於社會學家的公共與政治角色有非常堅定的立場。他將社會學看做是一種必須揭發社會的宰制力量，並且與之正面對決的「搏擊運動」（Müller, 2002）。

　　在布迪厄（1998a）《反抗的行動》（*Acts of Resistance*）一書中，他抨擊了西方國家的新自由主義的經濟與社會政策，指出此一作法加深了社會不平等與不安（特別是對年輕世代），製造了失業、低收入與犯罪問題等。文化領域則被「商業體制」所汙染，同時受到傷害的還有社會科學的批判性與藝術的創造力。布迪厄倡議「幸福經濟」，也就是同時考量非物質的與符號的利潤及損失。這一新的典範，將不同的經濟政策與決定的所有社會成本及利潤都納入考量，包括新自由主義的「暴力」，像是大量裁員等。如同布迪厄（1998a: 40）所說，

> 所有的暴力，最後都會以日常生活中大大小小的暴力行為付出代價。例如金融市場的結構性暴力，像是裁員與廢除社會安全制度等作法；遲早都要付出社會代價，像是自殺、犯罪與各種不法行為、毒品問題、酗酒問題等。

　　採取布迪厄理論途徑的研究，發現經濟與社會不平等程度較高的社會，就會受到較大程度的社會問題所困擾，也就是布迪厄所說的「社會暴力」（Wilkinson and Pickett, 2010）。新自由主義社會的常識，將加諸於被統治階級的各種形式之暴力予以合法化，而被統治階級更被描繪成不道德、墮落退化、愚昧與不值一顧的團體。教育體制更進一步反覆灌輸這些錯誤觀念。

　　因此布迪厄（1998a: 52-59）鼓吹歐洲人民聯合起來，對新自由主義展開「跨國鬥爭」之反身性戰役，包括環保團體等新社會運動是一種社會反抗，但是在社會對話上無法與統治階級的符號暴力匹敵。所以社會學者必須協助社會運動者進行對話，並且對保守派媒體展開「反常識」

（para-doxal）的批判。布迪厄鄙視那些政治立場「模糊」的社會學者，認為他們屈服於新自由主義，甚至與之合謀。雖然知識分子是統治階級中的被統治者，但是對於布迪厄來說，知識分子對政治噤聲、躲在「專業」的藉口下，仍然是無法接受的。布迪厄這個論點與一些社會學者的觀點互相呼應，也就是之後的「公共社會學」（public sociology），鼓吹直接介入公共議題，並且提倡改變社會結構（Agger, 2000; Burawoy, 2005）。

　　布迪厄的政治觀點，對運動社會學者產生直接影響。社會學者必須參與體育運動中的新社會運動，提出科學證據批評跨國企業與運動組織。學者 Lenskyj（2000, 2002, 2003, 2008）就以她對於奧運的廣泛研究，參與了針對主辦奧運愈來愈昂貴的反對運動，而這正是知識分子進行公共介入（以葛蘭西的語彙，則是「有機知識分子」）的一種作法。運動社會學家可以參與各種不同議題的倡議團體與新社會運動，其主題在本書之前的各個章節中有所討論，包括商品化與理性化在造成球迷社群異化或「剝奪公民權」（disenfranchising）過程中所扮演的角色；舉辦大型運動賽事的社會成本，以及大型運動組織跟跨國企業或極權國家之間的狼狽為奸等。

　　以運動政策來說，布迪厄鼓吹一種「務實的烏托邦」方向，希望能夠有效地去除運動中的商品化與工具理性，其目標則是讓運動重新回到「運動世界所追求的價值，跟藝術與科學所追求的價值非常類似——非商業性、非工具性、不偏不倚、公平競爭，以及『按照遊戲規則』走，而非為了目的不擇手段」（Bourdieu, 1998b: 21）。

　　布迪厄建議一套由各種政策所構成之「普遍與一致的模式」，以推動：

- 運動的教育面向
- 運動志工的國家支持體系
- 反貪腐的政策誘因
- 提供年輕運動員更好的訓練與發展
- 運動草根組織與頂級菁英運動之間更強的連結
- 年輕球迷對於職業運動明星更為務實的認同
- 透過運動推動移民的社會融入
- 建立足以規範所有運動員、運動組織官員與媒體球評的運動規則，讓體

p.185

育記者可以成為「運動界的批判良心」。

　　這些對於運動之願景的建議，相當值得推崇。對布迪厄來說，這些建議也標誌著社會學焦點的改變。布迪厄早期的理論，相對來說採取了客觀論者的立場，來解釋特定的文化場域中的文化偏好與實踐，如何能對不同的社會團體加以區辨。而在介入政治之後，布迪厄的晚期理論則進一步採取了主體論者的立場，在運動場域中站在一個特定的批判角度，同時也指出運動的偏好與實踐，本身就是一種社會公共事務。透過此一作法，布迪厄在他自己的社會學理論，以及公共知識分子所需的實用性批判言論之間，取得了一定的平衡。

❤ 結論

　　布迪厄的著作具有許多社會學洞見，他深入探討了結構—能動者的二元區分，並且對權力關係的分析採取了較為結構式的觀點（而我個人認為這是正確的）。他的社會學關鍵字——習僻、場域、資本、實踐和秀異——對社會學家是極具影響力，也極為受用的理論工具。他的社會學融合了理論與實證，對於運動等研究場域來說，相當有用且適於延伸闡述（Jenkins, 1992: 61, 98）。這個途徑的研究成果，特別是在《秀異》一書當中的發現，或許能見於一些關於附庸風雅的階級品味與模式的分析當中，但是他的分析卻能更為周延與系統化。布迪厄對於社會學者的潛在偏見與批判性社會責任的關注，以及他對教育體制的批判，對於研究方法論而言別具意義，但又始終被低估。他提出的符號暴力概念也極為重要，體現了符號宰制的模式與經驗，也得以讓我們對於暴力所能引起的各種社會傷害，有更為細緻與全面的理解。布迪厄認為社會學者應該主動指出與挑戰宰制體系，是極為有力且符合他整體社會理論的論點。最後，比起同時期提出「第三條路」，而與前英國首相布萊爾（Tony Blair）過從甚密的英國社會學家紀登司（Anthony Giddens）來說，他的政治實踐更令人佩服。

　　布迪厄的研究途徑也有一些明顯的缺陷，此處舉出三點。第一，這途徑限制了我們對於運動的複雜意義、愉悅與美學的深入探討。對於布迪厄

p.186

來說，運動的這些面向似乎只是讓社會行動者拿來作為達成其他目的的工具（也就是說，用來秀異）。如果跟著布迪厄的途徑，會因此錯誤地忽略運動所能促成 Canclini（1995: 20-21）所謂的「非功利的自主美學形式」。

第二，雖然布迪厄強調運動次場域的「相對自主性」，但是布迪厄的分析，卻認為運動品味與實踐，會受到其他更有影響力之主要場域的宰制。舉例來說，男性勞工階級的運動文化，受到此一社會團體在工業中的工作條件之影響；因此，體力勞動的條件讓她們喜歡高度身體對抗的運動。同樣地，從事高爾夫球運動則是想要讓自己「看起來像是」資產階級的一分子（Bourdieu, 1990a: 132）。

此一問題導致布迪厄的分析架構，無法妥善檢視特定運動場域中，重要的符號差異與文化衝突。這些差異與衝突在運動中至為重要，而且無法被簡單化約成抽象而廣泛的階級習僻、或者文化秀異行為。舉例來說，在許多運動項目裡，對於不同球團、國家代表隊與區域的運動聯盟，應該採取哪種戰術、球技或風格，一直有激烈的爭論。類似的爭論，通常指涉了特定的運動風格，如何建構與形成特定形式之公民、區域、或國家認同。另一個例子則是衝浪，其意義往往因為不同的運動團體而有所差異，像是正統救生衝浪團體（orthodox life-saving surfers）、享樂主義衝浪團體（hedonistic surfers）、消費取向衝浪團體（consumer-focused surfers）、三鐵運動者（triathletes），或者那些鼓吹衝浪職業化的團體之間，都有不同的看法（Booth, 2001）。如果無法找出這些團體的看法跟特定階級之習僻的關聯性，布迪厄理論就往往漠視這類爭論的意義。

第三，承接以上批評，有些論者進一步指出布迪厄理論中關於社會結構與社會行動的分析缺陷。簡單來說，社會行動者似乎「過於社會化」，以致於他們的運動品味與實踐，像是一種階級地位的宣示。這裡的問題是，布迪厄理論途徑傾向於將運動品味視為「被完全決定」（over-determined），像是「所有的事情似乎都已經事先決定好了」（Boltanski, 2011: 22）。因此，布迪厄相對低估了社會行動者的批判能動性，特別是認為社會行動者在不同的社會場域中的行動，都可能反映了其場域位置；另外也低估了社會行動者，可以進入與離開不同運動項目場域的可動性。

因此，布迪厄研究中將階級與文化實踐連結在一起的實證資料，屢遭質疑。在美國，Gans（1999: 19）堅稱，社會菁英將文化實踐作為一種

p.187

「身分表徵」，而非布迪厄所稱之「工作所需」的虛擬資本。再者，像是速食或者大量生產之家具等「大眾文化」的跨階級吸引力，其實比起布迪厄理論來說要大得多（Gartman, 1991）。在芬蘭，雖然有部分的休閒活動（像是高爾夫球與衝浪）具有階級之間與階級內不同團體的秀異作用，但是多數的運動項目卻是跨階級的（Heinilä, 1998）。其他的北歐研究也發現，影響運動觀賞的主要因素是社會經濟資本，而非文化資本（Thrane, 2001）。

為了克服以上的缺陷，布迪厄理論途徑或許可以調整修正其「秀異」概念，使其更能涵蓋文化的彈性、運動特性與跨國現象。在方法上，也許可以追隨布迪厄過去融合質性與量化方法，來檢視運動實踐與品味。這樣的研究，因為認知到每種「遊戲」的「相對自主性」，而能夠對於個別運動場域之構成與競爭，如何在不同區域、國家、國際間產生差異，有更為精準的分析。這樣的研究，或許可以超越布迪厄設定的四種資本的模式。事實上，有不同的學者進一步延伸出「人類」、「健康」、「次文化」，以及「性別」或「性感」等各種資本，因此得以指出社會行動者所能夠運用的各種多元的資源，以達成在不同社會場域中得以秀異或收穫更為豐富的目標（Becker, 1964; Grossman, 1972; Hakim, 2011, Thornton, 1995）。

當代社會學家對於次文化的各種分析，在無意之間指出了此一「軟化」布迪厄理論之必要，也就是聚焦在特定文化實踐的秀異鬥爭。舉例來說，學者 Thornton（1995: 11-14）認為，年輕世代往往在他們的次文化場域當中，標舉自身的「次文化資本」。Thompson（1995: 223）發現，當代的迷文化有其自身的權力層級，而且也會創立規則，以區分業餘愛好者與專業鑑定者（cognoscenti）。在上述兩個例子當中，行動者透過掌握相關次文化場域中具有特別意義的各種混合式資本，才能達到秀異的目標。運動中也有類似的情況。球迷採取各種互動策略，來探知其他人的次文化資本。像是其他球迷是否記得重要賽事的關鍵時刻、能否看出個別球員的特定技巧、如何跟著運動賽事一起長大等。能否回答上述這些問題，往往是在於球迷於個別運動場域中的特定社會與歷史關係，而非其他主要社會場域之力量所能影響。

p.188

討論問題

1. 根據布迪厄的看法，一個人的運動「品味」，如何與其階級位置有所關聯？個人的習僻與不同的資本，在當中扮演何種角色？

2. 人們如何以從事特定運動，來凸顯個人與其他人或團體之不同處？

3. 根據布迪厄的看法，應該要如何改革運動與反抗新自由主義政策？社會學家在這當中應該扮演什麼角色？

4. 整體來說，以布迪厄的理論途徑來分析運動，有何優勢與缺陷？

11
後現代運動：
碎裂、消費與過度眞實

在 1980 年與 1990 年代之間，社會學界最重要的關鍵概念與辯論場域就是後現代理論。許多原本互不相關的思想家，像是尼采、傅科、德希達（Derrida）、布希亞（Baudrillard）、李歐塔（Lyotard）、羅狄（Rorty）等人，都被歸為「後現代學者」。社會科學界出現「後現代轉向」（postmodern turn），而後現代理論對於後工業、消費主義、符號爆炸（signsaturated）與全球化世界等現象，有極佳的解釋力。不過反對者則認為後現代只是社會學界的短暫流行風潮，缺乏足夠的學理基礎，只會誇大現代社會中的各種變化。到了 1990 年代後期，後現代理論雖然在一些新興議題的研究領域中仍具有影響力，但是在社會學界的熱度則明顯下滑。 p.189

因為後現代理論的一些關鍵概念難以捉摸，不同學者的解釋也彼此不同，所以其間的辯論異常複雜。本章對後現代理論的討論，主要從兩個重要的定義出發。第一，「後現代」（postmodern）一詞，主要用來指涉社會中各種組織方式的新型態，特別是在後工業社會（post-industrial societies）中，社會階層化、社會關係與社會反身性等的新型態。舉例來說，在運動中的後現代性，可以指涉新的社會階級在受到運動消費與行銷策略影響下，對運動賽事的各種詮釋或表現方式，以及超越白人與異性戀男性的各種社會認同。第二，後現代主義（postmodernism）主要用來指涉相對新興的文化運動與思潮，包括電視與電影、音樂、藝術、文學、舞蹈與運動等。關於這些後現代新興文化的誕生，沒有一致的說法，不過在運動領域，大概可以追溯自 1980 年代之後大眾媒體對於運動的大量報導與轉播。舉例來說，後現代文化可以指涉運動場館的設計風格，或者運動 p.190

電影的產製技術等。即使有這些各種不同的呈現方式，我們至少可以說「後現代性」（postmodernity）與「後現代主義」，是跟現代性及現代主義之間有明顯斷裂的兩個基本概念。

本章將以六個小節來解釋後現代運動。前三個小節說明後現代社會理論與後結構理論（poststructuralist theory）的主要看法，以及其與運動之間的關係。第四與第五小節將檢視不同的社會學途徑如何解釋後現代性，以及這些觀點如何說明各種運動現象。第六小節聚焦在具有極大影響力的法國社會學者布希亞的學說，以及如何應用他的看法來解釋運動。結論中則將檢視後現代運動觀點中，主要的批判論點與政治問題。

後現代主義與後結構理論

首先，透過比較現代與後現代理論之間差異，來檢視後現代與後結構理論的主要論點。後現代途徑拒斥所有現代理論主要依據，包括現代科學知識所依據的普遍與理性「真相」、超越各地的習俗與信仰體系，以及可以帶來長遠的人類社會進步與福祉（Best and Kellner, 1991）。這些現代理論的「後設敘事」（meta-narratives）或其預設的大敘事，遭到後現代觀點否定，認為這些假設過於自信，將引發災難（引自 Lyotard, 1984, 1993）。像是承諾革命將解放勞工階級的馬克思主義，結果卻是導致在史達林式的國家社會主義下，數千萬平民遇難的悲劇。或者像是原子與核能科技，帶來災難性的輻射外洩，在二次大戰期間與之後導致數十萬人罹難，也始終威脅著全世界的安全。

p.191

現代理論關於存在著知識之「普遍真理」，以及所有社會都應該遵循之普世價值與規範（例如普世人權）的假設，後現代主義者都予以否定。對於李歐塔等後現代論者而言，不同文化所謂的知識，是相對的或特定的；實際上，知識體系是一種「文字遊戲」（language games），所以不同文化所謂的知識，各有其特定的規則、標準與原則（Kellner and Best, 2001）。對於不同文化圈的人來說，某些文字遊戲看起來怪異、不理性或不道德，也無法確切地瞭解其知識體系。根據此一理解，即使某一社會的作法看起來不合理，但其他社會的人其實沒有立場妄加評斷或擅自介入。

　　後現代主義論點如何應用在分析運動領域？首先，我們可以探究現代理論對於運動的後設敘述，認為運動可以帶給人們更強壯、更健康、更快樂、更具競爭力與「更好」的身體，也可以對人們的體能發展與社會解放有正面幫助。後現代觀點則較為強調運動與運動科學的陰暗面，像是運動傷害、系統性使用禁藥，以及球迷之間的暴力與騷擾行為。後現代論者也強調十九世紀晚期開始，西方運動強迫輸入到全世界的不同文化與社會，導致許多非西方的體育或身體文化（所謂非西方的身體「文字遊戲」）因而衰微。另外，後現代論者也質疑1990年代中期逐漸勃興的「以運動促進發展與和平」（SDP，將在第十二章中有所說明）所奉行之原則。在像是撒哈拉沙漠地區等非西方社會中的SDP，有極大比例是致力於以運動來促進、促成某些西方理念，例如教育或人權。後現代論者批評SDP的倡議，透過運動在非西方社會中灌輸西方的「文字遊戲」，是典型現代西方思維下的傲慢（Giulianotti, 2004b）。

　　以德希達與傅科為代表的後結構主義，是後現代理論中重要的一環。後結構主義認為，權力與知識互相滲透、無法分離。傅科就指出，掌握社會權力的資產階級，也掌握了對身體的科學論述權力，並透過醫藥科學或現代刑罰學（penology），來規訓或治理人民，特別是針對「危險的」中下階級與女性等。德希達（1978）的文學理論，則批評作者掌握作品之最終詮釋權的觀點，他認為寫作本身充滿著互文性、高度不穩定，以及總是面對批判的解構（deconstructions）。與李歐塔相同，德希達（1978）也挑戰西方理性觀念中，以客觀、永恆、科學、普世為基礎的「理性中心主義」（logocentrism）。

p.192

　　在運動社會學領域中的後結構主義，主要以傅科的理論最具影響力，特別是在關於身體規訓與治理的分析、自我的關注（care of the self），以及運動場內外的監控等（見第七章與第八章）。德希達理論對運動研究的影響力相對較小，但也有部分成果——例如用於分析許多運動規則書籍的「理性中心主義」，以及像是分析「紳士風度」（gentlemanly behaviour）、「公平競爭」（fair play）與「運動精神」（sporting conduct）等價值觀的身體治理術等。後結構主義分析解構了這些關鍵概念，揭示其內在的性別、種族與階級偏見，因而可以挖掘與解構現代運動機構與其標舉之宗旨與目標的政治性（註29）。更廣泛地來說，後現代

與後結構主義的相對主義觀點，有助於指認與慶賀不同運動文化之間的深層差異，例如同一種運動項目，在不同社會中有不同的理解與實踐，而改變了其規則與習慣。

對後現代主義的觀點，學界有兩個主要批評。第一，後現代觀點的相對主義立場，也就是將「沒有普世真理」視為一種「真理」的說法，本身其實「自相矛盾」（illogical）。即便只是對「存在著真理」持暫時保留態度，我們也會陷入缺乏標準以判斷任何論點與主張之良莠的窘境。要是接受這種相對主義，就會導致無論如何深入周延的研究，都不比道聽塗說來得有根據，這樣社會科學只能馬上關門。

第二，後現代的文化相對主義，也因此放棄了政治改革與道德標準。後現代理論以相對觀點否定基本的普世道德標準，導致的嚴重後果之一，就是完全揚棄了基本人權的普世理念、忽視獨裁政權對人民的壓迫統治，因為相對主義觀點主張他人無法理解其他文化的實際情境，更沒有權力介入他國事務。在運動領域中，這代表了西方運動組織必須停止以運動促進社會發展與和平的作法，即便我們看到某些社會嚴重歧視女性人權、或者以暴力侵犯人身安全，也必須袖手旁觀。後現代論點可能也會主張，即便運動員遭受某些運動組織或更大國家機器的壓迫，我們同樣必須袖手旁觀。採取後現代立場似乎對於社會而言是弊大於利，因為對其他文化「萬事包容」的立場（tolerant open-mindedness），讓所有的惡行更肆無忌憚（Morgan, 1998: 362-363, via Rorty, 1991）。

儘管有上述批評，我仍然認為謹慎地選擇後現代主義的部分觀點，有助於運動社會學的分析。在之前的章節中已經說明，傅科的後結構理論，能解釋權力是如何作用在運動的身體之上。除此之外，透過後現代理論，可以批判性地審視分析各種運動中的既定規則與「共通道德」。採用後現代主義觀點，SDP 中的西方組織與學者將能反省自身的立場與行為，特別是關於能否讓在地社群與文化充分參與其中，而非對不同社會都盲目灌輸一樣的西方價值、發展模式與運動方式。再者，在運動與其他領域中後現代與後結構主義者也正確地指出，文化多樣性與不同知識體系的重要性，愈來愈受到重視。在這樣的認知基礎上，下一小節將探討後現代的「反分化」觀點（dedifferentiation）。

p.193

後現代世界與去分化

　　根據 Lash（1990: 11-15; 173-174），現代社會的特徵之一，就是生活的各個層面愈來愈分化，隨之不同的社會結構、組織、機構與社會認同，也就愈來愈分離而各行其是。相反地，後現代社會則是「反分化」（dedifferentiation），也就是上述這些現代社會的界線與區別，逐漸拆解與崩潰。複雜的現代社會中，文化、經濟、政治與社會領域的各種區分日益增加；相反地，後現代性則是讓這些不同領域互相交織與互相影響。p.194運動作為文化領域中的項目，透過商業化而與經濟領域融合、透過社群媒體而與社會領域融合、透過政治人物為迎合廣大球迷而與政治領域融合。

　　後現代的去分化與去邊界化，也反映在文化領域中高級藝術與大眾娛樂之界線的日趨模糊。現代文化基本上被區分成兩種範疇，第一種是「下里巴人」的「大眾」文化，主要的特徵是情溢於辭（expressive）、參與式，以及相對粗野（physical）的勞工階級的文化活動，包括流行音樂或者民俗活動等。在運動與體育領域中，則可以指涉勞動階層的橄欖球、拳擊、摔角與足球等。第二種則是「陽春白雪」的「高級」藝術，主要的特徵是知識分子式的、情感節制、中產氣息這些被官方肯認的文化，包括表演藝術或文學等。在運動與體育領域中，則可以指涉英國板球，這種運動特別強調策略，以及觀眾情緒的相對節制。

　　後現代文化拆解了現代主義關於文化高低的界線，詩人為橄欖球謳歌，獲獎作家以足球「壞男孩」為文，以及音樂家將足球寫入歌劇（Rowe, 1995: 165）。大眾媒體中，高級與大眾文化的各種符號互相混用連結，像是英國電視報導 1990 年的義大利世界盃足球賽時，使用了古典音樂的義大利詠歎調，並轉播卡瑞拉斯、多明哥、帕華洛帝的「三大男高音」演唱會。之後 BBC 轉播 2004 年在葡萄牙舉辦的足球歐冠賽中，以各國球星之母國的著名畫家畫風，來介紹爭冠球隊的球星；例如來自義大利的門將布馮（Buffon）是莫迪利亞尼（Modigliani）的人像畫，法國球星席丹（Zidane）是以莫內（Monet）的印象畫，而西班牙球星勞爾（Raul）則是畢卡索（Picasso）的抽象畫。透過這種後現代式的仿作（pastiche），原本屬於大眾流行文化的足球，與高級藝術的歌劇與繪畫之間產生有趣的聯繫。

再者，現代主義中的作者（或表演者）與觀眾之間的界線，在後現代文化中也遭遇「去分化」的挑戰（Lash, 1990: 173）。現代運動的發展，也在運動員與觀眾之間劃下明顯的空間區隔。運動所面臨的後現代去分化可顯見在不同層面，包括以行銷文案將觀眾納入成為球賽的一部分（part of the show），球隊吉祥物與球迷打成一片，被選到的觀眾上場參與趣味競賽，或者當攝影機拍攝賽車、板球柱（cricket stumps）、滑雪選手時帶到場邊觀眾，以及在推特與臉書的社群媒體上運動員與球迷彼此之間的虛擬互動等。

p.195

時間與空間界線，也被後現代文化所壓縮（或去分化）（Harvey, 1991）。全球化的科技與制度，讓影像與資本能夠即時地全球流通。電視的晚間新聞報導，可以透過錄影與現場方式，報導各大洲的運動賽事（見 Gottdiener, 1995: 50-51）；也可以鳥瞰不同時代運動的發展，或者球員過去與現在的表現，都將之濃縮在同一則報導中（見 Rail, 1998: 154）。職業球團招募全球的頂級球星，以及運動大型賽事「將全世界帶到同一座城市」，讓各國運動員與觀眾齊聚一堂，都是運動進一步時空壓縮之「日常」。

最後，後現代的去分化也發生在不同的運動項目與文化領域。運動與休閒活動之間的連結愈來愈強，像是 1980 年代以來日益普及的健身活動，包括路跑、划船、舉重、拳擊健身（boxercise），融合了許多運動訓練的作法。在許多「全球北方」的已發展國家中，跟過去競技運動本質大相徑庭的衝浪、滑雪板與滑翔傘（paragliding）等「生活風格運動」（lifestyle sports）快速普及，也是一個例證。從 1970 年代初期以來，西方運動與東方武術之間的界線也逐漸淡化，而東方武術更在西方吸引數以百萬計的愛好者（Guttmann, 1988: 179-181）。另外，西方運動界也常見東方哲學的詮釋方式，像是 Davis Miller 所寫的《拳王阿里與其他運動員的禪學》（*The Zen of Muhammad Ali and Other Obsessions*），或者 Leland T. Lewis 所著的《高爾夫球之道》（*The Tao of Golf*），都象徵著後現代文化中的東西交融現象。

整體來看，去分化的概念可以用於解釋後現代性當中，劇烈的結構與文化變遷狀況。現代社會中的分化，受到後現代性上述各種去分化的弱化與挑戰，在各種領域中的界線分野也逐漸被打破。去分化的過程，也塑造

了後現代之社會認同的特徵，這也是下一小節討論的主題。

後現代性與社會認同

p.196

後現代性與新興的社會認同有緊密關聯，首先，後現代社會中的社會認同不再像是現代社會中那樣「固定不變的」（fixed），而是更為複雜與流動。因此，傳統的現代認同範疇，包括階級、性別與國族，都逐漸模糊且愈來愈不受到社會所重視。性別角色與認同，像是性傾向就變得更為複雜與多樣，而女性也能夠在過去傳統男性主宰的公共空間中，取得一定的地位。民族國家中的單一「國族認同」概念不再理所當然，因為移民與國際移動的快速增長，使得國族認同的形式日趨複雜，出現了歸化（hyphenated）、雙重與多重的國族認同。另外，區域與「次國家」（subnational）認同日益增加，例如西班牙境內的巴斯克與加泰隆尼亞，以及英國境內的蘇格蘭與威爾斯等。再者，現代社會的認同，也透過社會階級與僱傭模式，而與生產過程緊密相連；相對地，後現代社會的認同，則透過消費品味與休閒模式，而與消費行為密切結合。因此後現代社會中行動者的習僻（habitus），相較於現代社會來說，顯得較為流動與碎裂。後現代社會消費者的文化品味較為多樣化，並且跨越不同社會階級的範疇限制，所以較難以傳統的階級認同來加以歸類——一個人可以同時喜歡聽龐克搖滾與歌劇，也可以同時跳芭蕾舞與打美式足球。

有些學者認為，社會認同與關係在後現代社會中有更為激烈的變化。Maffesoli（1996）指出當代社會的生活，更為「新部落化」（neo-tribes），也就是在特定的情感空間中，許多個人短暫地聚集、快速地進入與移出（Bauman, 1992: 137）。新部落主義（neo-tribalism）在大眾消費文化中特別明顯，過去現代社會中的次文化，是相對較為固定與全面的認同，例如青少年的時尚風格，包括後來演變為種族主義的「光頭黨」（skinhead）、1960 年代受美國流行文化影響的「摩斯族」（mod）、龐克族、足球休閒風格穿搭（soccer casual）、1980 年代歌德搖滾衍生的歌德族（goth）等。相較之下，後現代社會的新部落式認同像是「連連看」（mix and match），將早期各種次文化加以創造性與模仿式地揉合在一起。

新部落式認同下的符號與標誌，較強調美感，也非常短暫，而且並不

p.197

像過去的次文化固著於強烈與熱情的群體感。以刺青為例，過去是勞工階級男性以個人身體上的標記，來顯現跟家庭、故鄉或國家等特定社會組織之間的深厚關係。但當代的後現代刺青，像是在腳踝或背上等較不容易被看到的部位，刺上毛筆書寫的中文字，則是一種美感呈現，也常是跨國族、跨階級與跨性別的認同（Turner, 1999）。

運動領域中，也出現這些不同層面的後現代化社會認同。在國族認同層面，運動員與球迷之間，不只認同單一國族的狀況愈來愈普遍，往往因為他們本身的多重種族身分，而有更為廣泛的國族認同選擇。同時，許多「國家隊」的成員種族更為多元，往往一支隊伍中可以包括那些出生於海外、講不同語言、或者在不同國家中長大的各色球員。

對於一些觀眾來說，球隊認同也變得更為流動，而可以分成四種類型：支持者（supporters）、追隨者（followers）、迷群（fans）與浪人（flâneurs）（見 Giulianotti, 2002，在這篇文章當中，在四個關鍵字有非常特定的定義）。這四類觀眾之間，對比最強烈的是支持者與後現代浪人：支持者通常是熱愛本身所在地球隊、有固定支持隊伍的觀眾；而浪人則沒有這種歸屬感，而是自由地根據自己的興趣，變換支持的隊伍，並且樂於購買各種不同隊伍的周邊商品，像是紐約市的棒球帽、芝加哥公牛隊T恤、巴西足球衣，以及胸前有「Italia」字樣裝飾的運動服等。浪人球迷的認同，可以說是一種新部落式的跨國流動性消費主義，具有瓦解運動球隊認同之可能性。

對於運動觀眾不同類型的研究，其實跨越了認同球隊與否的辯論，而指向更為基礎的議題，也就是聚焦在現代與後現代的論辯上，討論這兩種範疇的複雜互動與並存現象。實際上，此一觀察符合後現代理論的看法，因為這正是承認分界的瓦解。舉例來說，在頂級職業運動中的豪門球團，一方面擴大其現代社會的支持者基礎，另一方面也擴大販售周邊商品給跨國浪人消費者。運動中也並存著現代性的固有次文化，以及後現代的新部落式流動化認同。蘇格蘭與英格蘭的足球流氓研究顯示，這兩種認同是並存的：一方面有「硬蕊的」鐵桿球迷長期參與，作為流氓次文化的基礎；另一方面也有臨時加入、隨時一哄而散的新部落式球迷，會參加這些流氓行動（Giulianotti, 1999）。值得注意的是，必須要有現代性運動認同作為關鍵基礎，才能讓這些流動的後現代性參與者有機會參加。支持者的次

文化打造了社會空間與社會認同形式，讓新部落的球迷浪人得以暫時性地加入。另外，在這樣的基礎之上，個別的觀眾可以在這些不同類型間遊走，例如一個人可以同時是英國足球的在地支持者，又願意購買各種運動流行商品。

　　整體來看，後現代對於社會認同的觀點，對於運動社會學的分析具有非常大的幫助，包括運動中所謂的「後次文化」（post-subcultural）分析、消費主義認同、新部落主義，以及浪人觀眾等。不過於此同時，還是必須分析現代性社會認同所扮演的長期性基礎角色，才能讓後現代性社會認同有其建構與擴張的可能。再者，社會階級對於型塑後現代認同與文化實踐，也相當重要，因此將在下一小節中加以討論。

✂ 後現代運動與新中產階級

　　如前一小節所述，後現代認同與消費（休閒）較為相關，而與生產（勞動）較為無關。順著這個觀點，接下來將探討後現代社會中的認同，如何連結生產過程的轉化，以及打破生產與消費之間的界線。

　　從政治經濟學角度來看，因為現代性工廠與重工業的衰微，以及後工業、服務導向、「知識基礎」勞雇關係的興起，使得後現代性隨之出現。因此，後現代性也代表「全球北方」的工業先進國家中，階級結構的明顯轉變。此一結構性變化，顯現於傳統勞動階級的人數大幅減少，以及分裂為許多不同階層。白領階級勞工人數大幅成長，特別是在重複性與低薪的工作，像是電話銷售人員（telesales）。在英國與美國等全球北方的工業先進國家中，「新右派」的新自由主義政府，對於工廠移出（deindustrializing）的城鎮與區域，鮮少給予關注，並造成 1980 年到 1990 年代間社會不平等的加劇——在社會底層，勞工階級陷入低薪或失業的困境，並因為教育程度低而使得社會流動機會愈來愈低；在社會頂層，極少數的菁英受惠於政府的市場自由化政策，這些措施包括對富人減稅、刪減社會福利，以及不受政府限制的全球金融市場。

　　受到後現代社會變遷的影響，出現了新的「服務業階級」或「新中產階級」，主要由業務人員、行銷人員、媒體工作，以及其他所謂知識或生活風格產業的工作者所構成（Lash and Urry, 1994: 164）。新中產階級是

p.199

後現代文化的推動者，促成了新的文化品味、習慣，以及新型態僱傭關係的出現。傳統資產階級鄙視大眾文化，但新中產階級反倒是積極擁抱消費文化，因而跨越了過去高級藝術與低級品味的文化區隔，並且享受日常生活中愈來愈多層面都強調「弄得美美的」，也就是所謂「日常生活的美學化」（aestheticization of everyday life）（Featherstone, 1991: 35, 44-45）。

後現代的社會轉變，也對運動領域造成具體的影響。從 1980 年代後期開始，頂級運動賽事的經濟與文化層面，都愈來愈重要，包括英超足球（EPL）、美國職業棒球大聯盟（MLB）、國家美式足球聯盟（NFL）與澳式足球聯盟（AFL），以及印度板球超級聯盟（IPL）等，經濟表現皆日趨重要，包括媒體轉播報導、周邊商品，以及消費文化等層面都非常成功。新中產階級對於運動經濟的成長，扮演了關鍵角色，包括在運動周邊商品與流行的設計與行銷，或者運動媒體轉播與報導的內容產製等。再者，新中產階級的文化習慣，較為國際化，也樂意主動參與，所以有助於開拓運動相關作品與媒體內容的廣度與銷售量。比起 1980 年代後期以前的媒體運動相關內容，新中產階級所喜好的內容更具知識性、文學性、全球化，也更為大量，像是運動迷雜誌（fanzines）與網路部落格的興起，都可以說明這一點。

p.200 後現代的階級轉化，影響了特定社會團體參與運動與休閒娛樂的方式。以旅遊為例，Feifer（1985）延伸了 Urry（1990: 90-92）所提出的「後觀光」（post-tourist）的概念，來解釋後現代社會中的旅遊特色，從現代大眾式觀光，轉變為一種態度超然、嘲諷、自主選擇、彈性，以及不分高等與低級文化都願意試著「玩」的「後觀光」模式（Featherstone, 1995: 120）。後觀光客都能夠充分理解，在地旅遊產業所提供的「正港」（authentic）體驗與景點，其實都是為了符合觀光客期待而創造出來的社會建構。這種後觀光的品味，與新中產階級的文化習僻相當一致。而雖然後觀光興起，但在最大眾化的景點中，現代大眾式觀光還是依舊受歡迎。

後觀光的特徵，可以用來解釋運動觀眾中的「後球迷」現象（post-fan）（Giulianotti, 1999）。後球迷指的是對運動賽事抱持著享樂、嘲諷、超然態度的球迷，他們願意享受主辦單位安排的各種表演，也深知賽場上的各種話題其實不過是運動行銷手段；也因此，他們樂於自己搞媒體，像是運動迷雜誌或網路部落格，也喜歡上社群媒體發表酸文。就像後觀光客

一樣，後球迷也與新中產階級的後現代文化習僻相當一致。而雖然後球迷興起，但「支持者」與「球迷」等現代型態的觀眾認同仍舊存在，那些傳統運動觀眾也還是依賴主流大眾媒體來獲得運動資訊。

下一小節將轉而探討後現代社會的政治經濟基礎，包括資本主義的新型態，以及其在運動領域中所產生的現象。

後現代運動與新資本主義

有學者認為，後現代社會與「後福特式」（post-Fordist）及「無組織的」（disorganized）生產關係密切相關（舉例來說，可以參見 Amin, 1994; Lash and Urry, 1994）。相反地，二十世紀的現代與高度組織化資本主義，則是圍繞著以福特汽車公司所開啟的「福特式」生產模式所建立起來。典型的福特式工廠型態，就是由許多工人共同組成的生產線，進行高效能的大量生產。福特式工廠有複雜的勞動分工，員工高度專業化、工作高度常規化、生產效能極大化，並且提供勞工收入與工作保障，但壓抑個人自主性與創造力。高效率的大型企業組織，監控了從製造、行銷到銷售的所有環節（Gramsci, 1971: 310-313; Grint, 1991: 294-297）。福特式工廠遵循「規模經濟」原則，以大眾市場為銷售目標，生產最大量的產品。

p.201

後福特主義的生產特徵與福特主義正好相反。後福特式的生產、行銷與消費，都具有極大的「彈性專殊化」（flexible specialization）特質。產品的發行、再版與絕版都極為快速，以「適時」（just in time）迎合隨時變化與變異的市場需求。再者，後福特主義更重視銷售、行銷、研發與設計等服務方面的投入，將商品與生活風格的意義進行構連，能夠照顧各種分眾市場中隨時變動的消費者喜好、品味與認同（Amin, 1994）。比起福特主義，後福特主義的生產組織具有規模小、任務導向，以及短期合約等特徵。在流行音樂與運動等文化產業中，後福特主義生產更具有腦力密集（knowledge-intensive）於自我調整（reflexive）的特徵（Lash and Urry, 1994: 121-123）。媒體的運動內容產製，需要各種軟體設計與分析專家，才能不斷調整與改進產製技術及掌握觀眾喜好。

如同前述說明，我認為運動中的現代與後現代，以及福特式與後福特式的生產與消費，是同時並存，而且彼此互相影響。以運動用品的生產及

消費為例，1970 年代以前的產製與設計，大致遵循福特主義的原則，大多是制式與功能取向，消費者只能從幾種不同基本顏色、款式來挑選；而之後在後福特式生產下，運動用品的設計與行銷日趨多樣化，以美觀為設計理念、走休閒風的運動服飾設計成為主流，各種不同款式與風格不斷推陳出新，更與當前運動名人的時尚結合。不過值得注意的是，後福特式生產仍必須依賴福特式的生產技術，並且在東南亞與中美洲等發展中國家的大工廠進行大量製造。

新馬克思主義學者詹明信（Fredric Jameson）與哈維（David Harvey）主張，後現代化過程與高度組織化之資本主義的轉型有關。Jameson（1991: 400）將後現代定義為「晚期資本主義的文化邏輯」，也是 Mandel（1975）所說的「戰後資本主義的第三階段」。後現代主義的特徵就是文化與媒體的商品化，範圍廣及精緻藝術與大眾娛樂（Jameson, 1991: 276-278）。哈維（Harvey, 1991）將後現代社會的起源追溯自 1970 年代早期，因應著文化分化（cultural fragmentation）與快速社會變遷，所出現的彈性化資本積累開始。哈維認為，後現代社會理論強調差異、社會複雜性，以及全球資訊與交通流動所帶來的時空壓縮。不過，後現代社會理論過於拒斥所謂的現代性「後設敘述」（例如馬克思主義），也過於強調美學，而避談社會的經濟基礎與倫理問題。

整體來說，透過詹明信與哈維的研究，可以批判檢視後現代社會與文化如何進一步符應政治經濟的力量與利益。詹明信（Jameson, 1991: 406-407）指出，新中產階級的「內在本質」（ethos）與「生活風格」（lifestyle），反映了後現代資本主義的意識形態與主流文化。如同其他領域的情況，後現代資本主義使得商業化成為運動領域的主旋律，商品銷售與行銷作法，將運動用品及相關商品跟消費主義生活風格緊密連結。

Lash 與 Urry（1987, 1994）則指出，最新階段資本主義的特徵是「去組織化」（disorganization）。「無組織資本主義」（disorganized capitalism）與全球化過程密切相連，包括了勞動、資本、影像與科技的國際流動，全球金融與國際大都會的興起，全球「風險」的顯著增長，大眾媒體跨國傳播的網絡化，既有的階層化階級結構的解體，民族國家力量的衰退，以及後現代世界公民（cosmopolitan）階級的興起（Lash and Urry, 1994: 323）。

　　觀察全球運動的整體發展，有許多層面促成了無組織資本主義的興起。在下一章當中，會更完整地討論當代頂級運動賽事，是由影像、資本、球員與球迷，以及商品的跨國流通所構成。由跨國資本家如 Rupert Murdoch 所控制的國際媒體網絡，有助於運動影像快速流通與全球消費。透過媒體令人目眩神迷的時空壓縮，後現代運動文化得以成真。在下一小節中，將以在後現代論辯中極具影響力的學者布希亞的觀點，檢視當代的大眾媒體與消費主義之特徵。

✤ 極端的後現代文化：布希亞與過度真實

　　圍繞著法國理論家布希亞（Jean Baudrillard）的爭議，首先是他與後現代主義之關聯性的論辯。有些評論者指出其實布希亞本人反對後現代主義，因此不應該被放在這個主題內討論（Gane, 1991: 46-48）。不過，布希亞極具啟發性的概念與論點，明顯地對後現代社會與文化理論，發揮了相當大的影響力（Bauman, 1992; Connor, 1989; Kellner, 1989; Lash, 1990: 238）。在後者的認知上，本小節接著將探討布希亞的看法，如何帶領我們進一步分析後現代文化。

　　首先，布希亞強調後現代文化中，消費至上的現象及其對現代生產的「誘惑」（seduction）（引自 Baudrillard, 1998, 2006）。消費社會重視影像而非真實，因此物品的符號意義（symbolism），以及其與其他物品的關係，比物品的實際使用價值還來得重要。在運動領域中，包括球鞋、Polo 衫、足球衣與棒球帽等運動相關商品的「交換價值」，遠高於其「使用價值」；因為在品牌標籤體系中，這些物品已經成為一種時尚配件，而不僅僅是運動用品而已。就像一些高度品牌化的頂級職業運動員，對消費市場的吸引力，往往遠高於他們在運動場上的實際表現。 p.204

　　布希亞的擬像論（simulacrum）與過度真實（hyperreality）概念，探討了後現代文化中的擬仿與虛擬面向。擬像論的嚴格定義，是實際上並不存在之物的複製品（a particular copy of something that does not actually exist）（Jameson, 1991: 18）。在虛假的後現代文化中，擬仿物日漸增加，像是主題樂園，或者是近期打造以美好過去為號召的「懷舊」酒吧（Baudrillard, 1994a: 6）。某些運動賽事與認同，正是基於這種擬仿物的

邏輯，例如以電腦程式控制的「虛擬」賽馬遊戲，就是賭徒懷疑真正的賽馬中可能有莊家黑手與騎師放水，因而出現的擬仿物。

「過度真實」一詞，則是指稱在媒體滲透的當代社會中，模仿的人造複製品往往「比現實更逼真」（realer than real）。舉例來說，比起觀看真正的賽事，3D 大螢幕的運動類電子遊戲，能夠讓玩家更貼近運動員的各種動作。廣義來說，電視上的運動轉播就是一種過度真實的展現，因為電視轉播移除了「不相干」的吵雜背景雜音，更運用環繞音效加強現場「氣氛」，而使得電視轉播比現場更有臨場感。同時，新的電視互動技術，還可以讓觀眾自行選擇不同攝影角度的呈現，因而可以體驗到現場球迷無法感受到的「過分真實」之視覺享受（Baudrillard, 1995: 104; 1996b: 29; 1991: 31-36）。

過度真實的特徵之一，就是虛擬物比真實更「逼真」。有一些球星會遵照或模仿他自己的「虛擬」人格與形象來行事，好達到維持消費者認同的目標；而其幕後的推手之一，是來自公關與行銷專家的建議（這些專家就是後現代社會的新中產階級），以求在電視主宰的時代中建立公眾形象與「品牌」。在運動次文化裡，也可以看到類似「由虛擬進而建構真實」的過程。例如在電影、小說與八卦報章雜誌等大眾媒體中，對足球流氓有某種特定形象的虛擬再現，這些媒體形象反過來塑造了部分足球流氓的行為與認同（Poster, 1988; Redhead, 1991）。

p.205 　　布希亞對虛擬文化的洞見，特別彰顯在運動類電玩遊戲與電子類運動的興起及快速成長。這些由球隊或協會授權開發的「e 運動」，有單機模式或多人對打模式，種類也相當多元，包括足球、籃球、棒球、田徑等。世界電玩競技大賽（World Cyber Games）等主要的 e 運動賽事，有來自世界各地的頂尖電玩好手參與競賽，他們在大型螢幕上進行虛擬遊戲的競賽，現場也擠滿了許多前來觀賽的電玩迷。

　　關於虛擬文化與過度真實的觀點中，布希亞（1994b）最為驚世駭俗的主張，就是「波灣戰爭未曾發生」（Gulf War did not take place）。他指出，1990 年到 1991 年的波灣戰爭，對於大多數的電視觀眾，甚至是參與戰鬥的軍人而言，都是一場由電視所呈現的「過度真實」的「虛擬戰事」（Gane, 1993: 185）。實際上，波灣戰爭中美軍所披露的許多影像紀錄，顯示目標被鎖定與摧毀的電視畫面，是從虛擬戰爭遊戲中組合而成。

在非戰爭的運動領域中，也可以看到愈來愈多「虛擬」事件的類似現象，特別是大型運動賽事得由電視業者來裁定「是否發生」的狀況（Baudrillard, 1993: 79-80; 1995: 98）。電視轉播單位「讓賽事發生」，像是鼓動原本安靜的觀眾「在攝影機前快樂喧鬧」，搞得像是自發現象；或者也可以看到現場觀眾揮舞標語與旗幟，但不是為了場上賽事，而是為了吸引電視攝影機的注意；球場觀眾也花費更多時間在觀看球場大螢幕轉播的「虛擬」動作，而非球場上的球員動作。更有甚者，對於 e 運動來說，螢幕上的虛擬動作，就是真正發生的「真實」動作。

整體來說，布希亞敏銳地觀察解析了當代文化中一些極端的現象與趨勢，在運動領域中，則可以是用在運動主題樂園與電視轉播的過度真實現象、電玩遊戲與 e 運動的興起及成長，以及流行文化不斷大量複製且平庸的「運動名人」等議題。不過，我認為必須謹慎地以啟發式作法，運用布希亞觀點——也就是將當代文化的諸種現象，與他關於這些極端趨勢與影像的分析，進行比較與對照。我們也可藉以探討虛擬與過度真實的文化現象，如何逐漸在主流運動中生根，例如 e 運動如何取得運動界的認可，並與運動融合，以及奧運在未來納入電玩項目的可能性。 p.206

✧ 結論

即使 1990 年代以後，後現代理論在學術界的影響力明顯下滑，後現代性與後現代主義的概念，仍然適合用於解釋 1980 年代以後工業先進國家的社會變遷。後現代思潮有助於我們理解以下的現象：西方社會的權力、知識體系與科學之間的關係，當代社會中各種界線、範疇與區別逐漸瓦解的「去分化」，認同的流動、懷舊與擬仿文化、日常生活美學化等文化特徵，新中產階級的興起與重要性，「無組織」或「第三階段」之資本主義，以及虛擬文化與過度真實的各種後現代特徵。在本章當中，也論證了這些現象如何在運動領域中獲得印證。

總結來說，後現代可以進一步延伸出兩個互相關聯的論點。第一，如同本章中以不同方式所提及，現代與後現代並非互斥關係，而是互相關聯且同時並存。例如運動的觀眾認同中，在後現代性之新部落、浪人與後球迷的同時，也並存著現代性的次文化、支持者與球迷等類型。賽事於運

動場館中進行時，也可以同時看到大眾媒體上的轉播報導之後現代虛擬文化。在運動周邊商品的製造過程，可以同時看到福特主義式的大規模工廠生產與後福特主義式的行銷與消費。最後，從運動政治經濟學也可以看到現代資本積累的基本模式，如何結合了後現代性更多樣的商業行為。各種現代與後現代交織的情況，不一而足。

　　第二，承上述，我們也可以探討後現代主義與後現代性的論點，對於批判運動社會學理論的進一步拓展是否有所助益，包括是否能更深入檢視權力與社會不平等、指認反抗的不同形式，以及拓展運動組織的另類模式等。

p.207

　　要回答上述問題，必須要更深入瞭解後現代與後結構主義。從其正面貢獻來看，這些觀點有助於檢視權力與知識之間的千絲萬縷的關係；特別是對於西方社會來說，包括以運動作為教育工具、以促進其他社會之發展等作法，必須更為謹慎與自省。另外，這些觀點也提醒我們要注意後工業化過程如何加遽了社會不平等。同時，也有論者強調各種過去所不熟悉的後現代社會抗爭形式。布希亞（Baudrillard, 1993）就指出，在媒體主宰的時代中，最邊緣弱勢的團體還是能夠製造混亂失序的抗爭，例如運動場內外的暴動，或者消費者與選民如何透過愚弄民調與行銷，藉以展現他們對權力的反感與反抗。

　　不過，若從較為批判的層面來看，後現代觀點並沒有指出太多運動發展的另類模式與願景。後現代主義者對於所謂社會整體或運動領域，並不抱持任何理想，因此其實無助於運動領域中在地、國家與全球層次上，我們所持續面對的各種社會不平等與壓迫。

討論問題

1. 當代運動有哪些後現代的現象？
2. 運動認同的形式（像是支持特定球隊），是否愈來愈後現代化，也就是與過去相較，顯得愈來愈流動、複雜與短暫？
3. 媒體與其他傳播科技，在運動的後現代化過程中，扮演何種角色？
4. 整體來說，後現代理論在解釋當代運動時，有何優勢或限制？

12
全球化與運動：政治經濟學、文化創意與社會發展

在過去二十年間，全球化已經成為社會學，以及輿論與政治辯論中的熱門研究議題。運動社會學也在「向全球轉」（global turn）的趨勢中獲得重視，因為運動在全球化過程中是一個相當重要的驅力，像是奧林匹克運動會等大型國際賽事，就可以爭取到全世界各地電視觀眾的關注。p.208

社會學者 Roland Robertson 是社會科學界中進行全球化研究的先驅（Robertson, 1990, 1992, 1994, 1995）。在這一章當中的運動全球化分析，是根據 Robertson 的三個主要概念進行。首先，我採取他對於全球化的定義，「同時是指世界的空間愈趨拉近，以及人們對於世界為一體的認知愈趨提高」（Robertson, 1992: 8）。換句話說，全球化過程包括了更緊密的跨國聯繫（像是電訊傳播），以及更深化的「世界一家」（the world as a 'single place'）的意識與反思性（像是環境政治）。

第二，全球化必須理解為一個長期、複雜且多層面的過程，可以至少追溯自十五世紀，涵蓋了不同的文化、社會、政治與經濟等面向（Robertson, 1992; Giulianotti and Robertson, 2009）。與較簡化的觀點視全球化為西方現代化、或新自由派資本主義的擴散相較，此一看法採取了完全不同的立場（引自 Bourdieu, 1998a; Giddens, 1990; Scholte, 2005; Wolf, 2004）。

第三，有一種普遍的看法，將「在地」（the local）與「全球」（the global）視為互相對立的概念。但是，我與 Robertson（1992）的看法相同，認為應該超越這種二元對立的看法，轉而將在地與全球視為互相依賴的兩端。因此，全球化並非「摧毀」在地，而是同時也激發了在地或各國p.209

的特殊性。舉例來說，全球運動賽事讓各地球團或各國代表隊，能夠以各自特殊的作法來發揚其獨特認同。

在這一章當中，將探索運動與全球化之間，三個互相連結的主要議題。第一，我將討論全球運動中的主要政治經濟議題與主張。第二，將透過文化聚合與分殊（cultural convergence and cultural divergence）的辯論，來探討運動與全球化的社會文化層面。第三，檢視以運動促進發展與和平（sport for development and peace, 簡稱SDP）倡議的興起，這一主張是近年來在運動與全球變遷的議題中，相當重要的活動。

✿ 全球運動的政治經濟層面

在這小節當中，將探討與運動及全球化過程有關的全球化政治經濟學當中的兩個主要議題，分別是政治行動者的複雜化趨勢，以及全球經濟的本質。

全球運動中的政治行動者

大約在上個世紀，全球化促成了重要政治行動者的數量增加、樣貌更趨多元。舉例來說，在第二次世界大戰後所出現的最重要的政治行動者，是聯合國與其相關組織，像是國際勞工組織（International Labour Organization, ILO）、聯合國教科文組織（UNESCO），以及世界衛生組織（World Health Organization, WHO）。聯合國本身也不斷成長，從1946年一開始的51個會員國，至2011年增加至193個會員國的高度複雜化的全球政治體。

同樣地，運動全球化也促成了運動當中政治行動者數量與樣貌的增加，特別是在1980年代晚期之後的運動商業化之快速擴張。這些運動的政治行動者各有不同利益，也各有不同作法，影響了全球運動的政治情勢。

為了理解這些不同的政治行動者，本文將之放在四種分類的「理想型態」（ideal-type）模式中加以理解（註30）。因為是「理想型態」，因此這個模式特別強調政治行動者的主要傾向與要素，而非呈現其完整樣貌

p.210

（Weber, [1922] 1978: 23-24）。在此模式中的每個類型，都與運動中特定的政治目的與意識形態有所關聯。

1. 第一種是「個別」或「市場中心」的政治行動者，主張全球運動中的新自由主義政策。新自由主義政策從 1970 年代後期以來，主宰了全球的政治與經濟領域，提倡自由市場、減稅、將國營事業私有化、縮減社會福利，以及各種以個人主義、自我中心（self-reliance and self-responsibility）為核心的社會政策（Harvey, 2005; Smith, 2005）。在運動中，自由市場政策最主要的提倡者與受益者，包括了最大與最富有的職業球團，如巴塞隆納（西甲足球）、雀爾西（英超足球）、達拉斯牛仔（美國 NFL）、洛杉磯道奇隊（美國 MLB）、曼聯（英超足球）、紐約洋基隊（美國 MLB）、皇家馬德里（西甲足球）；頂尖的球員與他們的經紀人；取得電視轉播權的付費電視之媒體集團，以及能夠負擔高額運動門票與周邊商品的有錢球迷。

2. 第二種是「國家」或「國家中心」的政治行動者，主張新重商主義（neo-mercantile）政策，在全球運動中維持國家治理，以維護「國家利益」。重商主義政策最主要的內涵，包括國家的運動機構與協會（像是不同國家的足協與奧委會）、政府的運動部門、國家本身，以及國家級的公共媒體（像是英國的 BBC、加拿大的 CBC，以及澳洲的 ABC 等）。

3. 第三種是「國際政治」行動者，主張維護與加強國際治理正式架構的影響力政策。這裡的主要政治行動者包括國際運動組織與協會〔例如歐洲足球協會聯盟（UEFA）、國際足球總會（FIFA）、國際奧委會（IOC）、國際板球協會（ICC），以及世界橄欖球總會（IRB）等〕，還有跨國政府組織（包括歐盟與聯合國）。

4. 第四種是「民間」（humankind），主張創造全球公民社會（global civil society）。主要的政治行動者為非政府組織（NGOs）、公民團體、社會運動者，以及批判性記者與知識分子。這些政治行動者標舉「進步」的社會價值，像是以運動提倡人類的發展、和平、人權、社會正義，以及對抗社會中對種族、性別與性傾向的歧視和各種貪腐。這部分的政治行動與相關主張，將在本章稍後的「以運動促進發展與和

p.211

平」小節中詳述。

在這四個政治行動者之理想型態模式下，有三項要點討論。首先，此
一理想型態模式可能忽視了各型態內個別行動者的差異性。像是在國家層
級，不同國家彼此競爭著大型運動賽事的主辦權，以及吸引跨國企業贊助
商。另外，許多組織從既有型態中跨界而出，尋求可以影響其他型態之政
策的機會。如同本章稍後將加以解釋的情形，「全球公民社會」也受到聯
合國與歐盟等國際組織、政府與企業等行動者的強烈影響。

第二，全球運動的政治與治理，也常出現跨型態之政治行動者的夥伴
合作、或互相影響的關係。最常見的合作關係在於前三種型態，也就是頂
級運動的球團、球員、富有球迷、企業，以及國家與國際運動機構等。這
些合作關係大多是以新自由主義或偏市場的作法為主，也如同之前章節所
述，這樣將造成運動的過度商品化（hypercommodification）。

第三，隨之而來的是全球運動中的一些政治行動者，處於相對邊緣化
的位置。這些行動者一般而言是屬於第四個型態，也就是全球公民社會的
成員；但當中也包括其他三個型態中的弱勢團體，像是小市場球團、小國
家、小型運動協會或社群。這些政治邊緣化與宰制的狀況，以許多方式
公開地進行，像是反對運動中的種族主義、性別歧視，以及恐同的社會運
動。不過全球運動政治中這樣的整體架構，反映了全球運動經濟的情形，
也是下面所要加以說明的問題。

全球運動的經濟層面

為了理解當代的全球經濟，必須對西方帝國主義與殖民主義的長期影
響加以考察。至少從十九世紀以來，西歐國家大規模地殖民其他地區，包
括美洲、非洲、澳洲與亞洲多數地區，西方世界四處征服，甚至消滅各地
原住民，也掠奪了大量的天然資源。如同第五章所述，隨之而來的是在這
些被殖民的地區中，運動扮演了種族階層化的重要角色。

從 1950 年代以來，在非洲與亞洲的大多數被殖民地區，透過艱苦
抗爭而逐漸獲得政治上的獨立地位。不過，隨後出現了「新殖民主義」
（neo-colonialism），許多國家受到西方企業、政府與國際貨幣基金組織

p.212

（IMF）及世界銀行等金融機構的宰制（Bah, 2014; Leys, 1974）。對於富有國家透過犧牲落後國家而得以快速發展，馬克思主義的批判觀點有所著墨。此一系統性的「低度發展」狀況（underdevelopment），像是非洲與拉丁美洲國家受到西方世界的剝削，而只能維持在低工資與低技術的農業經濟體，栽種西方國家所喜愛的現金作物，如水果、茶葉、咖啡或糖等（引自 Kiely, 2007: 16-17）。

新殖民主義、依賴理論與低度發展理論等觀點，也可以用來解釋全球運動經濟體制下的「發展中國家」的處境。舉例來說，世界棒球受到美國職業棒球大聯盟（MLB）的宰制。為了發掘與培養好的球員，許多大聯盟球團在拉丁美洲成立的棒球學校，以類似西方跨國蔗糖公司的方式來經營。透過此一方式，由大聯盟控制的棒球學校搜刮了當地的天然資源（年輕棒球好手），對當地作物進行最基本的加工（像是最基礎的訓練與評估），然後把當中最好的產品送到北美洲進行最後的加工，並且販售到美國市場（MLB 球迷），而留下來的次級品（次等的球員）則留給當地的消費市場（Klein, 1989; 1994: 193-194）。此一生產與消費的新殖民體系，也是高度消耗性的產業，就像美國消費者丟棄許多辛苦生產出來的砂糖，許多拉丁美洲球員也在小聯盟當中虛擲青春。在當中也可看到年輕球員的低度發展，因為在拉美的棒球學校會以大聯盟球團所需來訓練他們的棒球技術，而非讓這些年輕人受到更全面的教育而得以成長（Marcano and Fidler, 1999）。新殖民主義的類似分析，也適用於其他運動的國際勞動分工，像是歐洲球團或北美大學如何從非洲挖掘與訓練足球或田徑好手的狀況。

華勒斯坦（Immanuel Wallerstein, 1974, 2000, 2002）的「世界體系理論」（the world system theory）可以對全球化的政治經濟層面，提供最為系統性的批判分析。華勒斯坦指出，世界體系中包括了三種主要的國家型態： p.213

- 第一，「核心」國家（core），有強大治理能力、基礎穩固、具有宰制力的富有國家，像是美國、日本或西歐國家。
- 第二，「半邊陲」國家（semi-peripheral），經歷過實質的金融成長，國家力量、科技發展及商品化程度相對有限。在當代的半邊陲國

家，包括新加坡與南韓等亞洲四小龍、波蘭與匈牙利等後共產時期的東歐國家，以及巴西、俄羅斯、印度、中國、南非等「金磚五國」（BRICS）。

• 第三，「邊陲」國家（peripheral），政府力量不振，全面性地依賴核心國家與跨國企業，例如許多非洲與拉丁美洲國家。

　　世界體系理論的基本模式，可以在兩方面用來解釋運動場域的現象。首先，全球運動體系中，最好的資源不斷由貧窮國家流向富有國家，例如非洲與拉丁美洲的優秀足球員外銷到西歐或東歐的「核心」與「半邊陲」職業足球聯盟（Dejonghe, 2001）。許多邊陲或半邊陲國家中的職業球會，依賴頂級球員轉隊到核心國家的「轉會費」收入而得以生存。其次，世界體系理論也可以解釋運動商品的全球生產鏈中，基地在核心國家的跨國企業將製造工廠移往低工資的半邊陲或邊陲國家的狀況。

　　之後 Wallerstein（2002）也探討了世界資本主義體系，是如何受到長期經濟危機的衝擊，而此一狀況在 2007 年金融海嘯之後更為加劇。經濟危機也許會導致資本主義世界體系的崩潰，而我們將有一半的機會，可以建立一個更好的體制（註 31）。經濟危機對於運動的影響，可以說不盡相同：一方面，在半邊陲或邊陲國家，頂級運動賽事與球團很可能面臨觀眾、贊助商、廣告商、球員，以及整體營收的流失與下降；另一方面，至少在核心國家內，頂級運動聯盟似乎不受經濟危機的影響，歐洲頂級職業足球與北美職業運動都仍能維持，甚至提高電視轉播權利的金額。

p.214 　　新馬克思主義學者 Leslie Sklair 的「全球體系」（global system）模式，更為強調階級與意識形態在型塑經濟上的作用。Sklair（1995: 61）認為全球體系是由「跨國資產階級」（transnational capitalist class）所統治，而這個階級可以說是由一群有全球視野與認同、不同國籍、能夠消費奢侈品與高端服務的「國際經理人貴族」所組成。跨國資產階級主要包括了企業的決策者、全球化的各國高級文官、具有資本家精神的政治人物與專家，以及像是商業與媒體市場中具有強大消費力的團體等。Sklair 認為，跨國資產階級深化了「消費主義的文化意識形態」，促成大眾對消費品的「被誘導出的需求」與「購買慾」。這樣的「消費世界觀」，在許多社會中蔚為主流。

Sklair 的模式可以用來探索在已發展國家、發展中國家，以及國際之間的層次上，跨國資產階級如何控制運動。舉例來說，印度板球超級聯盟（IPL）的管理與治理、球隊的所有權、外部營收（像是透過掌握衛星電視與贊助商）、地方或全國層級的政治操縱，以及目標閱聽眾（也就是印度日益增加的中產階級）等，都受到中上層階級菁英的掌控。在板球場上與電視轉播中四處可見的消費商品廣告，將 IPL 置入在「消費主義的文化意識形態」中。

對全球經濟的另一種批判觀點，則聚焦在 1970 年代晚期之後，右翼的新自由主義經濟與社會政策如何在全世界風行。如同之前曾經說明的，新自由主義連結了個人化與市場中心的政治行動者，也連結了跨國資本主義的「解管制」、上層階級財富的快速增長，以及社會不平等的加劇。這些新自由主義對社會的負面衝擊，在發展中國家特別明顯，並且在拉丁美洲國家中因而促成了反對力量的左翼政治運動與政府的興起，以抵抗自由市場政策、西方政府與跨國公司的進一步宰制。

全球新自由主義與全球頂級運動的「過度商品化」之間，具有廣泛的關聯性，包括頂級賽事電視轉播權與職業運動員流動的自由市場競爭，導致了運動中財富與競爭力不平等更為擴大，而富有的球團得以網羅最頂尖的球員，也宰制了職業運動。因此在歐洲足球界，英超、西甲、義甲、德甲等頂級聯盟的豪門球團，能夠從 1990 年代中期開始就一直壟斷歐冠（Champions League）的賽場。新自由主義也加速了運動機構的商業化速度。舉例來說，像是英國的曼聯或是巴西的 Corinthians 等豪門球團， p.215 就都轉賣給更唯利是圖的大老闆。同時，這些頂級球團也形成了利益集團，合力促成更進一步的新自由化「改革」，讓他們得以提高獲利。在足球運動中的例子，包括了巴西 Clube dos 13 的頂級球會卡特爾組織，以及歐洲之前的 G14 頂級球會聯盟（Dubal, 2010）。至於新自由主義政策之影響在日常層級的例子，則有國家縮減對運動的經費補助，特別是對發展中國家體育設施與教育的負面影響。

跨國企業（TNCs）是新自由主義政策的主要鼓吹者與受益者。跨國企業在世界各地擁有生產廠房、銷售據點、投資與廣告等活動。市場的解管制作法，包括資本、勞動力、媒體內容、廣告行銷及商品等的跨國界自由流動，讓跨國企業受益良多。在全世界的經濟領域中，居領導地位的跨

國企業包括了 J. P. Morgan 與匯豐銀行等金融機構，Exxon、Shell 與 BP 等石油業者，WalMart 等大型零售商，以及微軟、蘋果、Sony、三星等科技業者。

在新自由主義的脈絡下，跨國企業在三個面向上都成為頂級運動中的重要行動者。第一，就像 Sklair 所指出，運動中的主要球團、重要巡迴賽、大型賽會等，都充斥著跨國企業廣告，也受到企業「夥伴」與贊助商的支持。第二，許多大型跨國企業之所以重視運動，目的是為了他們在世界各地的生意版圖。最顯著的例子就是跨國媒體集團的新聞集團（News Corporation），旗下的天空衛星電視（Sky）與福斯電視網（Fox），都非常倚重頂級賽事的獨家轉播權。另外，還有運動商品業者如 Nike 與 Adidas 也是很顯著的例子。第三，我們也可以將世界最大的頂級運動球會與球團等強權，視為一種跨國企業。因此，包括足球的英超曼聯、西甲巴塞隆納、美式足球的達拉斯牛仔、美國職棒的波士頓紅襪，以及美國職籃的洛杉磯湖人隊等，都在跨國的球員僱用、全球的球迷與消費者規模，以及整體的品牌形象上，成為跨國企業（Giulianotti and Robertson, 2004, 2009）。這些「跨國運動企業」與其他領域的跨國企業，在主場運動館與所在城市的在地主場形象層面上，共同維繫了他們的品牌獨特性或大眾認同（引自 P. Smith, 1997）。

最後，運動的新自由主義化，並不是鐵板一塊的整體，也不是一個直線的過程。就像本書之前提到的，在「全球公民社會」中有許多在地、國家與國際的草根運動團體，在批評與動員對抗運動自由市場化的影響。舉例來說，「對抗慾望」（War on Want）組織就發起反對活動，包括因為興建大型運動場館而導致對貧民窟的社會清洗（social clearing），以及運動商品業者對於開發中國家勞工的剝削。在機構層級上，各國的運動協會對於引入與實施自由市場政策的作法，也有所不同。部分歐洲與拉丁美洲的足球制度中，許多球團羽球協會傾向採行完整或部分的「協會會員制」，而非私有化的企業。在美洲的頂級運動聯盟中，雖然幾乎全數的球團都是私人擁有，但是在一些為了維持球隊間的平等競爭所設立的重要規則，像是球員的選秀制（draft system）或者轉播權利金的分潤制，並不完全由自由市場所決定（註 32）。

總結來說，根據本小結所討論的全球運動的政治經濟學，有四種主要

p.216

的政治行動者：「個別」或「市場中心」行動者、「國家」或「國家中心」行動者、「國際政治」行動者，以及「民間」行動者。第一種行動者，主要可見於跨國企業或全球菁英階層的個人、團體或機構，而他們在型塑全球運動經濟中扮演了最主要的角色。因此，新自由主義仍然是在全球運動的政治與經濟政策中，是最有影響力的意識形態。但是與此同時，新自由主義也面對許多挑戰，而在採行與執行上有許多不同方式。下一小節將探討這些全球運動中的權力架構與關係，如何在社會文化層面發生影響。

全球運動的社會文化層面

要瞭解全球運動的社會文化議題，必須要先討論「聚合－分化」（或所謂「同質化－異質化」）的重要辯論。這個議題的辯論，基本上有兩個針鋒相對的論點。其一是聚合或同質化觀點，認為全球化將會讓大多數社會因此邁向相同的文化價值、信仰、形式、認同、品味與經驗。另一是分化或異質化觀點，認為全球化為不同社會帶來不同的文化創意、變化與分殊。在此小節中，將會分別介紹兩種觀點，然後我會採取混合兩者的「全球在地化」觀點來分析。

文化聚合觀點

p.217

我們先從兩個重點，來討論文化聚合或同質化觀點。第一，主張文化聚合觀點的學者，通常對全球化過程抱持嚴厲批判，而非支持的觀點。也就是說，這陣營的學者，對於少數社會宰制與影響其他多數社會的文化，抱持批判態度。延續此點，第二，聚合觀點的主要理論嘗試在於指出全球化中的「文化帝國主義」（cultural imperialism）現象，如何朝向全球層面廣泛的文化同質化。文化帝國主義的基本論點，是主張華勒斯坦所說的「核心」國家，運用了經濟與政治力量，型塑與宰制了全球文化。

聚合觀點學者進一步提出各種關鍵字與論點，以解釋文化帝國主義。在此可以簡介其中的五種途徑。第一，有些學者認為文化帝國主義基本上就是美國化（Americanization），美國電影、電視、流行音樂、時尚、餐飲等文化產業，透過該國政治與經濟上的超強地位，宰制了全球文化（引

自 Marling, 2006）。在運動方面，美國化的現象可見於美國職業運動與商品的全球擴張；也可見於各地對美式運動文化的仿效，包括運動賽事中的啦啦隊、表演舞者，以及其他的觀眾「娛樂」；更可見於像是 Michael Jordan 等美國運動明星與名人的全球行銷，以及運動中的美式廣告與贊助的風行。

　　第二，美國社會學者 George Ritzer（2004）提出了「全球成長化」（grobalization），指出文化同質化背後的三種「全球成長」驅力，分別是跨國企業擴張中的資本主義、美國文化產業下的美國化，以及講求產製效率與大眾文化商品銷售的「麥當勞化」（McDonaldization）。在運動領域中，全球成長化主要是由美國運動相關機構所推動，如美國職業籃球協會（NBA）與運動廠商 Nike 從 1980 年代開始，努力地透過縝密的計畫與高度理性化的行銷活動，在世界各國促銷籃球及籃球相關商品。不過，Ritzer 的全球成長化論點遭到質疑，認為他太過強調市場導向的文化產品與商品，而忽略了文化的意義、詮釋、認同與美學等議題。

p.218　　　第三，有些學者主張，具有宰制地位的社會（主要就是西方國家）影響與控制較落後社會的文化過程中，媒體企業扮演了關鍵的角色（Schiller, 1976; McPhail, 1981; Hamclink, 1995）。西方媒體企業產製了大量的媒體內容，特別是電影與電視影集；大多數利潤來自於其「母國」，讓這些公司可以將他們的媒體產品以便宜的價格來銷售，甚至是「傾銷」至發展中社會。在運動領域，這些媒體殖民主義的作法，可見於頂級的西方運動聯盟〔像是英超、國家美式足球聯盟（NFL），以及美國職業籃球協會（NBA）等〕與西方媒體集團（像是 Sky 與 Fox）的緊密關係。這些頂級職業聯盟的大多數電視收入，主要是來自於其國內市場，因此得以用便宜的價格販售其海外轉播權。隨之而來，西方職業運動聯盟在發展中國家吸引了大量的電視觀眾，而其中一個重大的影響，就是對於本地球團的關注度及參與度的明顯下降。

　　第四，法國經濟學者 Serge Latouche（1996）主張「西方化」（Westernization）理論。他認為，西方世界宰制了全球政治，運用「發展」與現代化等詞彙和作法，摧毀其他非西方與非工業化的社會及文化。運動中的西方化狀況，則可見於非西方的運動與身體文化，在西方運動的規訓與技術下，遭到邊緣化或摧毀。根據 Latouche 將「發展」視為西方

社會建構的觀點，「運動發展」也成了西方文化帝國主義入侵非西方社會的一個現象。

最後，Edward Said（1995）同時也可見 1994 年提出更為細緻的東方主義（Orientalism）。援引傅科的後結構主義途徑，Said 認為，權力與知識之間緊密連結。所以最晚可以追溯自 1800 年代起，優勢的西方世界就創造了一套宰制性的論述，將西方本身描述成「理性、發展、人道與優越」的世界；而東方則作為相對參照，是非理性、「異常（aberrant）、未發展、次等」的世界（Said, 1995: 300）。這套具有影響力的東方論述，也決定了「東方世界」的人們如何定義與理解自身。Said 也指出，東方的大眾文化也受到特別是美國的西方世界所宰制，這些來自西方的商品受到東方社會「不加思索地消費」，促成「品味的急速標準化」（前引書：354）。雖然 Said 主要聚焦在中東與北非的分析，但這些論點當然可以延伸至其他非西方的文化，包括亞洲、拉丁美洲、加勒比海與非洲大陸。p.219

在西方對於非西方運動員、球隊，乃至於運動文化的描繪中，可以看到東方主義論述的現象。舉例來說，澳洲的運動與媒體論述中，就描述巴基斯坦的板球與該國社會為特別腐化、逃避事實、無法理性溝通，而且是充斥「汙垢、灰塵與傳染病」的異世界（Jaireth, 1995）。在足球界，西方喜歡以東方主義的詞彙來描述巴西足球員，例如自然、奔放、外向、節奏感、自由自在、甚至是性感的，來對比歐洲足球員的科學、理性、謹慎、訓練有素，以及可預測性。再者，這些描述也被巴西人所樂於接受，將之作為巴西足球與國家文化的自我東方主義化（Giulianotti and Robertson, 2009）。

整體來說，文化聚合論的各種論點，有助於理解政治經濟力量如何「由上而下」地塑造全球運動的日常文化形式與體驗。不過，這些取徑也有一些重要缺陷。第一，這些論點通常誇大了文化同質性的趨勢，但實際上我們仍然可以在運動、藝術、舞蹈、文學、音樂與其他文化領域中，看到多樣的文化形式、風格、意義與技藝等。這些我會在稍後說明。

第二，文化聚合觀點容易陷入「經濟決定論」的問題，認為所有社會的文化結構都是被經濟「基礎」所決定的。因此，這些觀點將各個社會中的個人或團體都描繪成美國與西方文化產品及論述的被動消費者。但相反地，我們必須更全面地理解「邊陲」社會的行動者，在各種文化形式與過

程中的日常主動參與。舉例來說，東方主義論者往往忽略了非西方社會如何擺脫、抵抗、或超越對他們的「東方主義式」再現。因此，像是卡達等波灣、阿拉伯世界或亞洲國家，都想藉由舉辦大型運動賽事，透過正面的現代化形象，來洗刷加諸其上的東方主義式的國家或區域形象（Amara, 2005）。再者，邊陲國家也透過運動來為自身培力，有許多邊陲社會的運動員或球隊透過發展自身的運動風格與技術，打敗核心國家，而得以在文化上重拾自信，像是肯亞的長跑、西印度群島的板球，以及拉丁美洲的足球等。

p.220

第三，各個文化聚合論的觀點，也有其各自的缺陷。像是美國化的論點，常常誇大了美國在全球文化層面的影響力。事實上，美國以外的運動迷，多數更喜歡非美國的運動項目、球隊與賽事，特別是足球。

對於文化聚合論與文化帝國主義論者的批判，引領我們進入文化分化觀點的討論。

文化分化取徑

異質化與文化分化觀點的理論有多種說法，不同的社會科學學者運用了下列的關鍵概念來加以描述。

第一，「本土化」（indigenization）理論可以幫助我們解釋近年來原住民權利與在地認同的興起與日趨重要的趨勢。舉例來說，在澳洲與北美的原住民或「第一民族」（First Nation）的民族與文化認同日漸受到認可——雖然，我們發現許多原住民仍然被迫生活在類似種族隔離的情境當中，特別是在澳洲（Friedman, 1999）。第二，「混雜性」（hybridity）與「混雜化」（hybridization）的概念，標誌著舞蹈、音樂與運動等文化，在不同的社會中彼此多樣與活潑地融合或混合的方式（Burke, 2009; Nederveen Pieterse, 1995, 2007）。文化混雜化的現象，特別可見於後殖民社會，在其中發生各種不同形式的移民與文化交流。第三，「混血化」（creolization）理論能夠協助檢視邊陲社會中的人民，面對包括全球北方的「中心」國家的其他社會的文化時，如何批判性與選擇性地交流，以產生出混血的文化形式與實踐的現象（Hannerz, 1992）。第四，「方言化」（vernacularization）的概念則可以幫助我們解釋在地的人民，如何透過

語言來接納與重新詮釋全球文化的不同面向（Appadurai, 1995）。

運動可以用來說明這些文化異質化的不同理論與關鍵字。在「本土化」方面，北美與澳洲的原住民都透過運動，規劃與增進了他們的特定國族認同。舉例來說，「第一民族」的人民從傳統的體育文化或勞動形式中，創立了像是「伊努特運動會」（Inuit Games）等他們自己的運動賽事。有些第一民族的人民也在大型運動賽事中高舉抗議旗幟，要求正視他們被損害的公民權益與人權，例如 2000 年雪梨奧運中，澳洲原住民的抗議行動（Lenskyj, 2002; Rowe, 2012）。再者，像是蘇格蘭高地運動會（the Scottish Highland Games）、巴斯克回力球賽（the Basque pelota）與布列塔尼運動會（the Breton Games）等歐洲的「常民遊戲」（folk games）與「傳統運動」（traditional sports），也常常被視為具有強烈的本土化意義；一如許多文化形式如音樂、舞蹈、烹飪、歌曲、旗幟與大型典禮等，這些運動的緣起都可以溯及這些運動的前現代歷史，以及特定區域或國族的認同（引自 Eichberg, 1994; Jarvie, 1991; Abrisketa, 2012）。

p.221

Archetti（1998）則運用「混雜化」的概念，來解釋阿根廷足球的文化史與認同。他認為在二十世紀初期，阿根廷混合了早期與晚近的不同時期歐洲移民，而足球作為廣受喜愛的文化，成為這些不同族群文化的「混雜」場域。這形成了鮮明的阿根廷足球風格，反映了在混雜且加速都會化之社會中，一種男性國族認同的新興文化。

混血化過程可以指明不同的邊陲社會如何適應不同的運動文化，爾後甚至能夠擊敗「中心」國家的運動員與代表隊。在板球運動中，印度、巴基斯坦、斯里蘭卡等國家代表隊，都曾經在面對英格蘭與澳洲等國家時取得傲人的勝利；印度甚至發展出特別的技術與技巧，並將板球「方言化」，例如球評在電視與廣播的轉播中，混合使用英語及印度語（Appadurai, 1995）。

因此，包括本土化與混血化等概念的異質化理論，在整體上來說可以協助捕捉運動全球化的「由下而上」層面的現象——也就是運動中的不同意義、認同、技術與價值，由社會行動者在每日生活層面中進行創造與再創造的動態過程。在社會科學中，異質化取徑廣泛地結合了詮釋學派，以及質化研究方法，聚焦在社會行動者的意義、動機與認同。在社會學中，異質化取徑緊密地連結了人類學派，強調非工業化社會與發展中社會的文

p.222　化創造力與特殊性。異質化理論也有助於揭示「在地」與「全球」的深層互聯性，例如全球運動能提供一個理想的文化環境，讓不同形式的「在地」認同得以在全世界觀眾面前展現。

　　接著本文將探討「全球在地化」（glocalization）論點，而此一總體化理論，正可以將同質化理論與異質化理論的精華加以適當地融合。

全球在地化（Glocalization）

　　全球在地化理論可以作為運動全球化下的同質化與異質化兩種觀點的結合，並且捕捉到聚合論與分化論的精華所在。「全球在地化」這個名詞是源自於日本語的「土著化」（dochakuka），意指東亞企業在不同國際脈絡中所使用的一種獨特的「微型行銷」（micro-marketing）方法（Robertson, 1992: 173-174; Giulianotti and Robertson, 2012b）。Robertson（1990, 1992, 1995）引入了全球在地化此一詞彙，作為檢視全球化的社會與文化動態，爾後這個概念在社會科學中被廣泛地運用與討論，也包括了其與運動之間的關係（引自 Andrews and Ritzer, 2007; Giulianotti and Robertson, 2004, 2005, 2007a, 2007b, 2007c, 2007d, 2009, 2012b）。在許多論辯中，全球在地化這個詞彙通常被用來指涉特定的文化分化論的過程；這樣的作法容易理解，因為此一用法幫助我們挑戰那些過於簡化的文化聚合論點。但是如同此一複合性的詞彙用意，全球在地化實際上指出了在地與全球之間的互相依賴與互相滲透（Robertson, 1992: 173-174; 1995, 2001）。因此，全球在地化理論標誌著所謂的「全球在地性之雙重意義」（duality of glocality）── 也就是指涉全球運動與更普遍的全球文化中的聚合與分化過程（Giulianotti and Robertson, 2007b, 2012b）。

　　運動中有哪些「全球在地性之雙重意義」的證據？我會說，廣義來看，聚合或同質化的過程在特定的運動「形式」（forms）層面較為明顯，也就是特別與全球發展中「由上而下」的過程有特別關聯的部分。分化或異質化則正好相反，是與運動內容（contents）層面較為相關，特別是運動「由下而上」的日常生活層次。

　　舉例來說，像是足球、板球、橄欖球、棒球、籃球等許多運動項目，

都是在十九世紀晚期到二十世紀中，傳布到全世界各地。在許多地方，各種運動項目的主要「形式」大多維持完好，包括運動的規則與規範，以及如何建制化與組織（像是透過由官方掌握的國家級協會）等。當然，也有一些「運動形式同質化」的顯著例外，像是巴布亞紐幾內亞的原住民，將板球轉化為一種規則與習慣都非常不同的當地獨特男性儀式（Leach and Kildea, 1976）。另外，在十九世紀的美國，則是把源自於英格蘭的「繞圈球」（rounders）與橄欖球，轉變並創造成完全不同的棒球與美式足球。但是，整體來說，多數運動在國際間傳播，並由另一社會所接受時，最主要的運動規則通常會在不同脈絡下被保存下來。

p.223

　　不同的是，分化與異質化的過程在運動內容中則更為明顯，包括運動的意義、技術、美學符號、認同、規範與價值等，通常會在不同社會中被重新詮釋、創造與轉化。以足球來說，跟北歐的足球文化相較，拉丁美洲更為強調個人技巧。在大型運動賽事中，更可以看到各個代表隊與其支持者以不同的強烈符號表現方式，來建立認同與區分彼此，包括不同的國歌、戰歌、旗幟、代表色，以及運動技巧風格等。

　　廣義來看，「全球在地化之雙重意義」在球團行銷及大型運動賽事的開閉幕式中，尤為明顯。頂級球團通常會運用類似的行銷作法與形式，像是旅遊、媒體露出、看板廣告與公關公司等，來觸及不同的客群。但是球團在行銷策略的具體內容上，例如形象的選擇、敘事方式與主題設定等，則會有所不同。大型運動賽事的主辦城市或國家，必須提供相同的核心架構、設施與形式，例如特定的運動場館、選手村，以及賽事吉祥物與標誌。不過其不同點則在於賽事的內容，像是運動場館的建築風格、選手村的設計、文化與地理背景，以及賦予每場賽事特定樣貌的敘事風格與符號等。

　　我們也可以指出運動中，「反向的全球在地化」（reverse glocalization）。反向的全球在地化與早期之文化交流方向的倒反，也就是處於次等、邊緣或「接收」（receiving）國家的文化實踐或技術，反向地倒流而影響「中心」或「發源」國家。舉例來說，板球源自於英格蘭，然後擴散到南亞等國家，而更為廣受歡迎且經歷全球在地化的歷程。反向的全球在地化接著而來，一些南亞國家的玩法與技巧回頭影響英格蘭板球，包括一些慢速投球的技巧，或開放式擊球員較具侵略性的打擊技術以

p.224

縮短比賽時間的作法等。反向全球化也可見於旅外球員的某些層面，像是一些運動「母國」尋找外籍球員來提升水平。作為棒球發源國的美國，大聯盟的球隊就僱用了許多拉丁美洲與東亞的球員；在冰球發源國的加拿大，同樣可以看到 NHL 球隊找來了許多北歐或東歐的球員（Giulianotti and Robertson, 2012b）。

　　整體來說，全球在地化是一個廣被接受的關鍵字，這個概念可以幫助我們檢視與理解同質化與異質化的過程，如何體現在運動全球化的過程當中。此概念也可協助我們檢視與說明運動全球化的政治經濟與社會文化過程。因此，我們當然可以在全球運動的經濟層面如何受到新自由主義政策與利益所型塑，而有利於「中心」國家的職業球隊與聯盟的現象裡，找到同質化的明顯例子。另一方面，在運動中不同的個人、團體與組織，對於不同的政治與經濟模式的選擇性接受、調整或拒斥的現象裡，也能找到異質化的明顯例子。舉例來說，頂級職業球團的所有權形式，可以是完全的個人或企業的私有財產，或者是球迷共有的協會，也可以是上述兩種形式的混合。

✒ 以運動促進發展與和平
（Sport for Development and Peace）

　　在本章的最後一小節，將討論「以運動促進發展與和平」（SDP）的倡議（註 33）。從 1990 年代開始，SDP 就在運動全球化中成為發展最為快速的一個面向。透過對此種倡議的範圍定義，我們將 SDP 視為包含各種不同的計畫、倡議與組織，都是將運動作為一種介入的工具或場所，以達成各種促進全世界之社會發展與和平的目標。因此，此種倡議代表了從過去強調「發展運動」（the development of sport）到「以運動發展社會」（social development through sport）的關鍵轉變。回到本章一開始提到的全球化定義，SDP 的興起也反映了對於世界一家之共同意識的成長。

p.225

　　SDP 中的主要組織型態有以下幾種：

1. 跨政府組織，例如聯合國（成立專屬的 SDP 辦公室，也就是 the UNOSDP）、歐洲執委會（European Commission）與大英國協祕書處

（Commonwealth Secretariat）；

2. 組成聯邦的各政府與其教育、國際發展及運動之部會；也包括政府資助的運動與發展協會，像是英國運動委員會（UK Sport）、加拿大文化遺產部（Canadian Heritage）與挪威發展合作機構（Norad）等；

3. 支持發展工作的運動協會，像是國際奧委會（IOC）與國際排球總會（FIVB）等；

4. 支持 SDP 工作的私人企業與個人金主，像是 Nike、可口可樂與麥當勞；

5. 統籌或執行國際、國家或地方層級 SDP 計畫的非政府組織（NGOs），例如德國的街頭足球世界（street-footballworld）、瑞士的「運動發展平臺」（the Sport for Development platform）與尚比亞的「全國女子運動與休閒組織」（the National Organisation for Women in Sport Physical Activity and Recreation, NOWSPAR）；

6. 聚焦在 SDP 相關議題的非政府組織與社會運動，例如「比賽開始」（Play the Game）與「對抗慾望」（War on Want）。

聯合國在建立 SDP 的過程中扮演了重要角色，特別是正式建立聯合國 SDP 辦公室（the UNOSDP），以及宣揚與提倡透過運動促進發展等。

大多數國際 SDP 工作是由非政府組織在發展中國家所推動，以追求重要的社會需求為目標，包括在分裂的社會中促進和平、在年輕世代中推廣防治愛滋（HIV/AIDS）的保健議題、提倡女性平權與賦權運動等。SDP 也在全球北方富裕國家中推廣重要活動，例如在降低市區的犯罪與幫派暴力、吸引青少年接受教育與職場訓練，以及協助街友等。

在 SDP 當中最有影響力的行動者，包括政府與跨國組織的官方機構、私人企業與運動協會等。這些行動者擁有雄厚的經濟、政治與組織的資源，因此得以達成 SDP 的目標。非政府組織則相對弱勢，因為比較依賴其他行動者的金錢與其他資源的支持，才能夠執行相關計畫（甚至是才得以生存）。有些評論者因此認為，大多數的 SDP 活動傾向於「新自由主義」或實務路線，像是馴化青少年，讓他們成為服從、具競爭力，以及自立的個體，或者是尋求立即速效的目標（像是對抗愛滋病），而非追求長期的結構性改變（引自 Darnell, 2012）。

p.226

相對地，由部分 NGOs、社會運動組織與學者所發起的 SDP，則較具

批判性。如同本章之前所提到的，這些社會運動者對於公民權與人權等廣義「全球公民社會」領域中的議題相當熟悉。他們主要的關懷，在於對抗低度發展、衝突與壓迫的結構性因素。因此，他們批評富裕國家的相關機構，包括各種運動協會、運動業者，以及政府與國際組織等，因為上述權力機制正是這些結構性問題與不正義的元凶。這些批判性 SDP，包括了反對運動用品業者在發展中國家剝削勞工的工運團體、抗議中國政府在主辦 2008 年北京奧運期間打壓言論自由的人權團體，以及抗議 2022 年卡達世界盃足球賽虐待移工的各種非政府組織、國際勞工團體與新聞記者（有些官方報告估計，卡達舉辦世界盃賽事的各項建設，將導致高達4,000 名勞工死亡；*Business Insider*, 18 March 2014）。卡達世界盃足球賽的主辦單位，因此遭到國際各界關注，並且必須回應國際上的各種批評，此一例子彰顯了這些抗議活動能夠對運動與社會帶來的影響力。

　　整體來說，SDP 的批判路線仍然相對弱勢且邊緣化，一些主要會議、網絡與合作關係，都是由其他行動者所主導。SDP 未來的重要課題，就是能否容納更多批判的聲音，以及開拓更多新的 SDP 領域。

p.227

✕ 結論

　　全球化與運動的議題，自 1990 年代初期開始就是運動社會學的最重要議題之一。在政治經濟層面，相關議題包括運動全球化中的參與者的數量與類型的成長；國族認同與民族國家的重要性繼續存在，但稍有轉化，以及全球經濟的新自由主義傾向與明顯的階層化發展等。在社會文化層面，全球運動同時具有聚合與分化兩種面貌，包括運動形式的灌輸或共享，以及運動內容在各地的創意變化（例如運動美學、認同、風格與技巧）。全球在地化的概念，能夠標明與解釋這樣的雙重過程。近年來快速成長的「以運動促進發展與和平」（SDP）的倡議，是發展中的全球公民社會的一部分；而雖然務實或新自由主義主導的 SDP 仍居主流地位，但是也有更多以深入的結構改革為目標的批判性 SDP 受到注意。

　　全球運動應該要聚焦在維繫不同文化群體中，其社會行動者的批判性活動與參與。不過，在塑造全球運動中具有極大影響力的新自由主義，卻往往有礙上述目標的達成。同時，全球化過程有助於不同文化之間加強連

結，因此能夠有利大眾體驗與理解運動在各種不同脈絡中的構成與詮釋之不同方式。因此，全球運動有下列三項重要改革方向。

第一，對於全球運動中自由市場的力量，應該加以明確限制。舉例來說，職業球隊的所有權應該至少部分為球迷社群所擁有、發展中國家的球隊與運動體制應該要受到一定程度的保護、對於邊陲國家或半邊陲國家運動員的經濟剝削應該要加以改變、頂級運動中的球隊與國家之間競爭地位的不平等應該要予以弭平。當這些政策要在國際層次中執行時，必須要從不同國家的運動體制中，歸納與學習對抗自由市場的保護手段。

第二，全球運動體制的政治結構，必須要大幅度地改革。國家與國際運動組織在運動領域的政治主導力量，需要重新加強。不過，此一介入手段只能在這些運動組織的權力、財務與所有活動都達到完全民主、開放、透明與可受監督的狀況下，才有合理的基礎，也才能發揮作用。因此，運動組織必須受到媒體與公眾的完整監督。 p.228

第三，在本章的一開始便已經提出，包括基進的非政府組織、倡議團體、社會運動、調查記者與批判學界等第四類政治行動者。這一類進步的政治行動者，致力於公民權與人權、社會民主與社會正義。全球運動不同領域中的改革行動，應該要結合這些進步力量。SDP 部門就是雙方合作的交集。舉例來說，藉由與倡議團體之間的合作，在發展中國家的 SDP 活動可以更有效地導向更為長期的社會與結構之改革，也就是改善工作環境或增進性別平權。透過這樣的改革，全球運動將能夠達到政治民主、經濟平等、社會包容與文化多元。

討論問題

1. 世界體壇中的政治行動者，有哪些主要類型？
2. 世界運動在經濟上如何有利於「中心」國家與大球團？
3. 不同社會中的運動，如何變得更為相似？或者如何保持差異？
4. 在不同社會脈絡中，運動如何用來促進發展與和平？
5. 全球運動如何重新組織，以更為民主、包容、平等與正義？

跋：邁向運動的批判社會學

p.229

　　本書在結論中提出下列主張，說明如何在運動研究中建立批判社會學取徑。如同我在本書一開始所說，批判社會學可以修正錯誤觀念與誤解，凸顯既有社會結構與關係中的權力利益、不平等與分化，以及探索足以體現民主、社會包容與社會正義的另類組織方式與經驗。這些結論中的觀察與建議，都可以說明這類批判觀點的重要性。

　　首先，我認為批判社會學是研究運動的一個好的理論取徑，因為能夠在結構與行動者之間取得理論層面上之平衡，足以為研究帶來益處。此一立場周延地考量結構的條件與社會行動者的脈絡（特別是考量了權力不平等、社會階層、各種不同的生存機會與資源掌握等），也顧及社會行動者的批判反身性，以及社會行動結果的開放性。此一立場，更同時考量了從上而下的政治經濟結構權力與宰制，以及由下而上的日常生活中創意實踐與培力的社會文化形式，兩者之間複雜與矛盾的互動。

　　此一立場並不遵從單一理論視野，而是對於本書中所討論的各種理論與觀點，採取批判與選擇性的態度。實際上，如同我所提及的想法，選擇性地發展理論與結合不同觀點，所能夠形成的「新」理論立場特別具有優勢。貫穿本書最為主要的批判理論，包括早期文化研究中對於反抗、逾p.230越與狂歡的概念，以及傅科對於規訓與治理的分析。這樣廣泛的批判性混合，在之後各內容中更進一步體現，包括：關於「種族」與性別的批判理論；透過 Archetti、Bale、Eichberg 與 Wacquant 等學者對於身體與運動空間的分析；我個人對於布迪厄有關「資本」及社會行動者的文化創造力之批判性延伸；以及考量全球文化中同一性與差異性之全球在地化理論等。我所採取的途徑，也考量了不同的社會學理論，包括以功能論分析運動在型塑社會連帶與共同感中扮演的角色，以韋伯理論探索運動如何協助建構社會認同，以及如何受到理性化力量的型塑，並且以後現代社會理論

檢視運動如何將當代消費者與媒體文化，以及晚期資本主義社會的階級結構重大變遷加以連結。最後，批判社會學也必須考量規範性理論，因此，我也主張必須維持及促進社會行動者得以創意地、批判地與民主地參與運動的權利，也同時可以逃脫、反抗與降低宰制力量的各種形式，像是高度商品化、或壓迫性的運動法規。這一規範性立場來自於對幾位重要社會學者的批判性解讀，包括布迪厄、傅科、葛蘭西與哈伯瑪斯。

運動的批判社會學研究可從比較研究中獲益，包括從時間（歷史性）與空間（跨文化）維度的比較。歷史性途徑可以讓我們瞭解運動起源與發展的政治經濟與社會文化因素。如同我在之前幾章中的說明，於此特別可以從幾位學者的思想中獲益，包括葛蘭西（關於霸權的塑造與重塑）、Williams（「宰制－新興－殘餘」模式）、馬克思（關於波拿巴主義[Bonapartism]的研究），以及傅科（關於規訓機構與對人民的治理）。

跨文化研究可以讓我們理解在不同的社會形構中，如何採納、體驗、詮釋與塑造各種運動，也可以提供我們社會探討運動的組織與理解的另類可能性。舉例來說，我們可以探討不同球迷團體或地方社區參與運動俱樂部與聯盟的不同方式，或者探討不同社會在實踐特定運動時，所展現的特殊文化美學與身體技術。這樣的歷史與跨文化取徑，可以提升運動研究中重要的探索領域，像是關於「種族」與族群的批判探討（例如透過運動與殖民主義及後殖民主義之間的關係），以及更廣泛的關於運動與全球化的關係等。

在研究方法層面，運動社會學需要結合經驗研究（特別是田野調查）與理論分析。田野調查能讓文化研究得以重振傳統關懷，將社會角色、認同、意義與實踐的深度詮釋，跟個人與社會團體所在的結構條件及脈絡之批判解讀加以連結。全球化理論日趨重要，是因為能讓這些研究者得以透過全球脈絡，來定位自身。田野調查必須是透過相關社會團體之間不斷的研究與溝通，而讓研究目標、假設與暫時性結論之間也得以持續重塑的一種對話過程。我支持布迪厄與其他學者關於研究者必須進行自我批判反思的主張，以此來降低研究偏見，並且希望能夠提出批判（或「反常識」）分析，而足以挑戰那些深植於性別、族群、階級與年齡之結構不平等的宰制性假說、論述與意識形態。

從運動社會學與整體學術領域之間的關係觀察，就可以瞭解跨領域研

p.231

究能夠深化理論、方法與具體議題，特別是關於原創性、多樣性、影響、整體品質與（也同等重要的）知識上的刺激。在跨領域的合作上，運動社會學必須更進一步與主流社會學及其他社會科學連結，也必須與跨學門的自然科學研究有所合作。在與主流社會學的合作當中，必須強調運動的社會重要性，並且避免讓運動社會學在學術界中被邊緣化，而流於自說自話的境地。

p.232

　　如同本書所一再強調，運動社會學者與既有的社會科學之間，已經進行了許多有意義的合作成長，包括人類學、經濟學、地理學、歷史學、法學、哲學、政治學與公共政策。文化研究的基礎範疇，特別是族群／種族研究與性別研究，提供了此一跨領域分析的重要場域。當學術研究愈來愈問題或是主題導向，類似的協同研究之進行與調查，也就能夠有愈大的空間，例如以運動促進發展與和平的倡議、主辦大型運動賽事的影響、或者運動治理的倫理改革等。以許多運動社會學者在其系、院、校層級都有自然科學界教師同儕的狀況來看，我們或許可以說這些跨領域研究還是受到極大限制，而有著過去學者 C. P. Snow（1959）所批評的傳統「文組」與「理組」之間涇渭分明的弊病。相對地，我們可以指出幾個範圍廣泛的研究主題，包括身體、健康與傷害、運動建築與設施、或者運動科技等，都是有待開發的運動相關跨領域研究。整體來說，批判運動社會學可以透過這些超越自身研究領域的合作，而得到極大的益處。這些跨領域合作也呼應了運動批判社會學本來就抱持的基本態度，也就是積極地與「不同團體」或「他者」進行積極對話。

　　如果這是運動批判社會學應該要有的樣態，那麼在全球運動的改革與提升上，還有哪些需要注意的議題與問題？為了提升運動於地方、國家與全球層次上的民主參與及社會正義的目標，我建議可從以下四個研究領域著手。

　　第一，我們可以著力於菁英運動的政治經濟學，以探討如何挑戰與改進自由市場與高度商品化所帶來的負面影響。有待分析的運動公共議題，包括豪門球隊愈來愈強大的資金優勢；球團所有權與控制權的另類模式，特別是地方社區與球迷的參與：中下階層受到運動高價門票的「價格排擠」，以及如何改革以達成運動的近用權；對於運動員的剝削甚至販賣，特別是來自發展中國家的年輕運動員，以及運動高度商品化的各種現象，

對不同社會團體所產生的負面影響，特別是在「種族」、性別與階級中長期被邊緣化的弱勢者。

p.233

第二，我們必須探討運動政治，特別聚焦於治理單位的根本改革，而令這些運動組織的決策與財務更為民主透明、行動更為負責，以及對公眾監督更為公開。我們可以據此檢視運動的治理如何進一步貼近所有行動者，包括草根運動組織與倡議、業餘運動員與協會，以及球迷團體與「種族」、性別與階級議題中長期的邊緣團體。我們也可以探討對於運動治理組織的規範性改革，是否能夠作為更龐大的跨國治理機構之改革的典範。

第三，在探究政治經濟脈絡的同時，我們也必須聚焦於社會中，不同個人與團體在運動中的各種日常現象經驗與社會文化型塑議題。這類透過質化方法的研究，能夠讓社會學者發展出更具深度與廣度的分析，以理解運動的美學、傳播、衝突、認同、意義、角色與儀式。這些運動的日常生活層次，具有流動與過程的特質；也因為當中至少是部分與跨國社會關係有所聯繫，而必須放在全球脈絡中理解。對於這些社會團體的研究具有相當的重要性，因為能夠揭露運動中在地與全球的複雜互賴關係——例如對於運動迷認同的型塑等。另外，這些研究領域也能夠讓社會學者對於如何改革運動，以利於弱勢團體等社會行動者的賦權，能夠獲得更深入的理解。

第四，近年來一個新興的研究領域是「以運動促進發展與和平」（sport for development and peace, SDP）之倡議。隨著此一倡議的成長，我們可以預期相應的研究也會跟著增加。這類研究必須將研究焦點放在SDP倡議在日常生活中如何落實與體驗；目標的社會團體如何得以賦權，以改善其社區的生活品質，以及挑戰更廣泛的社會與權力結構，以改變受到壓迫的弱勢團體之邊緣地位。更廣泛地來說，此一領域的分析，必須理解運動並不能「獨善其身」，因此必須與其他層面的社會改革有廣泛的連結，特別是與政治和經濟議題有關的社會運動，以促成有意義且根本的社會結構改造。

p.234

這四個領域並沒有涵蓋運動中所有可能的研究議題，而且當然還有許多主題有待分析。但我認為，這些領域指明了批判社會學所必須關注的重要社會議題，能夠進一步提升運動於在地、國家與全球層次上的民主參與及社會正義。

註解

第一章

1. 有一早期研究採取了涂爾幹的主張，解釋美國棒球如何促進社會連帶
   （Cohen, 1946: 334-336）。這類研究反映了以宗教之社會功能來分析的詮釋
   廣度（Robertson, 1970: 17-18）。

2. 盧曼也受到德國現象學者胡塞爾（Edmund Husserl）相當深的影響，特別是
   其「意向性」（intentionality）的概念。關於盧曼此方面之思想如何應用於運
   動研究，可參照 Tangen（2014）關於運動場館之攝影的分析。

第二章

3. 此處討論經過篩選，當然有所不足，因為我沒有足夠篇幅來完整說明韋伯關
   於社會科學程序的主張。

4. 另外，許多國家的運動政策，是以「獎牌數」作為對教練、運動員、或設施
   的補助依據。根據此一理性化模式，無法提供足夠獎牌數量的運動項目，其
   經費就會被刪減（引自 De Bosscher et al., 2008）。

第三章

5. 可參見 *The Sport Market: Major Trends and Challenges in an Industry Full
   of Passion* (A. T. Kearney, 2011). www.atkearney.co.uk/documents/10192/
   6f46b880-f8d1-4909-9960-cc605bb1ff34.

6. 如馬克思所說（Marx, [1845] 1965: 35），「擁有物質生產工具的階級，同時
   也就控制了意志的生產工具，因此沒有意志生產工具的人，整體來說，也就
   臣服於此一制度」。因此必須補充，馬克思關於意識形態的概念，其實經過
   不同階段的演變。

7. 馬庫色（Marcuse, 1964: 5）補充說，「一般大眾受到廣告所驅動的許多休閒
   娛樂之需求，不過是盲從其他人的愛恨而生之情感，因此都是虛假需求。」

8. 法蘭克福學派對大眾文化的輕視並不獨特，在政治界與文化界也有許多團體

持相同主張。

p.236 英國工黨創黨者 Keir Hardie 就認為運動是一種墮落（degrading）的活動，足球也令人憎惡（abomination）（Smith and Williams, 1980: 121）。受到國家控制的 BBC，在第二次大戰後初期，完全不報導大受勞工階級歡迎的摔角與賽狗等娛樂活動，因為這些活動並不符合 BBC 所設定之目標觀眾的資產階級倫理規範與文化品味。戰後抱持「清教徒社會主義」（puritan socialism）的工黨政府，同樣歧視賽狗活動，因此激起大眾反彈（Baker, 1996）。

9. Rowe（1995: 20）以「左派的利維斯們」（Left Leavisites）（譯註）一詞，中肯地形容阿多諾等人。

10. Adorno（2001: 163）批評現代大眾文化固守「早期中產階級社會的老舊意識形態」，因此其關於消費者的觀念是過時的。他以英國在二戰後所出現的不合時宜的清教徒式（Puritanism）大眾文化，來作為說明。

第四章

11. McCree（2000）運用威廉斯（Williams）的歷史模式來檢視加勒比海地區的足球職業化之鬥爭過程。

12. 感謝挪威社會學者 Tommy Langseth 提醒我在此議題上對滑雪板與衝浪之次文化加以關注。

13. 此處意義有些模糊。葛蘭西（Gramsci, 1971: 208）在當中一個段落中主張，國家（作為政治社會）與公民社會之間彼此制衡；但是在其他地方，他又稱這兩者是「二合一」（one and the same）。

14. 例如可以參見荷蘭畫家布勒哲爾（Bruegel）、英國畫家賀加斯（Hogarth）與德國畫家貝克曼（Beckmann）等人的畫作與素描中，對於庶民文化中的狂歡與縱情場景的描繪。至於對狂歡的探討，可參見巴赫丁（Bakhtin, 1968）。

譯註　Leavisite 一詞是衍生自英國文學批評家 F. R. Leavis 的形容詞或名詞，用來指稱擁抱高雅文化的文化菁英主義，對於前工業社會懷有鄉愁式的熱愛，且敵視馬克思主義、商業化與大眾社會。

第五章

15. 可參見 University of Central Florida 的運動企業管理碩士班（MS in Sport Business and Management）https://business.ucf.edu/degree/masters-sports-business-management-msbm/，上網日期：2021.5.1。

第六章

16. 在 1945 年之前的日本軍國主義政權，設立了女性運動組織並鼓吹女性參與全國性與國際性賽事。其中一位優秀選手人見絹枝（Hitomi Kinue），在一百公尺與四百公尺賽跑及跳遠都有世界級的表現，但其成績並非在奧運賽事中創造（Guttmann and Thompson, 2001: 120-121）。

第七章

17. 非裔美國拳擊手使用奴隸的隱喻，部分源自於其先人遭受的種族奴役；實際上，的確有些奴隸主會命令奴隸進行血腥，甚至致命的比賽。

18. 頂級體操選手的職業生涯，主要集中在兒童到青少年時期，大概是在 12 歲到 18 歲之間。大部分的女子選手在成年後便放棄體操，並不是出於自願，而是她們的身體因為職業傷害而「報銷」（expire）（Ryan, 1996: 31）。

第八章

19. 可參見的分析例如 Bale（1982, 1989, 1992, 1994; Vertinsky and Bale, 2004）。

20. 這場災難始於觀眾席其中一個出口的推擠，而由於害怕現場群眾使用暴力侵入球場，警察一開始還拒絕讓球迷跳到球場內求生。

21. 可以參見例如 Giulianotti and Klauser（2011）與期刊 *Urban Studies, 48*(15)（2011）的專刊。 p.237

第九章

22. 不同社會學途徑之研究者對於型態社會學的批評反思，可參見 Giulianotti（2004a）。

23. 非正規化（informalization）指的是自我控制之標準與身體紀律的明顯崩壞，

而這發生在曾經歷文明化之「正規化」（formalizaiton）過程的社會團體之中。此一概念也跟勞動階級與中產階級之行為準則的融合有關（Wouters, 1977: 449）。在足球流氓的脈絡中，此一概念有助於解釋「可敬的」社會團體是如何在球場上也跟著使用了工具性暴力，同時他們在工作與家庭等其他社會場域中，卻還能持續地與既有權力團體和平共存。

第十章

24. 生成結構主義（Genetic structuralism）有其早期發展，例如法國社會學者戈德曼（Lucien Goldmann）（Williams, 1981: 144）。
25. 如同他在其他著作中所主張，「社會學的社會學分析，是社會學認識論的最根本面向」（Bourdieu and Wacquant, 1992: 68）。
26. 此一現象可以在頂尖運動員嘗試在其他運動項目中展現其運動天分時看到，通常那項運動的選手會「教訓外來菜鳥」，而場邊記者則是大酸這些頂尖運動員技巧拙劣。
27. 參見例如 *Olympism and the Olympic Movement* 報告，www.olympic.org/Documents/Reports/EN/en_report_670.pdf.，上網日期：2021.5.1。
28. 布迪厄當然不是第一個探討社會階級如何透過文化品味來凸顯差異的學者。可參見例如韋伯倫（Veblen, [1899] 1970）對於美國的階級動態、物質主義與炫耀性消費（conspicuous consumption）的分析。

第十一章

29. 作為比較，可以參見德希達（Derrida, 1984）的《耳朵自傳》（*Otobiographies*），他對美國憲法進行了解構分析。

第十二章

30. 參見 Giulianotti and Robertson（2012a）如何引用此一模式來分析足球。
31. 參見華勒斯坦（Immanuel Wallerstein, "Crisis of the capitalist system: where do we go from here?, Harold Wolpe lecture, University of KwaZulu-Natal, 5 November 2009, https://mronline.org/2009/11/12/crisis-of-the-capitalist-system-where-do-we-go-from-here/，上網日期：2021.5.1。

32. 在選秀制度下，戰績較差的球隊，可以擁有大學畢業年輕選手的優先選擇權。電視轉播權利金收入由聯盟分配給各個球隊，而另類的模式則是讓個別球隊可以各自協商轉播權利，而會導致豪門球團與小市場球隊之間的財務不平等更為擴大。

33. 對於 SDP 的整體分析，可參見 Coalter（2013）、Darnell（2012）、Giulianotti（2011b），以及 Schulenkorf 與 Adair（2014）。

參考文獻

Abrisketa, O. G. (2012) *Basque Pelota*, Reno: Center for Basque Studies.

Adler, P. A., and P. Adler (1991) *Backboards and Blackboards*, New York: Columbia University Press.

Adorno, T. W. (1982) *Prisms*, Cambridge, MA: Harvard University Press.

Adorno, T. W. (2001) *The Culture Industry*, London: Routledge.

Adorno, T. W., and M. Horkheimer ([1944] 1979) *Dialectic of Enlightenment*, London: Verso.

Agger, B. (2000) *Public Sociology*, Boston: Rowman & Littlefield.

Alegi, P. (2010) *African Soccerscapes*, London: Hurst.

Alexander, J. C. (1992) 'Citizen and enemy as symbolic classification', in M. Fournier and M. Lamont (eds), *Where Culture Talks: Exclusion and the Making of Society*, Chicago: University of Chicago Press.

Alomes, S. (1994) 'Tales of a dreamtime', in I. Craven (ed.), *Australian Popular Culture*, Melbourne: Cambridge University Press.

Alt, J. (1983) 'Sport and cultural reification', *Theory, Culture & Society*, 1(3): 93–107.

Althusser, L. (1971) *Lenin and Philosophy and Other Essays*, London: New Left Books.

Amara, M. (2005) '2006 Qatar Asian Games: a 'modernization' project from above?', *Sport in Society*, 8(3): 493–514.

Amin, A. (1994) *Post-Fordism: A Reader*, Oxford: Wiley.

Anderson, B. (1983) *Imagined Communities*, London: Verso.

Anderson, E. (2005) *In the Game: Gay Athletes and the Cult of Masculinity*, New York: SUNY Press.

Anderson, E. (2011) 'Masculinities and sexualities in sport and physical cultures: three decades of evolving research', *Journal of Homosexuality*, 58(5): 565–78.

Andrews, D. L. (1997) 'The [Trans]National Basketball Association', in A. Cvetovitch and D. Kellner (eds), *Articulating the Global and the Local*, Boulder, CO: Westview Press.

Andrews, D. L. (2001) 'The fact(s) of Michael Jordan's blackness', in D. L. Andrews (ed.), *Michael Jordan, Inc.*, New York: SUNY Press.

Andrews, D. L. (2008) 'Kinesiology's inconvenient truth and the physical cultural studies imperative', *Quest* 60(1): 45–60.

Andrews, D. L., and B. Carrington (eds) (2013) *A Companion to Sport*, Oxford: Wiley.

Andrews, D. L., and M. Silk (eds) (2011) *Physical Cultural Studies*, Philadelphia: Temple University Press.

Andrews, D. L., and M. Silk (2015) 'Physical Cultural Studies', in R. Giulianotti (ed.), *Routledge Handbook of the Sociology of Sport*, London: Routledge.

Andrews, D. L., R. Pitter, D. Zwick and D. Ambrose (1997) 'Soccer's racial frontier', in G. Armstrong and R. Giulianotti (eds), *Entering the Field*, Oxford: Berg.

Appadurai, A. (1995) 'Playing with modernity: the decolonization of Indian cricket', in C.A. Breckenridge (ed.), *Consuming Modernity*, Minneapolis: University of Minnesota Press.

Apter, M. J. (1982) *The Experience of Motivation*, London: Academic Press.

Archetti, E. (1998) *Masculinities*, Oxford: Berg.

Archetti, E. (1999) 'The spectacle of heroic masculinity', in A. M. Klausen (ed.), *Olympic Games as Performance and Public Event*, Oxford: Berghahn.

Aristotle (1981) *The Politics*, Harmondsworth: Penguin.

Armstrong, G. (1998) *Football Hooligans: Knowing the Score*, Oxford: Berg.

Armstrong, G., and R. Giulianotti (1998) 'From another angle: police surveillance and football supporters', in C. Norris, G. Armstrong and J. Moran (eds), *Surveillance, CCTV & Social Control*, Aldershot: Gower/Ashgate.

Armstrong, G., and R. Giulianotti (eds) (2004) *Football in Africa*, Basingstoke: Palgrave.

Aronowitz, S. (1973) *False Promises*, New York: McGraw-Hill.

Atkinson, M. (2000) 'Brother can you spare a seat?', *Sociology of Sport Journal*, 17(2): 151–70.

Atkinson, M., and K. Young (2005) 'Reservoir dogs', *International Review for the Sociology of Sport*, 40(3): 335–56.

Atkinson, M., and K. Young (2008) *Deviance and Social Control in Sport*, Champaign, IL: Human Kinetics.

Back, L., T. Crabbe and J. Solomos (2001) *The Changing Face of Football*, Oxford: Berg.

Bah, C. A. M. (2014) *Neocolonialism in West Africa*, Bloomington: iUniverse.

Bain-Selbo, E. (2009) *Game Day and God*, Macon, GA: Mercer University Press.

Baker, N. (1996) 'Going to the dogs – hostility to greyhound racing in Britain: puritanism, socialism and pragmatism', *Journal of Sport History*, 23: 97–119.

Baker, W. J. (1992) 'Muscular Marxism and the Chicago Counter-Olympics of 1932', *International Journal of the History of Sport*, 9: 397–410.

Bakhtin, M. (1968) *Rabelais and his World*, Cambridge, MA: MIT Press.

Bale, J. (1982) *Sport and Place*, London: Hurst.

Bale, J. (1989) *Sports Geography*, London: Spon.

Bale, J. (1990) 'In the shadow of the stadium', *Geography*, 75(4): 324–34.

Bale, J. (1991a) 'Playing at home', in J. Williams and S. Wagg (eds), *British Football and Social Change*, Leicester: Leicester University Press.

Bale, J. (1991b) *The Brawn Drain*, Champaign: University of Illinois Press.

Bale, J. (1992) *Sport, Space and the City*, London: Routledge.

Bale, J. (1994) *Landscapes of Modern Sport*, London: Leicester University Press.

Bale, J. (1995) 'Cricket', in K. Raitz (ed.), *Theater of Sport*, Baltimore: Johns Hopkins University Press.

Bale, J. (1998) 'Virtual fandoms', in A. Brown (ed.), *Fanatics!*, London: Routledge.

Bale, J. (2000) 'Sport as power', in J. P. Sharp, P. Routledge, C. Philo and R. Paddison (eds), *Entanglements of Power*, London: Routledge.

Bale, J., and J. Sang (1996) *Kenyan Running*, London: Frank Cass.

Banton, M. (1988) *Racial Consciousness*, London: Longman.

Baudrillard, J. (1991) *Seduction*, Basingstoke: Palgrave.

Baudrillard, J. (1993) *The Transparency of Evil*, London: Verso.

Baudrillard, J. (1994a) *The Illusion of the End*, Cambridge: Polity.

Baudrillard, J. (1994b) *The Gulf War Did Not Take Place*, Sydney: Power Institute.

Baudrillard, J. (1995) 'The virtual illusion', *Theory, Culture & Society*, 12: 97–107.

Baudrillard, J. (1996a) 'Disneyworld Company', *Liberation*, 4 March.

Baudrillard, J. (1996b) *The Perfect Crime*, London: Verso.

Baudrillard, J. (1998) *The Consumer Society*, London: Sage.

Baudrillard, J. (2006) *The System of Objects*, London: Verso.

Bauman, Z. (1992) *Intimations of Postmodernity*, London: Routledge.

Beamish, R. (1993) 'Labor relations in sport', in A. G. Ingham and J. W. Loy (eds), *Sport in Social Development*, Champaign, IL: Human Kinetics.

Beck, U. (1992) *Risk Society*, London: Sage.

Becker, G. S. (1964) *Human Capital*, Chicago: University of Chicago Press.

Beckles, H., and B. Stoddart (eds) (1995) *Liberation Cricket*, Manchester: Manchester University Press.

Bélanger, A. (2000) 'Sport venues and the spectacularization of urban spaces in North America', *International Review for the Sociology of Sport*, 35(3): 378–97.

Bellah, R. (1975) *The Broken Covenant*, New York: Seabury Press.

Benedict, J. (1998) *Public Heroes, Private Felons*, Boston: Northeastern University Press.

Bennett, T. (1998) *Culture: A Reformer's Science*, London: Sage.

Bentham, J. ([1791] 2010) *Panopticon, or the Inspection House*, London: Kessinger.

Berger, P., and T. Luckmann (1966) *The Social Construction of Reality*, New York: Anchor.

Best, S., and D. Kellner (1991) *Postmodern Theory*, New York: Guilford Press.

Bette, K. H. (1999) *Systemtheorie und Sport*, Frankfurt am Main: Suhrkamp.

Birrell, S. (1978) 'Sporting encounters', Unpublished doctoral dissertation, University of Massachusetts, Amherst.

Birrell, S. (1981) 'Sport as ritual', *Social Forces*, 60: 354–76.

Bischoff, A. (2012) 'Between me and the other there are paths: on paths, people and the experience of nature', unpublished PhD thesis, Department of Mathematical Sciences and Technology, Norwegian University of Life Sciences.

Blake, A. (1995) *The Body Language*, London: Lawrence & Wishart.

Bloyce, M., A. Smith, R. Mead and J. Morris (2008) 'Playing the game plan', *European Sport Management Quarterly*, 8(4): 359–78.

Boltanski, L. (2011) *On Critique: A Sociology of Emancipation*, Cambridge: Polity.

Booth, D. (1998) *The Race Game*, London: Routledge.

Booth, D. (2001) *Australian Beach Cultures*, London: Frank Cass.

Booth, D., and C. Tatz (1994) 'Swimming with the big boys', *Sporting Traditions*, 11(1): 3–23.

Booth, D., and C. Tatz (2000) *One-Eyed: A View of Australian Sport*, St Leonards, NSW: Allen & Unwin.

Bottenburg, M. van (2001) *Global Games*, Urbana: University of Illinois Press.

Bourdieu, P. (1978) 'Sport and social class', *Social Science Information*, 17(6): 819–40.

Bourdieu, P. (1984) *Distinction*, London: Routledge.

Bourdieu, P. (1990a) *In Other Words*, Stanford, CA: Stanford University Press.

Bourdieu, P. (1990b) *The Logic of Practice*, Cambridge: Polity.

Bourdieu, P. (1993) *Sociology in Question*, London: Sage.

Bourdieu, P. (1998a) *Acts of Resistance*, New York: New Press.

Bourdieu, P. (1998b) 'The state, economics and sport', *Culture, Sport, Society*, 1(2): 15–21.

Bourdieu, P. (2000) *Pascalian Meditations*, Cambridge: Polity.

Bourdieu, P., and J.-C. Passeron (1977) *Reproduction in Education, Society and Culture*, London: Sage.

Bourdieu, P., and L. J. D. Wacquant (1992) *An Invitation to Reflexive Sociology*, Cambridge: Polity.

Bourdieu, P., et al. (1999) *The Weight of the World: Social Suffering in Contemporary Society*, Cambridge: Polity.

Boyd, T. (1997) 'The day the niggaz took over', in A. Baker and T. Boyd (eds), *Out of Bounds*, Bloomington: Indiana University Press.

Brackenridge, C. (2001) *Spoilsports*, London: Routledge.

Bradbury, S. (2013) 'Institutional racism, whiteness and the under-representation of minorities in leadership positions in football in Europe', *Soccer and Society*, 14(3): 296–314.

Brailsford, D. (1985) 'Morals and maulers', *Journal of Sport History*, 2: 126–42.

Brannagan, P., and R. Giulianotti (2014) 'Soft power and soft disempowerment: Qatar, global sport, and football's 2022 World Cup finals', *Leisure Studies*, doi: 10.1080/02614367.2014.964291.

Brohm, J.-M. (1978) *Sport: A Prison of Measured Time*, London: Pluto Press.

Bromberger, C. (1995) 'Football as world-view and as ritual', *French Cultural Studies*, 6: 293–311.

Brophy, J. (1997) 'Carnival in Cologne', *History Today*, July.

Brownell, S. (1995) *Training the Body for China*, Chicago: University of Chicago Press.

Bruce, S. (2000) 'Comparing Scotland and Northern Ireland', in T. M. Devine (ed.), *Scotland's Shame?*, Edinburgh: Mainstream.

Buch, E. (2003) *Beethoven's Ninth*, Chicago: University of Chicago Press.

Burawoy, M. (2005) 'For public sociology', *American Sociological Review*, 70(1): 4–28.

Burdsey, D. (2006) 'If I ever play football, dad, can I play for England or India?', *Sociology*, 40(1): 11–28.

Burdsey, D. (2010) 'British Muslim experiences in English first-class cricket', *International Review for the Sociology of Sport*, 45(3): 315–34.

Burdsey, D. (2011) *Race, Ethnicity and Football*, London: Routledge.

Burke, P. (2009) *Cultural Hybridity*, Cambridge: Polity.

Burns, T. (1992) *Erving Goffman*, London: Routledge.

Butler, J. (1990) *Gender Trouble*, London: Routledge.

Cachay, K., and A. Thiel (2000) *Soziologie des Sports: zur Ausdifferenzierung und Entwicklungsdynamik des Sports der modernen Gesellschaft*, Weinheim: Juventa.

Calhoun, C. (1995) *Critical Social Theory*, Oxford: Wiley.

Canclini, N. G. (1995) *Hybrid Cultures*, Minneapolis: Minnesota University Press.

Carrington, B. (2010) *Race, Sport and Politics*, London: Sage.

Carter, T. (2008) *The Quality of Home Runs*, Durham, NC: Duke University Press.

Cashman, R. (1995) *Paradise of Sport*, Oxford: Oxford University Press.

Cashmore, E. (1982) *Black Sportsmen*, London: Routledge & Kegan Paul.

Cashmore, E. (2008) 'Tiger Woods and the new racial order', *Current Sociology*, 56(4): 621–34.

Cashmore, E., and J. Cleland (2012) 'Fans, homophobia and masculinities in association football', *British Journal of Sociology*, 63(2): 370–87.

Caudwell, J. (2006) *Sport, Sexualities and Queer/Theory*, London: Routledge.

Clarke, A. (1992) 'Figuring a brighter future', in E. Dunning and C. Rojek (eds), *Sport and Leisure in the Civilizing Process*, Toronto: University of Toronto Press.

Clarke, J. (1976) 'Style', in S. Hall and T. Jefferson (eds), *Resistance through Rituals*, London: Hutchinson.

Clément, J.-P. (1985) 'Etude comparative de trois sports de combat et de leurs usages sociaux', unpublished PhD thesis, Université Paris III.

Clément, J.-P. (1995) 'Contributions of the sociology of Pierre Bourdieu to the sociology of sport', *Sociology of Sport Journal*, 12: 147–57.

Coakley, J. (2001) *Sport in Society*, 7th edn, Boston: McGraw-Hill.

Coalter, F. (2013) *Sport for Development*, London: Routledge.

Cohen, M. B. (1946) *The Faith of a Liberal*, New Brunswick, NJ: Transaction.

Cohen, S., and L. Taylor (1976) *Escape Attempts*, London: Routledge.

Connell, R. W. (1987) *Gender and Power*, Stanford, CA: Stanford University Press.

Connell, R. W. (1990) 'An iron man', in M. Messner and D. Sabo (eds), *Sport, Men and the Gender Order*, Champaign, IL: Human Kinetics.

Connell, R. W. (1995) *Masculinities*, Cambridge: Polity.

Connell, R. W. (2000) *The Men and the Boys*, Cambridge: Polity.

Connor, S. (1989) *Postmodernist Culture*, Oxford: Blackwell.

Cornelissen, S. (2011) 'More than a sporting chance? Appraising the sport for development legacy of the 2010 FIFA World Cup', *Third World Quarterly*, 32(3): 503–29.

Cox, B., and S. Thompson (2001) 'Facing the bogey: women, football and sexuality', *Football Studies*, 4(2): 7–24.

Crenshaw, K. W. (1989) 'Demarginalizing the intersection of race and sex', *University of Chicago Legal Forum*, 139–67.

Critcher, C. (1979) 'Football since the war', in J. Clarke, C. Critcher and R. Johnson (eds), *Working Class Culture*, London: Hutchinson.

Crossley, N. (1995) 'Merleau-Ponty, the elusive body and carnal sociology', *Body and Society*, 1(1): 43–63.

Cruikshank, B. (1999) *The Will to Empower: Democratic Citizens and Other Subjects*, Ithaca, NY: Cornell University Press.

Csikszentmihalyi, M. (1975) *Beyond Boredom and Anxiety*, San Francisco: Jossey-Bass.

Csikszentmihalyi, M., and I. S. Csikszentmihalyi (1988) *Optimal Experience*, Cambridge: Cambridge University Press.

Cunningham, G. (2012) 'Occupational segregation of African Americans in intercollegiate athletics administration', *Wake Forest Journal of Law & Policy*, 2: 165–78.

Da Matta, R. (1991) *Carnivals, Rogues and Heroes*, Notre Dame, IN: University of Notre Dame Press.

Darnell, S. (2012) *Sport for Development and Peace*, London: Bloomsbury.

David, P. (2005) *Human Rights in Youth Sport*, London: Routledge.

Davis, L. R. (1997) *The Swimsuit Issue and Sport*, New York: SUNY Press.

De Bosscher, V., J. Bingham, S. Shibli, M. van Bottenburg and P. De Knop (2008) *The Global Sporting Arms Race*, Oxford: Meyer & Meyer.

Dean, P. (2002) '"Dear sisters" and "hated rivals"', in P. B. Miller (ed.), *The Sporting World of the Modern South*, Urbana: University of Illinois Press.

Debord, G. (1984) *The Society of the Spectacle*, New York: Black & Red.

Defrance, J. (1976) 'Esquisse d'une histoire sociale de la gymnastique', *Actes de la Recherche en Sciences Sociales*, 6: 22–46.

Defrance, J. (1987) *L'Excellence corporelle*, Rennes: Presses Universitaires de Rennes.

Defrance, J. (1995) 'The anthropological sociology of Pierre Bourdieu', *Sociology of Sport Journal*, 12: 121–31.

Degen, M. (2004) 'Barcelona's games: the Olympics, urban design, and global tourism', in M. Sheller and J. Urry (eds), *Tourism Mobilities: Places to Play, Places in Play*, London: Routledge.

Dejonghe, T. (2001) 'The place of sub-Saharan Africa in the world sport system', *Afrika Focus*, 17(1): 79–111.

Delaney, K., and R. Eckstein (2003) *Public Dollars, Private Stadiums*, New Brunswick, NJ: Rutgers University Press.

deMause, N., and J. Cagan (2008) *Field of Schemes*, rev. edn, Lincoln, NE: Bison Books.

Derrida, J. (1978) *Writing and Difference*, Chicago: University of Chicago Press.

Derrida, J. (1984) *Otobiographies*, Paris: Galilée.

Donnelly, P. (1993) 'Subcultures in sport', in A. G. Ingham and J. W. Loy (eds), *Sport in Social Development*, Champaign, IL: Human Kinetics.

Donnelly, P., and L. Petherick (2006) 'Workers' playtime?', in D. McArdle and R. Giulianotti (eds), *Sport, Civil Liberties and Human Rights*, London: Routledge.

Donnelly, P., and K. Young (1988) 'The construction and confirmation of identity in sport subcultures', *Sociology of Sport Journal*, 5(3): 223–40.

Douglas, D. (2005) 'Venus, Serena, and the Women's Tennis Association (WTA): when and where "race" enters', *Sociology of Sport Journal*, 22: 256–82.

Dubal, S. (2010) 'The neoliberalization of football', *International Review for the Sociology of Sport*, 45(2): 123–45.

Duncan, M. (1994) 'The politics of women's body images and practices', *Journal of Sport and Social Issues*, 18: 48–65.

Duncan, M. C., and B. Brummett (1989) 'Types and sources of spectating pleasures', *Sociology of Sport Journal* 3: 195–211.

Dunning, E. (1977) 'Power and authority in the public schools (1700–1850)', in P. R. Gleichmann, J. Goudsblom and Hermann Korte (eds), *Human Figurations*, Amsterdam: Amsterdam Sociologisch Tijdschrift.

Dunning, E. (1999) *Sport Matters*, London: Routledge.

Dunning, E., and K. Sheard (1979) *Barbarians, Gentlemen and Players*, Oxford: Blackwell.

Dunning, E., P. Murphy and J. Williams (1988) *The Roots of Football Hooliganism*, London: Routledge.

Durkheim, E. ([1895] 1938) *The Rules of Sociological Method*, New York: Free Press.

Durkheim, E. ([1915] 1961) *The Elementary Forms of the Religious Life*, New York: Collier Books.

Durkheim, E. ([1893] 1964) *The Division of Labour in Society*, London: Routledge & Kegan Paul.

Durkheim, E. ([1897] 1970) *Suicide: A Study in Sociology*, London: Routledge & Kegan Paul.

Durkheim, E. ([1898] 1973) 'Individualism and the intellectuals', in *Emile Durkheim on Morality and Society*, Chicago: University of Chicago Press.

Durkheim, E. ([1924] 1974) *Sociology and Philosophy*. New York: Free Press.

Duru, N. J. (2011) *Advancing the Ball*, New York: Oxford University Press.

Dyck, N. (2012) *Fields of Play: An Ethnography of Children's Sports*, Toronto: University of Toronto Press.

Edelman, R. (1993) *Serious Fun*, New York: Oxford University Press.

Edwards, H. (1969) *Revolt of the Black Athlete*, New York: Free Press.

Eichberg, H. (1994) 'Travelling, comparing, emigrating', in J. Bale and J. Maguire (eds), *The Global Sports Arena*, London: Frank Cass.

Eichberg, H. (1995) 'Stadium, pyramid, labyrinth', in J. Bale and O. Moen (eds), *The Stadium and the City*, Keele: Keele University Press.

Eick, V. (2011) 'Lack of legacy? Shadows of surveillance after the 2006 FIFA World Cup in Germany', *Urban Studies*, 48(15): 3329–45.

Eitzen, D. S. (1999) *Fair and Foul*, Lanham, MD: Rowman & Littlefield.

Elias, N. ([1939] 1978a, 1982) *The Civilizing Process*, Vol. 1: *The History of Manners*; Vol. 2: *State Formation and Civilization*, Oxford: Blackwell.

Elias, N. (1978b) *What is Sociology?*, London: Hutchinson.

Elias, N. (1987) *Involvement and Detachment*, Oxford: Blackwell.

Elias, N. (1996) *The Germans*, Cambridge: Polity.

Elias, N., and E. Dunning (1986) *Quest for Excitement*, Oxford: Blackwell.

Entine, J. (2000) *Taboo*, New York: Public Affairs.

Euchner, C. C. (1993) *Playing the Field*, Baltimore: Johns Hopkins University Press.

Featherstone, M. (1991) *Consumer Culture and Postmodernism*, London: Sage.

Featherstone, M. (1995) *Undoing Culture*, London: Sage.

Feifer, M. (1985) *Going Places*, Macmillan: London.

Finn, G. P. T (1990) 'Prejudice in the history of Irish Catholics in Scotland', paper given at the 24th History Workshop conference, Glasgow Polytechnic, November.

Finn, G. P. T. (1994a) 'Football violence', in R. Giulianotti, N. Bonney and M. Hepworth (eds), *Football, Violence and Social Identity*, London: Routledge.

Finn, G. P. T. (1994b) 'Sporting symbols, sporting identities', in I. S. Wood (ed.), *Scotland and Ulster*, Edinburgh: Mercat Press.

Finn, G. P. T. (1999) 'Scottish myopia and global prejudices', *Culture, Sport, Society*, 2(3): 54–99.

Finn, G. P. T. (2000) 'A culture of prejudice', in T. M. Devine (ed.), *Scotland's Shame?*, Edinburgh: Mainstream.

Fiske, J. (1993) *Power Plays, Power Works*, London: Verso.

Fletcher, R. (2008) 'Living on the edge: the appeal of risk sports for the professional middle class', *Sociology of Sport Journal*, 25(3): 310–30.

Foley, D. (1990) 'The great American football ritual', *Sociology of Sport Journal*, 7(2): 111–35.

Forney, C. A. (2007) *The Holy Trinity of American Sport: Civil Religion in Football, Baseball and Basketball*, Macon, GA: Mercer University Press.

Foucault, M. (1977) *Discipline and Punish*, London: Penguin.

Foucault, M. (1979) *The History of Sexuality*, Vol. 1, London: Penguin.

Foucault, M. (1980) *Power/Knowledge*, Brighton: Harvester Press.

Foucault, M. (1983) 'The subject and power', in H. L. Dreyfus and P. Rabinow, *Michel Foucault*, Chicago: University of Chicago Press.

Foucault, M. (1985) *The Use of Pleasure*, New York: Vintage Books.

Fowler, B. (1997) *Bourdieu and Cultural Theory*, London: Sage.

Freyre, G. (1964) 'O negro no futebol brasileiro', in M. Filho (ed.), *O Negro no Futebol Brasileiro*, Rio de Janeiro: Civilização Brasileira.

Freyre, G. (1967) *Sociologia*, Rio de Janeiro: José Olympio.

Friedman, J. (1999) 'Indigenous struggles and the discreet charm of the bourgeoisie', *Journal of World-Systems Research*, 5(2): 391–411.

Frisby, W. (1982) 'Weber's theory of bureaucracy and the study of voluntary sports organizations', in A. O. Dunleavy, A. W. Miracle and C. R. Rees (eds), *Studies in the Sociology of Sport*, Fort Worth: Texas Christian University Press.

Gaffney, C. (2013) 'Virando o jogo: the challenges and possibilities for social mobilization in Brazilian football', *Journal of Sport and Social Issues*, doi: 10.1177/0193723513515887.

Gane, M. (1991) *Baudrillard: Critical and Fatal Theory*, London: Routledge.

Gane, M. (1993) *Baudrillard Live*, London: Routledge.

Gans, H. J. (1999) *Popular Culture and High Culture*, New York: Basic Books.

Gartman, D. (1991) 'Culture as class symbolization or mass reification? A critique of Bourdieu's *Distinction*', *American Journal of Sociology*, 97(2): 421–47.

Gavora, J. (2002) *Tilting the Playing Field*, New York: Encounter Books.

Geertz, C. (1973) *The Interpretation of Cultures*, New York: Basic Books.

Gems, G. R. (1995) 'Blocked shot', *Journal of Sport History*, 22(2): 135–48.

Giddens, A. (1971) *Capitalism and Modern Social Theory*, Cambridge: Cambridge University Press.

Giddens, A. (1990) *The Consequences of Modernity*, Cambridge: Polity.

Giulianotti, R. (1991) 'Scotland's Tartan Army in Italy', *Sociological Review*, 39(3): 503–27.

Giulianotti, R. (1995) 'Football and the politics of carnival', *International Review for the Sociology of Sport*, 30(2): 191–224.

Giulianotti, R. (1999) *Football*, Cambridge: Polity.

Giulianotti, R. (2002) 'Supporters, followers, fans and *flâneurs*', *Journal of Sport and Social Issues*, 26(1): 25–46.

Giulianotti, R. (2004a) 'Civilizing games: Norbert Elias and the sociology of sport', in R. Giulianotti (ed.), *Sport and Modern Social Theorists*, Basingstoke: Palgrave.

Giulianotti, R. (2004b) 'Human rights, globalization and sentimental education: the case of sport', *Sport in Society*, 7(3): 355–69.

Giulianotti, R. (2005) 'Sport supporters and the social consequences of commodification', *Journal of Sport and Social Issues*, 29: 386–410.

Giulianotti, R. (2011a) 'Sport mega-events, urban football carnivals and securitized commodification: the case of the English Premier League', *Urban Studies*, 48(15): 3293–310.

Giulianotti, R. (2011b) 'The sport, development and peace sector: a model of four social policy domains', *Journal of Social Policy*, 40(4): 757–76.

Giulianotti, R., and G. Armstrong (2002) 'Avenues of contestation', *Social Anthropology*, 10(2): 211–38.

Giulianotti, R., and F. Klauser (2010) 'Security governance and sport mega-events', *Journal of Sport and Social Issues*, 34(1): 49–61.

Giulianotti, R., and F. Klauser (2011) 'Security and surveillance at sport mega-events', *Urban Studies*, 48(15): 3157–68.

Giulianotti, R., and R. Robertson (2004) 'The globalization of football: a study in the glocalization of the "serious life"', *British Journal of Sociology*, 55(4): 545–68.

Giulianotti, R., and R. Robertson (2005) 'Glocalization, globalization and migration: the case of Scottish football supporters in North America', *International Sociology*, 21(2): 171–98.

Giulianotti, R., and R. Robertson (2007a) 'Forms of glocalization: globalization and the migration strategies of Scottish football fans in North America', *Sociology*, 41(1): 133–52.

Giulianotti, R., and R. Robertson (2007b) 'Recovering the social: globalization, football and transnationalism', *Global Networks*, 7(2): 144–86.

Giulianotti, R., and R. Robertson (2007c) 'Sport and globalization: transnational dimensions', *Global Networks*, 7(2): 107–12.

Giulianotti, R., and R. Robertson (2007d) *Globalization and Sport*, Oxford: Wiley-Blackwell.

Giulianotti, R., and R. Robertson (2009) *Globalization and Football*, London: Sage.

Giulianotti, R., and R. Robertson (2012a) 'Mapping the global football field: a sociological model of transnational forces within the world game', *British Journal of Sociology*, 63(2): 216–40.

Giulianotti, R., and R. Robertson (2012b) 'Glocalization and sport in Asia', *Sociology of Sport Journal*, 29: 433–54.

Giulianotti, R., G. Armstrong, G. Hales and D. Hobbs (2014a) 'Global sport mega-events and the politics of mobility: the case of the London 2012 Olympics', *British Journal of Sociology*, doi: 10.1111/1468-4446.12103.

Giulianotti, R., G. Armstrong, G. Hales and R. Hobbs (2014b) 'Sport mega-events and public opposition: a sociological study of the London 2012 Olympics', *Journal of Sport and Social Issues*, doi: 10.1177/0193723514530565.

Gmelch, G., and P. M. San Antonio (1998) 'Groupies and American baseball', *Journal of Sport and Social Issues*, 22(1): 32–45.

Goffman, E. (1959) *The Presentation of Self in Everyday Life*, Harmondsworth: Penguin.

Goffman, E. (1967) *Interaction Ritual*, Harmondsworth: Penguin.

Goffman, E. (1971) *Relations in Public*, London: Allen Lane.

Goldblatt, D. (2014) *Futebol Nation*, London: Penguin.

Goody, J. (2002) 'Elias and the anthropological tradition', *Anthropological Theory*, 2(4): 401–12.

Gorn, E. J., and W. Goldstein (1993) *A Brief History of American Sports*, New York: Hill & Wang.

Gottdiener, M. (1995) *Postmodern Semiotics*, Oxford: Blackwell.

Goulstone, J. (1974) *Modern Sport*, Bexleyheath: Goulstone.

Goulstone, J. (2000) 'The working-class origins of modern football', *International Journal of the History of Sport*, 17: 135–43.

Gramsci, A. (1971) *Selections from the Prison Notebooks*, London: Lawrence & Wishart.

Griffin, P. (1998) *Strong Women, Deep Closets*, Champaign, IL: Human Kinetics.

Grindstaff, L., and E. West (2006) 'Cheerleading and the gendered politics of sport', *Social Problems*, 53(4): 500–18.

Grint, K. (1991) *The Sociology of Work*, Cambridge: Polity.

Grossberg, L. (1988) *It's a Sin*, Sydney: Power.

Grossberg, L. (1992) *We Gotta Get Out of This Place*, London: Routledge.

Grossman, M. (1972) 'On the concept of health capital and the demand for health', *Journal of Political Economy*, 80(2): 223–55.

Grosz, E. (1995) 'Women, *chora*, dwelling', in S. Watson and K. Gibson (eds), *Postmodern Cities and Spaces*, Oxford: Blackwell.

Grundlingh, A. (1994) 'Playing for power?', in J. Nauright and T. J. L. Chandler (eds), *Making Men*, London: Frank Cass.

Gruneau, R. (1999) *Class, Sports and Social Development*, Champaign, IL: Human Kinetics.

Guelke, A. (1993) 'Sport and the end of Apartheid', in L. Allison (ed.), *The Changing Politics of Sport*, Manchester: Manchester University Press.

Guttmann, A. (1978) *From Ritual to Record*, New York: Columbia University Press.

Guttmann, A. (1988) *A Whole New Ball Game*, Chapel Hill: University of North Carolina Press.

Guttmann, A. (1991) *Women's Sports*, New York: Columbia University Press.

Guttmann, A. (1994) *Games and Empires*, New York: Columbia University Press.

Guttmann, A. (1996) *The Erotic in Sports*, New York: Columbia University Press.

Guttmann, A., and L. Thompson (2001) *Japanese Sports*, Hawaii: University of Hawaii Press.

Habermas, J. (1970) *Toward a Rational Society*, Boston: Beacon Press.

Habermas, J. (1987a) *The Philosophical Discourse of Modernity*, Cambridge: Cambridge University Press.

Habermas, J. (1987b) *The Theory of Communicative Action*, Vol. 2, Boston: Beacon Press.

Habermas, J. (1989) *The Structural Transformation of the Public Sphere*, Cambridge: Polity.

Hagemann, A. (2010) 'From the stadium to the fan zone', *Soccer and Society*, 11(6): 723–36.

Haggerty, K. D., and R. V. Ericson (2000) 'The surveillant assemblage', *British Journal of Sociology*, 51(4): 605–22.

Hakim, C. (2011) *Honey Money: The Power of Erotic Capital*, London: Allen Lane.

Hall, C. M. (2006) 'Urban entrepreneurship, corporate interests and sports mega-events', *Sociological Review*, 54(2): 59–70.

Hall, M. A. (2002) *The Girl and the Game*, Toronto: Broadview Press.

Hall, S. (1977) 'Re-thinking the "base and superstructure" metaphor', in J. Bloomfield (ed.), *Class, Hegemony and Party*, London: Lawrence & Wishart.

Hall, S., and T. Jefferson (eds) (1976) *Resistance through Rituals*, London: Hutchinson.

Hallinan, C. (1991) 'Aborigines and positional segregation in the Australian rugby league', *International Review for the Sociology of Sport*, 12(1): 69–82.

Hamelink, C. J. (1995) *World Communication: Disempowerment and Self-Empowerment*, London: Zed Books.

Hannerz, U. (1992) *Cultural Complexity*, New York: Columbia University Press.

Hannigan, J. A. (1998) *Fantasy City*, London: Routledge.

Hardy, S. (1986) 'Entrepreneurs, organizations and the sports marketplace', *Journal of Sport History*, 13: 14–33.

Hargreaves, Jennifer (1993) 'Gender on the sports agenda', in A. G. Ingham and J. W. Loy (eds), *Sport in Social Development*, Champaign, IL: Human Kinetics.

Hargreaves, Jennifer (1994) *Sporting Females*, London: Routledge.

Hargreaves, Jennifer (2000) *Heroines of Sport: The Politics of Difference and Identity*, London: Routledge.

Hargreaves, Jennifer (2002) 'The Victorian cult of the family and the early years of female sport', in S. Scraton and A. Flintoff (eds), *Gender and Sport: A Reader*, London: Routledge.

Hargreaves, Jennifer, and P. Vertinsky (eds) (2007) *Physical Culture, Power and the Body*, London: Routledge.

Hargreaves, John (1986) *Sport, Power and Culture*, Cambridge: Polity.

Harpalani, V. (1998) 'The athletic dominance of African Americans', in G. Sailes (ed.), *African Americans in Sport*, New Brunswick, NJ: Transaction.

Harris, O. (1998) 'The role of sport in the black community', in G. Sailes (ed.), *African Americans in Sport*, New Brunswick, NJ: Transaction.

Harrison, A. K. (2013) 'Black skiing, everyday racism and the racial spatiality of whiteness', *Journal of Sport and Social Issues*, 37(4): 315–39.

Harvey, A. (1999) 'Football's missing link', in J. A. Mangan (ed.), *Sport in Europe*, London: Frank Cass.

Harvey, D. (1991) *The Condition of Postmodernity*, Oxford: Blackwell.

Harvey, D. (2005) *A Brief History of Neoliberalism*, Oxford: Oxford University Press.

Hawkins, M. (1997) *Social Darwinism in European and American Thought, 1860–1945*, Cambridge: Cambridge University Press.

Hayhurst, L. (2013) 'Girls as the new agents of social change?', *Sociological Research Online*, 18(2).

Hebdige, D. (1979) *Subculture*, London: Methuen.

Hebdige, D. (1988) *Hiding in the Light*, London: Routledge.

Heinilä, K. (1998) *Sport in Social Context*, Jyväskylä: University of Jyväskylä Press.

Henderson, R. (1995) 'Is it in the blood?' *Wisden Cricket Monthly*, July.

Henderson, R. W. (2001) *Ball, Bat and Bishop*, Champaign: University of Illinois Press.

Herrnstein, R. J., and C. Murray (1994) *The Bell Curve*, Glencoe, IL: Free Press.

Hess, R. (1998) 'The Victorian football league takes over, 1897–1914', in R. Hess and B. Stewart (eds), *More than a Game*, Melbourne: Melbourne University Press.

Hill, D. (2010) *The Fix: Soccer and Organized Crime*, London: McClelland & Stewart.

Hoberman, J. M. (1984) *Sport and Political Ideology*, Austin: University of Texas Press.

Hoberman, J. M. (1997) *Darwin's Athletes*, Boston: Houghton Mifflin.

Hoberman, J. M. (2001) *Mortal Engines: The Science of Performance and the Dehumanization of Sport*, Caldwell, NJ: Blackburn Press.

Hoch, P. (1972) *Rip Off the Big Game*, Garden City, NY: Doubleday.

Hochschild, A. R. (1983) *The Managed Heart*, Berkeley: University of California Press.

Hockey, J., and J. Allen-Collinson (2007) 'Grasping the phenomenology of sporting bodies', *International Review for the Sociology of Sport*, 42(2): 115–31.

Hofmeyer, J. (ed.) (2012) *The Youth Divided*, Cape Town: Institute for Justice and Reconciliation.

Hoggart, R. (1958) *The Uses of Literacy*, London: Penguin.

Holt, R. (1991) 'Women, men and sport in France, c.1870–1914', *Journal of Sport History*, 18(1): 121–34.

Hong, F. (1997) 'Iron bodies: women, war and sport in the early communist movement in China', *Journal of Sport History*, 1: 1–22.

Houlihan, B., and R. Giulianotti (2012) 'Politics and the London 2012 Olympics: the (in)security games', *International Affairs*, 88(4): 701–17.

Howe, D. (2001) 'An ethnography of pain and injury in professional rugby union', *International Review for the Sociology of Sport*, 36(3): 289–304.

Howe, D. (2004) *Sport, Professionalism and Pain*, London: Routledge.

Howe, D. (2008) *The Cultural Politics of the Paralympic Movement*, London: Routledge.

Howe, D. (2011) 'Cyborg and supercrip', *Sociology*, 45(5): 868–82.

Huizenga, R. (1995) *You're OK, It's Just a Bruise*, New York: St Martin's Press.

Humphreys, D. (2003) 'Selling out snowboarding: the alternative response to commercial co-optation', in R. E. Rinehart and S. Sydnor (eds), *To the Extreme: Alternative Sports, Inside and Out*, New York: SUNY Press.

Hunter, D. W. (1998) 'Race and athletic performance', in G. Sailes (ed.), *African Americans in Sport*, New Brunswick, NJ: Transaction.

Hylton, K. (2008) *Race and Sport*, London: Routledge.

ICSS/Sorbonne (2014) *Protecting the Integrity of Sport Competition*, Paris: International Centre for Sport Security/Université Paris 1 Panthéon Sorbonne.

Ingham, A. G. (1975) 'Occupational subcultures in the work world of sport', in D. Ball and J. Loy (eds), *Sport and Social Order*, Reading, MA: Addison-Wesley.

Ingham, A. G. (and Friends) (1997) 'Toward a department of Physical Cultural Studies and an end to tribal warfare', in J.-M. Fernández-Balboa (ed.), *Critical Postmodernism in Human Movement, Physical Education, and Sport*, New York: SUNY Press.

Jaireth, S. (1995) 'Tracing Orientalism in cricket', *Sporting Traditions*, 12(1): 103–20.

James, C. L. R. (1963) *Beyond a Boundary*, London: Paul.

Jameson, F. (1979) 'Reification and utopia in mass culture', *Social Text*, 1: 130–48.

Jameson, F. (1981) *The Political Unconscious*, Ithaca, NY: Cornell University Press.

Jameson, F. (1991) *Postmodernism, or, The Cultural Logic of Late Capitalism*, London: Verso.

Jarvie, G. (1991) *Highland Games*, Edinburgh: Edinburgh University Press.

Jenkins, R. (1992) *Pierre Bourdieu*, London: Routledge.

Jhally, S., and J. Lewis (1992) *Enlightened Racism*, Boulder, CO: Westview Press.

Johns, D. P., and J. S. Johns (2000) 'Surveillance, subjectivism and technologies of power', *International Review for the Sociology of Sport*, 35(2): 219–34.

Kay, J., and S. Laberge (2002) 'The "new" corporate habitus in adventure racing', *International Review for the Sociology of Sport*, 37(1): 17–36.

Kellner, D. (1989) *Jean Baudrillard*, Cambridge: Polity.

Kellner, D., and S. Best (2001) *The Postmodern Adventure*, New York: Guilford Press.

Kelly, W. W. (2004) 'Sense and sensibility at the ballpark', in W. W. Kelly (ed.), *Fanning the Flames*, New York: SUNY Press.

Kennedy, P., and D. Kennedy (eds) (2012) *Football Supporters and the Commercialization of Football*, London: Routledge.

Kerry, D. S., and K. M. Armour (2000) 'Sport sciences and the promise of phenomenology', *Quest*, 52: 1–17.

Kiely, R. (2007) *The New Political Economy of Development*, Basingstoke: Palgrave.

Kimmel, M. S. (1990) 'Baseball and the reconstitution of American masculinity, 1880–1920', in M. A. Messner and D. F. Sabo (eds), *Sport, Men and the Gender Order*, Champaign, IL: Human Kinetics.

King, S. (2008) 'What's queer about (queer) sport sociology now? A review essay', *Sociology of Sport Journal*, 25: 419–42.

Klausen, A. M. (1999) 'Norwegian culture and Olympism', in A. M. Klausen (ed.), *Olympic Games as Performance and Public Event*, Oxford: Berghahn.

Klauser, F. (2008) 'Spatial articulations of surveillance at the FIFA World Cup 2006 in Germany', in K. Aas, H. Oppen and H. Mork (eds), *Technologies of Insecurity*, London: Routledge.

Klein, A. (1989) 'Baseball as underdevelopment', *Sociology of Sport Journal*, 6: 95–112.

Klein, A. (1991) *Sugarball*, New Haven, CT: Yale University Press.

Klein, A. (1993) *Little Big Men*, New York: SUNY Press.

Klein, A. (1994) 'Transnational labor and Latin American baseball', in J. Bale and J. Maguire (eds), *The Global Sports Arena*, London: Frank Cass.

Koppett, L. (1981) *Sports Illusion, Sports Reality*, Urbana: University of Illinois Press.

Korr, C., and M. Close (2009) *More Than Just a Game: Football v Apartheid*, London: Collins.

Laberge, S., and D. Sankoff (1988) 'Physical activities, body *habitus* and lifestyles', in J. Harvey and H. Cantelon (eds), *Not Just a Game*, Ottawa: University of Ottawa Press.

Laclau, E., and C. Mouffe (1985) *Hegemony and Socialist Strategy*, London: Verso.

Laderman, S. (2014) *Empire in Waves: A Political History of Surfing*, Berkeley: University of California Press.

LaFeber, W. (2002) *Michael Jordan and the New Global Capitalism*, New York: W. W. Norton.

Langseth, T. (2011) 'Risk sports', *Sport in Society*, 14(5): 629–44.

Lasch, C. (1979) *The Culture of Narcissism*, London: Abacus.

Lash, S. (1990) *Sociology of Postmodernism*, London: Routledge.

Lash, S., and J. Urry (1987) *The End of Organized Capitalism*, Cambridge: Polity.

Lash, S., and J. Urry (1994) *Economies of Signs and Space*, London: Sage.

Latouche, S. (1996) *The Westernization of the World*, Cambridge: Polity.

Le Breton, D. (2000) 'Playing symbolically with death in extreme sports', *Body & Society*, 6: 1–11.

Leach, J., and G. Kildea (1976) *Trobriand Cricket: An Ingenious Response to Colonialism*, Papua New Guinea: Office of Information.

Lenin, V. I. ([1916] 1997) *Imperialism*, New York: International.

Lenin, V. I. ([1902] 1998) *What is to be Done?*, Harmondsworth: Penguin.

Lenskyj, H. (2000) *Inside the Olympic Industry*, New York: SUNY Press.

Lenskyj, H. (2002) *The Best Olympics Ever?*, New York: SUNY Press.

Lenskyj, H. (2003) 'The Olympic industry and civil liberties', in R. Giulianotti and D. McArdle (eds), *Sport and Human Rights*, London: Frank Cass.

Lenskyj, H. (2008) *Olympic Industry Resistance*, New York: SUNY Press.

Leonard, D. J., and C. R. King (eds) (2011) *Commodified and Criminalized*,

Lanham, MD: Rowman & Littlefield.

Levine, P. (1992) *Ellis Island to Ebbets Field*, Oxford: Oxford University Press.

Lewis, R. W. (1996) 'Football hooliganism in England before 1914', *International Journal of the History of Sport*, 13(3): 310–39.

Leys, C. (1974) *Underdevelopment in Kenya*, Los Angeles: University of California Press.

Liston, K. (2005) 'Established–outsider relations between males and females in male-associated sports in Ireland', *European Journal for Sport and Society*, 2(1): 25–35.

Loland, S. (2000) 'Justice and game advantage in sporting games', in T. Tännsjö and C. Tamburrini (eds), *Values in Sport*, London: E. & F. N. Spon.

Long, J., and K. Hylton (2002) 'Shades of white', *Leisure Studies*, 21: 87–103.

Long, J. G. (2012) *Public/Private Partnerships for Major League Sports Facilities*, London: Routledge.

Loy, J. W., and J. F. McElvogue (1970) 'Racial segregation in American sport', *International Review for the Sociology of Sport*, 5: 5–24.

Luhmann, N. (1986) 'The autopoiesis of social systems', in F. Geyer and J. van der Zouwen (eds), *Sociocybernetic Paradoxes: Observation, Control and Evolution of Self-Steering Systems*, London: Sage.

Luhmann, N. (1995) *Social Systems*, Stanford, CA: Stanford University Press.

Luhmann, N. (2000) *Organisation und Entscheidung*, Wiesbaden: Westdeutscher.

Lukács, G. ([1923] 1967) *History and Class Consciousness*, London: Merlin.

Lüschen, G. (1967) 'The interdependence of sport and culture', *International Review of Sport Sociology*, 2(1): 27–41.

Lynch, R. (1992) 'A symbolic patch of grass: crowd disorder and regulation on the Sydney Cricket Ground Hill', *ASSH Studies in Sports History*, 7: 10–49.

Lyng, S. (1990) 'Edgework', *American Journal of Sociology*, 95(4): 851–86.

Lyotard, J.-F. (1984) *The Postmodern Condition*, Manchester: Manchester University Press.

Lyotard, J.-F. (1993) *The Postmodern Explained*, Minneapolis: Minnesota University Press.

McCall, L. (2005) 'The complexity of intersectionality', *Signs*, 30(3): 1771–800.

McCree, R. (2000) 'Professional soccer in the Caribbean', *International Review for the Sociology of Sport*, 35(2): 199–218.

McCrone, K. E. (1988) *Sport and the Physical Emancipation of Women*,

1870–1914, London: Routledge.

McDonald, I. (2009) 'One dimensional sport', in B. Carrington and I. McDonald (eds), *Marxism, Cultural Studies and Sport*, London: Routledge.

McInman, A. D., and J. R. Grove (1991) 'Peak moments in sport', *Quest*, 43: 333–51.

McKay, J. (1997) *Managing Gender*, New York: SUNY Press.

McKay, J., and M. Roderick (2010) 'Lay down Sally', *Journal of Australian Studies*, 34(3): 295–315.

McLean, R., and D. Wainwright (2009) 'Social networks, football fans, fantasy and reality', *Journal of Information, Communication and Ethics in Society*, 7(1): 54–71.

McPhail, T. (1981) *Electronic Colonialism: The Future of International Broadcasting and Communication*, London: Sage.

McPherson, B. D., J. E. Curtis and J. W. Loy (1989) *The Social Significance of Sport*, Champaign, IL: Human Kinetics.

McRobbie, A. (2005) *The Uses of Cultural Studies*, London: Sage.

Maffesoli, M. (1996) *The Time of the Tribes*, London: Sage.

Maguire, J. (1991) 'Sport, Racism and British Society', in G. Jarvie (ed.) *Sport, Racism and Ethnicity*, London: Falmer.

Maguire, J. (1999) *Global Sport*, Cambridge: Polity.

Majors, R. (1990) 'Cool pose', in M. Messner and D. Sabo (eds), *Sport, Men and Gender Order*, Champaign, IL: Human Kinetics.

Malcolm, D. (2013) *Globalizing Cricket*, London: Bloomsbury.

Malfas, M., E. Theodoraki and B. Houlihan (2004) 'Impacts of the Olympic Games as mega-events', *Municipal Engineer*, 157: 209–20.

Mandel, E. (1975) *Late Capitalism*, London: Humanities Press.

Mangan, J. A. (1981) *Athleticism in the Victorian and Edwardian Public School*, Cambridge: Cambridge University Press.

Mangan, J. A. (1986) *The Games Ethic and Imperialism*, London: Viking.

Mangan, J. A. (1987) 'Ethics and ethnocentricity', in W. J. Baker and J. A. Mangan (eds), *Sport in Africa*, London: Holmes & Meier.

Mangan, J. A. (1998) 'Sport in society', in H. Meinander and J. A. Mangan (eds), *The Nordic World*, London: Frank Cass.

Manning, F. (1981) 'Celebrating cricket', *American Ethnologist*, 8(3): 616–32.

Marcano, A. J., and D. P. Fidler (1999) 'The globalization of baseball', *Global Legal Studies Journal*, 6: 511–77.

Marcuse, H. (1964) *One Dimensional Man*, London: Ark.

Markula, P. (1995) 'Firm but shapely, fit but sexy, strong but thin', *Sociology of Sport Journal*, 12: 424–53.

Markula, P., and R. Pringle (2006) *Foucault, Sport and Exercise*, London:

Routledge.

Marling, W. H. (2006) *How American Is Globalization?*, Baltimore: Johns Hopkins University Press.

Marqusee, M. (1994) *Anyone but England*, London: Verso.

Martin, P. (1995) *Leisure and Society in Colonial Brazzaville*, Cambridge: Cambridge University Press.

Marx, K. ([1852] 1934) *The Eighteenth Brumaire of Louis Bonaparte*, Moscow: Progress.

Marx, K. ([1875] 1938) *Critique of the Gotha Programme*, New York: International.

Marx, K. ([1845] 1965) *The German Ideology*, London: Lawrence & Wishart.

Marx, K. ([1844] 1973) *Economic and Philosophical Manuscripts of 1844*, London: Victor Kamkin.

Marx, K. ([1867] 1999) *Capital*, Oxford: Oxford University Press.

Marx, K., and F. Engels ([1848] 1998) *The Communist Manifesto*, Oxford: Oxford University Press.

Mason, A. (1980) *Association Football and English Society, 1863–1915*, Brighton: Harvester.

Mason, C., and R. Roberts (1991) 'The spatial externality fields of football stadiums', *Applied Geography*, 11: 251–66.

Maton, K. (2005) 'A question of autonomy', *Journal of Education Policy*, 20(6): 687–704.

Mead, G. H. (1934) *Mind, Self and Society*, Chicago: University of Chicago Press.

Mennesson, C. (2000) 'Hard women and soft women', *International Review for the Sociology of Sport*, 35(1): 21–33.

Merleau-Ponty, M. (1962) *Phenomenology of Perception*, London: Routledge & Kegan Paul.

Merrett, C. (1994) 'Sport, racism and urban policy in South Africa', *Sporting Traditions*, 11(2): 97–122.

Merton, R. K. (1938) 'Social structure and anomie', *American Sociological Review*, 3(6): 672–82.

Merton, R. K. (1968) *Social Theory and Social Structure*, New York: Free Press.

Messner, M. A. (1992) *Power at Play*, Boston: Beacon Press.

Messner, M. A. (1994) 'AIDS, homophobia and sport', in M. A. Messner and D. F. Sabo (eds), *Sex, Violence and Power in Sports*, Freedom, CA: Crossing Press.

Messner, M. A. (2007) *Out of Play: Critical Essays on Gender and Sport*, New York: SUNY Press.

Messner, M. A. (2009) *It's All for the Kids: Gender, Families and Youth Sports*,

Berkeley: University of California Press.

Messner, M. A., M. Dunbar and D. Hunt (2000) 'The televised sports manhood formula', *Journal of Sport and Social Issues*, 24(4): 380–94.

Messner, M. A., M. C. Duncan and C. Cooky (2003) 'Silence, sports bras, and wrestling porn', *Journal of Sport and Social Issues*, 27(1): 38–51.

Miliband, R. (1977) *Marxism and Politics*, Oxford: Oxford University Press.

Miller, A. (2006) *Ancient Greek Athletics*, New Haven, CT: Yale University Press.

Miller, P. (1998) 'The anatomy of scientific racism', *Journal of Sport History*, 24(1): 119–51.

Mills, C. W. (1959) *The Sociological Imagination*, Harmondsworth: Penguin.

Møller, V. (2007) 'Walking the edge', in M. McNamee (ed.), *Philosophy, Risk and Adventure Sports*, London: Routledge.

Møller, V. (2015) 'Doping in elite sport', in R. Giulianotti (ed.), *Routledge Handbook of the Sociology of Sport*, London: Routledge.

Morgan, W. J. (1988) 'Adorno on sport', *Theory and Society*, 17: 813–38.

Morgan, W. J. (1993) *Leftist Theories of Sport*, Urbana: University of Illinois Press.

Morgan, W. J. (1998) 'Hassiba Boulmerka and Islamic green', in G. Rail (ed.), *Sport and Postmodern Times*, New York: SUNY Press.

Morgan, W. J. (2002) 'Social criticism as moral criticism', *Journal of Sport and Social Issues*, 26(3): 281–99.

Morgan, W. J. (2004) 'Habermas on sports', in R. Giulianotti (ed.), *Sport and Modern Social Theorists*, Basingstoke: Palgrave.

Morgan, W. J. (2015) 'Why sport philosophy and sport sociology need each other', in R. Giulianotti (ed.), *Routledge Handbook of the Sociology of Sport*, London: Routledge.

Muchembled, R. (1985) *Popular Culture and Elite Culture in France, 1400–1750*, Baton Rouge: Louisiana State University Press.

Müller, A. F. (2002) 'Sociology as a combat sport: Pierre Bourdieu (1930–2002) – admired and reviled in France', *Anthropology Today*, 18(2): 5–9.

Murphy, P., E. Dunning and J. Williams (1990) *Football on Trial*, London: Routledge.

Nadel, D. (1998) 'The league goes national, 1986–1997', in R. Hess and B. Stewart (eds), *More than a Game*, Melbourne: Melbourne University Press.

Nederveen Pieterse, J. (1995) 'Globalization as hybridization', in M. Featherstone, S. Lash and R. Robertson (eds), *Global Modernities*, London: Sage.

Nederveen Pieterse, J. (2007) *Ethnicities and Global Multiculture*, Lanham, MD: Rowman & Littlefield.

Nixon, H. L. (1993) 'Accepting the risks of pain and injury in sport', *Sociology of Sport Journal*, 10: 183–96.

Noll, R. G., and A. S. Zimbalist (1997) *Sports, Jobs and Taxes*, Washington, DC: Brookings Institution Press.

Novak, M. ([1976] 1993) *The Joy of Sports*, rev. edn, Lanham, MD: Madison Books.

Numerato, D. (2009) 'Revisiting Weber's concept of disenchantment: an examination of the re-enchantment with sailing in the post-communist Czech Republic', *Sociology*, 43: 439–56.

O'Donnell, H. (1994) 'Mapping the mythical', *Discourse & Society*, 5(3): 345–80.

O'Neill, M. (2003) 'The policing of football spectators', unpublished PhD thesis, University of Aberdeen.

Oriard, M. (1993) *Reading Football*, Chapel Hill: University of North Carolina Press.

Oriard, M. (2001) *King Football*, Chapel Hill: University of North Carolina Press.

Parsons T. (1951) *The Social System*, New York: Free Press.

Parsons, T. (1966) *Societies*, Englewood Cliffs, NJ: Prentice-Hall.

Pearson, G. (2013) *An Ethnography of English Football Fans*, Manchester: Manchester University Press.

Perelman, M. (2012) *Barbaric Sport*, London: Verso.

Perkin, H. (1989) 'Teaching the nations how to play: sport and society in the British Empire and Commonwealth', *International Journal of the History of Sport*, 6(2): 145–55.

Pfister (2002) 'Sport for women', in R. Naul and K. Hardman (ed.), *Sport and Physical Education in Germany*, London: Routledge.

Phillips, J. (1994) 'The hard man', in J. Nauright and T. J. L. Chandler (eds), *Making Men*, London: Frank Cass.

Polsky, N. (1969) *Hustlers, Beats and Others*, Garden City, NY: Anchor Books.

Poster, M. (1988) *Jean Baudrillard*, Cambridge: Polity.

Poster, M. (1990) *The Mode of Information*, Cambridge: Polity.

Prasad, D. (1999) 'Environment', in R. Cashman and A. Hughes (eds), *Staging the Olympics*, Sydney: University of New South Wales Press.

Presner, T. S. (2007) *Muscular Judaism*, London: Routledge.

Preuss, H. (2006) *The Economics of Staging the Olympics*, Cheltenham: Edward Elgar.

Pye, G. (1986) 'The ideology of Cuban sport', *Journal of Sport History*, 13(2): 119–27.

Rabinow, P., and N. Rose (2003) 'Thoughts on the concept of biopower today', unpublished paper, available at: www.lse.ac.uk/sociology/pdf/RabinowandRose-BiopowerToday03.pdf.

Rail, G. (1998) 'Seismography of the postmodern condition', in G. Rail (ed.), *Sport and Postmodern Times*, New York: SUNY Press.

Ranger, T. (1987) 'Pugilism and pathology', in W. J. Baker and J. A. Mangan (eds), *Sport in Africa*, London: Holmes & Meier.

Real, M. (1999) 'Aerobics and feminism', in R. Martin and T. Miller (eds), *SportCult*, Minneapolis: University of Minnesota Press.

Redhead, S. (1991) 'Some reflections on discourses on football hooliganism', *Sociological Review*, 39(3): 479–88.

Reiss, S. (1991) *City Games*, Urbana: University of Illinois Press.

Rigauer, B. (1981) *Sport and Work*, New York: Columbia University Press.

Rigauer, B. (2001) 'Marxist theories', in J. Coakley and E. Dunning (eds), *Handbook of Sports Studies*, London: Sage.

Rinehart, R., and S. Sydnor (eds) (2003) *To The Extreme*, New York: SUNY Press.

Riordan, J. (1976) 'Marx, Lenin and physical culture', *Journal of Sport History*, 2: 152–61.

Riordan, J. (1987) 'Soviet muscular socialism: a Durkheimian analysis', *Sociology of Sport Journal*, 4(4): 376–93.

Riordan, J. (1991) 'The rise, fall and rebirth of sporting women in Russia and the USSR', *Journal of Sport History*, 18(1): 183–99.

Ritzer, G. (1993) *The McDonaldization of Society*, Thousand Oaks, CA: Pine Forge Press.

Ritzer, G. (1996) *Modern Sociological Theory*, 4th edn, New York: McGraw-Hill.

Ritzer, G. (2004) *The Globalization of Nothing*, Thousand Oaks, CA: Pine Forge Press.

Ritzer, G., and T. Stillman (2001) 'The postmodern ballpark as leisure setting', *Leisure Sciences*, 23: 99–113.

Roberts, R., and J. Olsen (1989) *Winning is the Only Thing*, Baltimore: Johns Hopkins University Press.

Robertson, R. (1970) *The Sociological Interpretation of Religion*, Oxford: Blackwell.

Robertson, R. (1990) 'After nostalgia? Wilful nostalgia and the phases of globalization', in B. S. Turner (ed.), *Theories of Modernity and Postmodernity*, London: Sage.

Robertson, R. (1992) *Globalization*, London: Sage.

Robertson, R. (1994) 'Globalisation or glocalisation?', *Journal of International Communication* 1(1): 33–52.

Robertson, R. (1995) 'Glocalization', in M. Featherstone, S. Lash and R. Robertson (eds), *Global Modernities*, London: Sage.

Robertson, R. (2001) 'Globalization theory 2000+', in G. Ritzer and B. Smart (eds), *The Handbook of Social Theory*, London: Sage.

Robson, G. (2000) *Nobody Likes Us, We Don't Care*, Oxford: Berg.

Roderick, M. (1998) 'The sociology of risk, pain and injury: a comment on the work of Howard Nixon II', *Sociology of Sport Journal*, 15: 64–79.

Roderick, M. (2006) *The Work of Professional Football*, London: Routledge.

Rojek. C. (1985) *Capitalism and Leisure Theory*, London: Tavistock Press.

Rojek, C. (1993) 'Disney culture', *Leisure Studies*, 12: 121–35.

Rojek, C. (1995) *Decentring Leisure*, London: Sage.

Rojek, C. (2006) *Cultural Studies*, Cambridge: Polity.

Rorty, R. (1991) *Objectivity, Relativism and Truth*, Cambridge: Cambridge University Press.

Rosbrook-Thompson, J. (2013) *Sport, Difference and Belonging*, London: Routledge.

Rose, N. (1996) 'Governing advanced liberal democracies', in A. Barry, T. Osborne and N. Rose (eds), *Foucault and Political Reason*, London: UCL Press.

Rose, N. (1999) *Powers of Freedom*, Cambridge: Cambridge University Press.

Rosentraub, M. (1999) *Major League Losers*, New York: Basic Books.

Rowe, D. (1995) *Popular Cultures*, London: Sage.

Rowe, D. (2012) 'The bid, the lead-up, the event and the legacy', *British Journal of Sociology*, 63: 285–305.

Rowe, D., and P. McGuirk (1999) 'Drunk for three weeks', *International Review for the Sociology of Sport*, 34(2): 125–41.

Rumford, C. (2007) 'More than a game: globalization and the post-Westernization of world cricket', *Global Networks*, 7(2): 202–14.

Russell, D. (1999) 'Associating with football', in G. Armstrong and R. Giulianotti (eds), *Football Cultures and Identities*, Basingstoke: Macmillan.

Ryan, J. (1996) *Little Girls in Pretty Boxes*, London: Women's Press.

Sack, A., P. Singh and R. Thiel (2005) 'Occupational segregation on the playing field', *Journal of Sport Management*, 19: 300–18.

Said, E. (1994) *Culture and Imperialism*, London: Chatto & Windus.

Said, E. (1995) *Orientalism*, Harmondsworth: Penguin.

Sailes, G. A. (1998) 'The African American athlete', in G. Sailes (ed.), *African Americans in Sport*, New Brunswick, NJ: Transaction.

St Pierre, M. ([1995] 2008) 'West Indian cricket as cultural resistance', in M. A. Malec (ed.), *The Social Roles of Sport in Caribbean Societies*, Abingdon: Routledge.

Samatas, M. (2011) 'Surveillance in Athens 2004 and Beijing 2008', *Urban Studies*, 48(15): 3347–66.

Sammons, J. T. (1997) 'A proportionate and measured response to the provocation that is *Darwin's Athletes*', *Journal of Sport History*, 24(3): 378–88.

Sandiford, K., and B. Stoddart (1995) 'The elite schools and cricket in Barbados', in H. M. Beckles and B. Stoddart (eds), *Liberation Cricket*, Manchester: Manchester University Press.

Sartore-Baldwin, M. (ed.) (2013) *Sexual Minorities in Sports*, Boulder, CO: Lynne Rienner.

Schiller, H. I. (1976) *Communication and Cultural Domination*, Armonk, NY: M. E. Sharpe.

Schimank, U. (2005) 'The autonomy of modern sport: dangerous and endangered', *European Journal for Sport and Society*, 2(1): 25–33.

Schimmel, K. (2011) 'From "violence-complacence" to "terrorist-ready"', *Urban Studies*, 48(15): 3277–91.

Scholte, J. A. (2005) *Globalization*, 2nd edn, Basingstoke: Palgrave.

Schulenkorf, N., and D. Adair (ed.) (2014) *Global Sport for Development*, Basingstoke: Palgrave.

Schutz, A. (1972) *Phenomenology of the Social World*, Chicago: Northwestern University Press.

Sennett, R. (1977) *The Fall of Public Man*, London: Faber & Faber.

Serazio, M. (2013) 'The elementary forms of sports fandom: a Durkheimian exploration of team myths, kinship, and totemic rituals', *Communication and Sport*, 1(4): 303–25.

Shamir R. (2008) 'The age of responsibilization: on market-embedded morality', *Economy and Society*, 37(1): 1–19.

Shehu, J. (ed.) (2010) *Gender, Sport and Development in Africa*, Dakar: Codesria.

Silva, C. F., and D. Howe (2012) 'The (in)validity of *supercrip* representation of Paralympian athletes', *Journal of Sport and Social Issues*, 36(2): 174–94.

Simon, R. (2005) *Sporting Equality: Title IX Thirty Years Later*, New Brunswick, NJ: Transaction.

Simpson, J. L. et al. (2000) 'Gender verification in the Olympics', *Journal of the American Medical Association*, 284(12): 1568–9.

Sklair, L. (1995) *Sociology of the Global System*, Baltimore: Johns Hopkins University Press.

Sklair, L. (2001) *The Transnational Capitalist Class*, Oxford: Blackwell.

Smith, C. (1997) 'Control of the female body', *Sporting Traditions*, 14(2): 59–71.

Smith, D., and G. Williams (1980) *Fields of Praise*, Cardiff: University of Wales Press.

Smith, D. (2001) *Norbert Elias and Modern Social Theory*, London: Sage.

Smith, N. (2005) *The Endgame of Globalization*, London: Routledge.

Smith, P. (1997) *Millennial Dreams*, London: Verso.

Snow, C. P. (1959) *The Two Cultures*, Cambridge: Cambridge University Press.

Sperber, M. (2000) *Beer and Circus: How Big-Time College Sports is Crippling Undergraduate Education*, New York: Henry Holt.

Spivey, D. (1985) 'Black consciousness and Olympic protest movement, 1964–1980', in D. Spivey (ed.) *Sport in America*, Westport, CT: Greenwood Press.

Sport Accord (2011) *Integrity in Sport*, Lausanne: Sport Accord.

Staurowsky, E. (2000) 'The Cleveland "Indians": a case study in American Indian cultural dispossession', *Sociology of Sport Journal*, 17(4): 307–30.

Stichweh, R. (1990) 'Sport: Ausdifferenzierung, Funktion, Code', *Sportwissenschaft*, 20: 373–89.

Sugden, J. (1987) 'The exploitation of disadvantage', in J. Horne, D. Jary and A. Tomlinson (eds), *Sport, Leisure and Social Relations*, London: Routledge & Kegan Paul.

Suttles, G. (1968) *The Social Order of the Slum*, Chicago: University of Chicago Press.

Suttles, G. (1972) *The Social Construction of Communities*, Chicago: University of Chicago Press.

Sykes, H. (1998) 'Turning the closets inside/out: towards a queer-feminist theory in women's physical education', *Sociology of Sport Journal*, 15(2): 154–73.

Symons, C. (2010) *The Gay Games: A History*, London: Routledge.

Tangen, J. O. (2004) 'Embedded expectations, embodied knowledge and the movements that connect', *International Review for the Sociology of Sport*, 39(1): 7–25.

Tangen, J. O. (2010) 'Observing sport participation: some sociological remarks on the inclusion/exclusion mechanism in sport', in U. Wagner, R. K. Storm and J. M. Hoberman (eds), *Observing Sport: Modern System Theoretical Approaches*, Schorndorf: Hofmann.

Tangen, J. O. (2014) 'Materiality, meaning and power', in I. Nalivaika and M. Tin (eds), *Phenomenology of the Everyday*, Oslo: Novus.

Taylor, I. (1970) 'Football mad: a speculative sociology of soccer hooliganism', in E. Dunning (ed.), *The Sociology of Sport*, London: Frank Cass.

Taylor, I. (1971) 'Soccer consciousness and soccer hooliganism', in S. Cohen (ed.), *Images of Deviance*, Harmondsworth: Penguin.

Theberge, N. (2008) 'Just a normal bad part of what I do', *Sociology of Sport Journal*, 25(2): 206–22.

Thiel, A., and H. Meier (2004) Überleben durch Abwehr: Zur Lernfähigkeit des Sportvereins, *Sport und Gesellschaft*, 1(2): 103–25.

Thompson, E. P. (1963) *The Making of the English Working Class*, London: Penguin.

Thompson, J. B. (1995) *The Media and Modernity*, Cambridge: Polity.

Thompson, S. M. (1999) 'The game begins at home', in J. Coakley and P. Donnelly (eds), *Inside Sports*, London: Routledge.

Thornton, S. (1995) *Club Cultures: Music, Media and Subcultural Capital*, Cambridge: Polity.

Thorpe, H. (2012) *Snowboarding: The Ultimate Guide*, Santa Barbara, CA: Greenwood.

Thorpe, H. (2014) *Transnational Mobilities in Action Sport Cultures*, Basingstoke: Palgrave.

Thrane, C. (2001) 'Sport spectatorship in Scandinavia', *International Review for the Sociology of Sport*, 36(2): 149–63.

Tomlinson, A. (2004) 'Pierre Bourdieu and the sociological study of sport', in R. Giulianotti (ed.), *Sport and Modern Social Theorists*, Basingstoke: Palgrave.

Tomlinson, J. (1999) *Globalization and Culture*, Cambridge: Polity.

Tordsson, B. (2010) *Friluftsliv, kultur og samfunn*, Kristiansand: Høyskoleforlaget.

Tranter, N. (1998) *Sport, Economy and Society in Britain, 1750–1914*, Cambridge: Cambridge University Press.

Trujillo, N. (1991) 'Hegemonic masculinity on the mound', *Critical Studies in Mass Communication*, 8: 290–308.

Tuan, Y.-F. (1974) *Topophilia*, Englewood Cliffs, NJ: Prentice-Hall.

Turner, B. (1999) 'The possibility of primitiveness', *Body & Society*, 5(2–3): 39–50.

Turner, V. (1974) *Dramas, Fields and Metaphors*, Ithaca, NY: Cornell University Press.

United Nations (2014) *Human Development Report*, New York: United Nations.

Urry, J. (1990) *The Tourist Gaze*, London: Sage.

Vaczi, M. (2014) 'Dangerous liaisons, fatal women', *International Review for the Sociology of Sport*, doi: 10.1177/1012690214524756.

Vamplew, W. (1994) 'Australians and sport', in W. Vamplew and B. Stoddart (eds), *Sport in Australia*, Melbourne: Cambridge University Press.

Vannini, A., and B. Fornssler (2007) 'Girl, interrupted: interpreting Semenya's body, gender verification testing, and public discourse', *Cultural Studies<=>Critical Methodologies*, 11(3): 243–57.

Veblen, T. ([1899] 1970) *The Theory of the Leisure Class*, London: Allen & Unwin.

Vertinsky, P., and J. Bale (eds) (2004) *Sites of Sport*, London: Routledge.

Vertinsky, P., and G. Captain (1998) 'More myth than history', *Journal of Sport History*, 25(3): 532–61.

Vigarello, G. (1995) 'The sociology of sport in France', *Sociology of Sport Journal*, 12: 224–32.

Vinnai, G. (1973) *Football Mania*, London: Ocean.

Wacquant, L. (1995a) 'Pugs at work', *Body & Society*, 1: 65–93.

Wacquant, L. (1995b) 'The pugilistic point of view', *Theory & Society*, 24: 489–535.

Wacquant, L. (2001) 'Whores, slaves and stallions', *Body & Society*, 7(2–3): 181–94.

Wacquant, L. (2002) 'The sociological life of Pierre Bourdieu', *International Sociology*, 17(4): 549–56.

Wacquant, L. (2004) *Body and Soul: Ethnographic Notes of an Apprentice Boxer*, Oxford: Oxford University Press.

Wacquant, L. (2005) 'Carnal connections', *Qualitative Sociology*, 28(4): 445–74.

Waddington, I. (2000) *Sport, Health and Drugs*, London: Routledge.

Wagner, U. (2009) 'The World Anti-Doping Agency', *International Journal of Sport Policy and Politics*, 1(2): 183–201.

Wagner, U., R. K. Storm and J. M. Hoberman (eds) (2010) *Observing Sport: Modern System Theoretical Approaches*, Schorndorf: Hofmann.

Walby, S. (1997) *Gender Transformations*, London: Routledge.

Wallerstein, I. (1974) *The Modern World System*, Vol. 1, London: Academic Press.

Wallerstein, I. (2000) *The Essential Wallerstein*, New York: New Press.

Wallerstein, I. (2002) *The Decline of American Power*, New York: New Press.

Walsh, A., and R. Giulianotti (2001) 'This sporting mammon', *Journal of the Philosophy of Sport*, 28: 53–77.

Walsh, A., and R. Giulianotti (2007) *Ethics, Money and Sport*, London: Routledge.

Wann, D., and N. Branscombe (1990) 'Die-hard and fair-weather fans', *Journal of Sport and Social Issues*, 14(2): 103–17.

Wearing, B. (1998) *Leisure and Feminist Theory*, London: Sage.

Weber, J. D., and R. M. Carini (2013) 'Where are the female athletes in *Sports Illustrated*?', *International Review for the Sociology of Sport*, 48(2):

196–203.

Weber, M. ([1922] 1978) *Economy and Society*, New York: Bedminster Press.

Westmarland, N., and G. Gangoli (ed.) (2011) *International Approaches to Rape*, Bristol: Policy Press.

Wiggins, D. K. (1989) '"Great speed but little stamina"', *Journal of Sport History*, 16(2): 158–85.

Wilkinson, R., and K. Pickett (2010) *The Spirit Level: Why Equality is Better for Everyone*, London: Penguin.

Williams, J. (1991) 'Having an away day', in J. Williams and S. Wagg (eds), *British Football and Social Change*, Leicester: Leicester University Press.

Williams, J. (2001) *Cricket and Race*, Oxford: Berg.

Williams, R. (1958) *Culture and Society*, New York: Columbia University Press.

Williams, R. (1961) *The Long Revolution*, New York: Columbia University Press.

Williams, R. (1975) *The Country and the City*, St Albans: Paladin.

Williams, R. (1977) *Marxism and Literature*, Oxford: Oxford University Press.

Williams, R. (1981) *The Sociology of Culture*, Chicago: University of Chicago Press.

Wilson, B., and B. Millington (2015) 'Sport and environmentalism in a post-political age', in R. Giulianotti (ed.), *Routledge Handbook of the Sociology of Sport*, London: Routledge.

Wilson, W. J. (1978) *The Declining Significance of Race*, Chicago: University of Chicago Press.

Wilson, W. J. (2009) *More Than Just Race*, New York: W. W. Norton.

Wolf, M. (2004) *Why Globalization Works*, New Haven, CT: Yale University Press.

Wouters , C. (1986) 'Formalization and informalization', *Theory, Culture & Society*, 3: 1–18.

Wouters, C. (1990) 'Social stratification and informalization in global perspective', *Theory, Culture & Society*, 7: 69–90.

Wray, A., and A. Newitz (eds) (1997) *White Trash: Race and Class in America*, New York: Routledge.

Wren-Lewis, J., and J. Clarke (1983) 'The World Cup: a political football', *Theory, Culture & Society*, 1: 123–32.

Young, K., W. McTeer and P. White (1994) 'Body talk: male athletes reflect on sport, injury, and pain', *Sociology of Sport Journal*, 11: 175–94.

Zaman, H. (1997) 'Islam, well-being and physical activity', in G. Clarke and B. Humberstone (eds), *Researching Women and Sport*, Basingstoke: Macmillan.

索引

所附索引頁碼爲原文書之頁碼，即本書在內文邊框所標示之頁碼。

國家圖書館出版品預行編目資料

運動：批判社會學的視野／Richard
Giulianotti著；劉昌德譯. ――初版.――
臺北市：五南圖書出版股份有限公司，
2021.08
面；　公分
譯自：Sport : a critical sociology.
ISBN 978-986-522-939-9 (平裝)

1.運動社會學

528.9015　　　　　　　　110010769

1JON

運動：批判社會學的視野

作　　　者— Richard Giulianotti

譯　　　者— 劉昌德（345.6）

發 行 人— 楊榮川

總 經 理— 楊士清

總 編 輯— 楊秀麗

副總編輯— 陳念祖

責任編輯— 陳俐君、李敏華

封面設計— 姚孝慈

出 版 者— 五南圖書出版股份有限公司

地　　　址：106台北市大安區和平東路二段339號4樓

電　　　話：(02)2705-5066　　傳　　　真：(02)2706-6100

網　　　址：https://www.wunan.com.tw

電子郵件：wunan@wunan.com.tw

劃撥帳號：01068953

戶　　　名：五南圖書出版股份有限公司

法律顧問　林勝安律師事務所　林勝安律師

出版日期　2021年8月初版一刷

定　　　價　新臺幣420元

經典永恆・名著常在

五十週年的獻禮 —— 經典名著文庫

五南，五十年了，半個世紀，人生旅程的一大半，走過來了。

思索著，邁向百年的未來歷程，能為知識界、文化學術界作些什麼？

在速食文化的生態下，有什麼值得讓人雋永品味的？

歷代經典・當今名著，經過時間的洗禮，千錘百鍊，流傳至今，光芒耀人；

不僅使我們能領悟前人的智慧，同時也增深加廣我們思考的深度與視野。

我們決心投入巨資，有計畫的系統梳選，成立「經典名著文庫」，

希望收入古今中外思想性的、充滿睿智與獨見的經典、名著。

這是一項理想性的、永續性的巨大出版工程。

不在意讀者的眾寡，只考慮它的學術價值，力求完整展現先哲思想的軌跡；

為知識界開啟一片智慧之窗，營造一座百花綻放的世界文明公園，

任君遨遊、取菁吸蜜、嘉惠學子！